保険のしくみが分かる本

赤堀勝彦 著

は　し　が　き

　交通事故をはじめ、火災・爆発、台風・地震といった災害や環境破壊・汚染など私たちの日常・経済生活を取り巻くリスクは、家庭（個人）であるか企業であるかを問わず数え切れないほどあります。しかも、経済社会の進展に伴ってリスクが多様化、複雑化し、その規模も大型化しています。こうした家庭（個人）や企業を取り巻くもろもろのリスクから生命や財産を守り、生活の安泰や企業経営の安定を可能にする手段として、現在、多種多様な保険（共済）が注目され、広く利用されています。また、急速な高齢化、金融の自由化・国際化という大きな流れの中で、保険をめぐる環境が大きく変わろうとしています。

　さらに、金融商品の多様化がますます進んでいく中、保険業法の改正により銀行等での保険商品の取扱いが順次解禁され、2007年12月22日には全面解禁されました。また、社会経済情勢の変化に対応し、消費者の保護と保険制度の健全性の維持の観点から、商法第2編（商行為）第10章（保険）の規定が改定され、2008年6月6日に「保険法」が制定され、2010年4月1日に施行されました。

　このような変化の激しい時代にあっては、リスクと保険の基本を理解し、さまざまな種類の保険の有効活用が要請されることは明らかといえます。

　本書は、2012年4月に『保険のすべてが分かる本』という書名で出版し、大変好評をいただきましたが、今般在庫が少なくなったことにより、加筆・修正を加え、新刊書籍『保険のしくみが分かる本』として刊行したものです。

　特に、現代社会では、家庭（個人）も企業もあらゆるリスクにさらされており、まさにリスクの時代であることを踏まえて、第11章と第12章のリスクおよびリスクマネジメントの項目にリスクマネジメントの国際標準規格ISO31000やERMの解説を新たに加えるなど内容の充実を図るように努めました。また、保険を売る人と買う人両者にとって基本となる保険、共済の商品知識をQ&Aで具体的に簡潔に説明し、あわせて、アドバイスのポイントを挙げることにより保険の活用術を養うことを狙いとしています。

したがって、本書は、銀行等の保険販売担当者や保険会社の社員、営業職員、一般代理店の方たちはもとより、学生、新入社員など保険に初めて接する人たち、その他広く一般の方々にも十分に理解していただけるよう執筆し、編集しました。さらに各業界で活躍されているFP（ファイナンシャル・プランナー）にとってもわかりやすいリスクと保険の参考書として役に立つものと思います。

　これからも、読者の皆様からのご意見、ご批判をいただき、本書をさらに充実させるよう努めていきたいと思っています。

　最後に、本書の出版に際し、全面的なご支援を賜りました金融ブックス株式会社の白滝一紀社長ならびに関係スタッフの方たちに厚くお礼を申し上げます。

2013年10月
神戸市にて
　赤　堀　勝　彦

もくじ

はしがき……………………………………………………………………… 1

第1章 銀行窓販とは
1 銀行等による保険の窓口販売にはどんな規制があるか ……… 9
2 銀行窓販解禁の経緯は ………………………………………… 15

第2章 保険販売のコンプライアンスとは
1 保険のコンプライアンスとは ………………………………… 18
2 保険業法の保険募集禁止行為とはなにか …………………… 20
3 金融商品販売法での重要事項の説明とはなにか …………… 23
4 消費者契約法が適用される場合とはなにか ………………… 26
5 個人情報保護法が適用される場合とはなにか ……………… 28

第3章 保険とは
1 保険にはどんな種類があるか ………………………………… 31
2 生命保険とは …………………………………………………… 33
3 損害保険とは …………………………………………………… 37
4 かんぽ生命の生命保険とは …………………………………… 39
5 少額短期保険業とは …………………………………………… 42
6 共済とは ………………………………………………………… 47
7 第三分野保険とは ……………………………………………… 51
8 再保険とは ……………………………………………………… 53
9 保険法とは ……………………………………………………… 56

第4章 生命保険の種類としくみ
1 生命保険にはどんなものがあるか …………………………… 59
2 代表的な生命保険商品とは …………………………………… 65
3 終身保険とは …………………………………………………… 67
4 定期保険とは …………………………………………………… 69

5　逓増定期保険とは　……………………………………………71
　　6　逓減定期保険とは　……………………………………………73
　　7　長期平準定期保険とは　………………………………………75
　　8　定期保険特約付終身保険とは　………………………………77
　　9　アカウント型保険（利率変動型積立終身保険）とは　………79
　　10　養老保険とは　…………………………………………………82
　　11　定期保険特約付養老保険とは　………………………………84
　　12　生存給付金付定期保険とは　…………………………………86
　　13　生存給付金付定期保険特約付終身保険とは　………………88
　　14　医療保険とは　…………………………………………………90
　　15　がん保険とは　…………………………………………………93
　　16　介護保険とは　…………………………………………………95
　　17　生前給付保険とは　……………………………………………98
　　18　こども保険とは　………………………………………………100
　　19　貯蓄保険とは　…………………………………………………102
　　20　就業不能保障保険とは　………………………………………104
　　21　収入保障保険とは　……………………………………………106
　　22　掛捨て保険とは　………………………………………………108
　　23　個人年金保険とは　……………………………………………110
　　24　変額個人年金保険とは　………………………………………113
　　25　団体定期保険とは　……………………………………………115
　　26　団体信用生命保険とは　………………………………………118
　　27　リビング・ニーズ特約とは　…………………………………120

第5章　生命保険の選び方とアドバイスのポイント
　　1　生命保険に加入するときのアドバイスのポイント　………122
　　2　必要死亡保障額についてのアドバイスのポイント　………125
　　3　女性はどんな保険に入ったらよいか　………………………129

4 保険料の一括払は有利か …………………………………132
5 病気を持っている人は保険に入れないか ………………134
6 生命保険料控除とは ………………………………………136
7 死亡保険金を受け取ったときはどのような税金がかかるか ……140
8 満期保険金・解約返戻金等を受け取ったときはどのような税金がかかるか …………………………………………144
9 一時払養老保険の満期保険金や解約返戻金等を受け取ったときはどのような税金がかかるか …………………146
10 障害給付金等を受け取ったときは税金はかかるか ………148
11 個人年金保険の年金を受け取ったときはどのような税金がかかるか…150
12 相続対策としての生命保険活用法とは ……………………154
13 生命保険会社の経営内容を知りたいときは ………………158

第6章　生命保険の手続とそのポイント

1 保険証券のチェックのポイント ……………………………160
2 契約が成立するまでの流れを知りたいときは ……………161
3 クーリング・オフ制度とは …………………………………164
4 告知義務とは …………………………………………………166
5 契約者・受取人を変更したいときは ………………………168
6 保険料を払い込むのが遅れてしまったときは ……………169
7 失効した保険は元に戻せるか ………………………………171
8 一時的に保険料の払い込みが困難になったときは ………172
9 途中から保険料を支払わずに契約を有効に続けたいときは ……173
10 保険料の負担を軽くしたいときは …………………………176
11 現金が一時的に必要になったときは ………………………178
12 契約転換制度とは ……………………………………………179
13 中途増額制度とは ……………………………………………181
14 定期保険特約の更新型とは …………………………………182

15　解約すると解約返戻金はどうなるか ……………………184
　16　配当金の割当と受取方法にはどのようなものがあるか ………185
　17　保障の見直しのポイントは ………………………………188
　18　保険証券を紛失したときは ………………………………190
　19　被保険者が死亡したときの保険金の請求方法は ………191
　20　生命保険会社が経営破綻したら契約はどうなるか ………193

第7章　損害保険のしくみとアドバイスのポイント
　1　損害保険にはどんなものがあるか …………………………196
　2　火災保険とは …………………………………………………202
　3　銀行窓販専用火災保険とは …………………………………209
　4　地震保険とは …………………………………………………212
　5　自動車保険とは ………………………………………………215
　6　リスク細分型自動車保険とは ………………………………219
　7　傷害保険とは …………………………………………………221
　8　所得補償保険とは ……………………………………………226
　9　債務返済支援保険とは ………………………………………227
　10　医療費用保険とは ……………………………………………231
　11　介護費用保険とは ……………………………………………232
　12　年金払積立傷害保険とは ……………………………………234
　13　スポーツ・レジャー保険とは ………………………………236
　14　個人の賠償責任保険とは ……………………………………239
　15　積立保険とは …………………………………………………241
　16　生産物賠償責任保険（ＰＬ保険）とは ……………………244
　17　会社役員賠償責任保険（Ｄ＆Ｏ保険）とは ………………246
　18　海上保険とは …………………………………………………248
　19　地震保険料控除とは …………………………………………250
　20　損害保険の保険金を受け取ったときは
　　　どのような税金がかかるか …………………………………252

	21	満期返戻金・契約者配当金等を受け取ったときは
		どのような税金がかかるか ……………………………………255
	22	損害保険会社が経営破綻したら契約はどうなるか …………258

第8章　損害保険の選び方とアドバイスのポイント

1 損害保険に加入するときのアドバイスのポイント ……………263
2 住まいの火災保険のつけ方のアドバイスのポイント …………264
3 自動車保険に加入する際のアドバイスのポイント ……………266
4 傷害保険のつけ方のアドバイスのポイント ……………………269
5 交通事故が発生したときのアドバイスのポイント ……………271

第9章　かんぽ生命の生命保険のしくみとアドバイスのポイント

1 かんぽ生命の生命保険にはどんなものがあるか ………………274
2 かんぽ生命の生命保険にはいくらから加入できるか …………277
3 かんぽ生命の生命保険の特約にはどんなものがあるか ………279

第10章　共済のしくみとアドバイスのポイント

1 JA（農業協同組合）共済にはどんなものがあるか ……………281
2 労働者共済(全労済の共済)にはどんなものがあるか …………284
3 県民共済にはどんなものがあるか ………………………………287
4 生協の共済にはどんなものがあるか ……………………………289

第11章　リスクとは

1 リスクの概念 ………………………………………………………291
2 リスクの分類 ………………………………………………………294
3 家庭のリスクにはどんなものがあるか …………………………297
4 企業のリスクにはどんなものがあるか …………………………299

第12章　リスクマネジメントとは

1 リスクマネジメントとはなにか …………………………………301

2　家庭リスクマネジメントとは ……………………………………306
　3　企業リスクマネジメントとは ……………………………………309
　4　ERM とは …………………………………………………………313
　5　ISO31000 とは ……………………………………………………316
　6　代替的リスク移転とは ……………………………………………319
　7　天候デリバティブとは ……………………………………………321

○　参考文献……………………………………………………………324
○　索　　引……………………………………………………………326

1 銀行等による保険の窓口販売にはどんな規制があるか

設問

銀行等による保険の窓口販売（銀行窓販）には、どのような規制がありますか。

保険契約者等の保護に欠けるおそれが少ない場合として内閣府令で定める場合に限られます

1 保険業法の規定

2001年（平成13年）4月、保険業法施行規則が改正され、銀行等の金融機関（以下、「銀行等」という。）は、生命保険募集人、損害保険募集人、または保険仲立人等として保険販売を行えるようになり、銀行等による保険の窓口販売（以下、「窓販」という。）の道が開かれました。しかし、保険業法の保険募集の制限により、銀行等の窓販は「保険契約者等の保護に欠けるおそれが少ない場合として内閣府令で定める場合に限る」という制限が設けられています（保険業法第275条第1項）。

2 保険募集の制限と緩和

銀行等による保険募集の制限は、保険業法施行規則で詳細を定めています。この規制は段階的に緩和されてきましたが、2005年（平成17年）12月から、所定の弊害防止措置を前提にして、先行解禁商品が追加されました（保険業法施行規則第212条、第212条の2、第212条の3）。さらに、先行解禁の後2年間、銀行等による保険募集の実施状況（既解禁分を含む）や弊害防止措置の実効性等をモニタリング（監視）しながら、2007年（平成19年）12月に全面解禁に移行することとなりました。

3　弊害防止措置

　銀行窓販の全面解禁については、弊害防止措置が適切に実施されることが前提となっています。規制の対象は、生命保険募集人、損害保険募集人、保険仲立人、少額短期保険募集人である銀行等です。
　弊害防止措置については、保険業法施行規則等で詳細を定めていますが、その主な項目を列挙すれば次のとおりです。

　①顧客の非公開情報の取扱いの制限、②指針の策定と公表、③法令等遵守のための責任者等の配置、④融資先販売規制、⑤保険募集業務が保険募集以外の業務に支障を及ぼさないようにする措置、⑥担当者の分離、⑦優越的地位利用の禁止、⑧保険募集が他の業務に影響しないことの説明、⑨保険募集制限を確認する業務に関する説明、⑩タイミング規制、⑪債務返済困難な場合の相談窓口の説明、⑫保険金や返戻金の変動の説明、⑬特定関係者による優越的地位利用の禁止、⑭銀行等の特定関係者を通じた規制潜脱行為の禁止など

　弊害防止措置についての主な項目は以上のとおりですが、たとえば①顧客の非公開情報の取扱いの制限とは、（イ）保険募集以外の業務で取り扱う非公開金融情報（顧客の預金、為替取引または資金の借入れに関する情報その他の顧客の金融取引または資産に関する公表されていない情報など）が事前に書面その他適切な方法により当該顧客の同意を得ることなく、保険募集業務に利用されないことを確保する措置、（ロ）保険募集業務で取り扱う非公開情報（顧客の生活、身体または財産その他の事項に関する情報）が、事前に書面その他適切な方法により当該顧客の同意を得ることなく、保険募集業務以外の業務（資金の貸付けその他）に利用されないことを確保する措置です。
　また、④融資先販売規制とは、保険募集制限先（イ．事業資金の貸付先事業者、ロ．事業資金の貸付先である、従業員数50人以下の事業者の役員および従業員）に対し、手数料その他の報酬を得て新規解禁保険商品の保険募集を行わないことです。

さらに、⑩タイミング規制とは、顧客が当該銀行等に対し資金の貸付けの申込みを行っていることを知りながら、当該顧客またはその密接関係者（当該顧客が法人である場合の当該法人の代表者、または当該顧客が法人の代表者であり、当該資金の貸付けが当該法人の事業に必要な資金の貸付けである場合の当該法人）に対し、所定の保険契約の締結の代理または媒介を行う行為を禁止することです。

4　弊害防止措置等の見直し

　先に述べた2007年12月の銀行等の保険販売の全面解禁において、3年程度のモニタリング結果を踏まえて弊害防止措置等の見直しが行なわれるようになりました。2011年（平成23年）7月にその見直し（金融庁「銀行等による保険募集に係る弊害防止措置等の見直しについて」）が公表され、法令等の改正案がパブリックコメントに付され、2012年（平成24年）4月1日から施行されました。

　保険業法施行規則（以下、「規則」という。）の改正によって融資先募集規制、タイミング規制などに関して、一部弊害防止措置の見直し（緩和）がされた一方で、「保険会社向けの総合的な監督指針」の改正によって、顧客保護の実効性を高めるための措置が一部強化されました。また、今後の弊害防止措置等の見直しについて金融庁は、「特定の期限は設けず、必要が生じた場合に行う」こととしており、具体的には示されていません。

　見直しの主なポイントを以下に挙げることにします。

(1) 融資先募集規制等に関する改正（規則第212条第3項第1号、第212条の2第3項第1号）

① 事業資金融資先に対する銀行窓販の禁止

　銀行等は、一定の保険商品の保険募集を行う場合には、事業資金の貸付先事業者（法人の場合はその代表者を含む）ならびに事業資金の貸付先である、従業員50人以下の小規模事業者の役員（代表者を除く）および従業員に対し、手数料その他の報酬を得て保険募集を行わないように、適切な措置を講じなけ

ればならないとされています。

今回の改正により、一時払終身保険、一時払養老保険、積立傷害保険、積立火災保険等、および事業関連保険（銀行等のグループ会社を保険契約者とするものに限る）の募集については、規制対象から除外され、これらの保険商品の販売が可能となりました。

② タイミング規制（規則第234条第1項第10号）

銀行等は、融資先募集規制の対象となる保険商品については、融資申込者に保険募集を行ってはならないこととされています。

これまで、当該規制は、融資の内容を問わずに禁止されていましたが、今回の改正により、非事業性資金の融資申込者に対する保険募集については、規制対象から除外されました。

③ 担当者分離規制（規則第212条第3項第3号、第212条の2第3項第3号）

銀行等は、原則として、その使用人のうち、事業資金の融資に関して顧客と応接する業務を担当する者が保険募集を行わないことを確保するための措置を講じなければならないとされています。

なお、この規制には、地域金融機関についての特例が定められており、当該特例を選択した場合、代替措置を講じれば担当者分離の措置までは要求されていません。一方で、特例を選択した場合には、融資先の従業員数にかかわらず、保険契約者1人当りの保険金その他の給付金の額の合計額が制限されていました（小口規制。規則第212条第4項、第212条の2第4項）。

今回の改正により、このうち、地域金融機関の特例を選択した場合であっても、担当者分離規制の適用を受ける場合（代替措置を採用しない場合）は、保険金額の制限の対象となる保険業務は、従業員数50人以下の融資先の従業員等を保険契約者とするものに限定することとなり、従業員数50人超えの融資先の従業員に対する保険金額の制限がなくなりました。

(2) 弊害防止措置等の実効性確保のための措置

①保険商品と預金等との誤認防止（銀行法施行規則第13条の5第1項）

銀行等は、保険業を行う者が保険者となる保険契約を取り扱う場合には、業

務の方法に応じて、顧客の知識、経験、財産状況および取引の目的を踏まえ、顧客に対し、書面の交付等により、預金等との誤認を防止するための説明を行わなければならないとされています。

　今回の改正により、顧客が当該説明内容を理解したことについて、書面を用いて確認しなければならないこととなりました（主要行等向けの総合的な監督指針Ⅲ－3－3－2－2（4）、中小・地域金融機関向けの総合的な監督指針Ⅲ－3－2－5－2（4））。

② 　非公開情報の保護措置（規則第212条第2項第1項第1号、第212条の2第2項第1号）

　銀行等は、顧客の非公開金融情報の保険募集業務へ利用する際には、顧客の事前の同意を要することとされています。

　今回の改正により、当該同意を取得する際には、保険の勧誘の手段、利用する情報の範囲、同意の撤回の方法等を明示しなければならないこととなりました。

③ 　他の取引への影響の説明（規則第234条第1項第8号）

　銀行等は、保険業務を行うに際して、顧客に対し、あらかじめ、保険契約の締結等が当該銀行の顧客に対する業務に影響を与えない旨を説明した書面を交付しなければならないとされています。

　今回の改正により、この規制に加え、住宅ローンの申込みを受け付けている顧客に対して、住宅関連火災保険等の契約の締結が当該住宅ローンの貸付けの条件ではない旨の説明を書面の交付により行うこととされました。

●ポイント

　銀行等は、生命保険募集人、損害保険募集人、保険仲立人、少額短期保険募集人になって登録を受ければ、他の法律の規定にかかわらず、保険募集を行うことができます（保険業法第275条第2項）。しかし、「保険契約者等の保護に欠けるおそれが少ない場合として内閣府令で定める場合に限る」という制限が設けられています（第275条第1項）。

　銀行窓販についての検討のなかで、最大の問題とされたのは、銀行が融資先に対し、その影響力を背景として不当な圧力販売を行うということでしたが、保険業法施行規則においては、保険契約締結または保険募集に関する禁止行為として、銀行等が自ら行う信用供与の条件として保険募集をする行為、その他の自己の取引上の優越的な地位を不当に利用して保険募集をする行為が挙げられています（保険業法施行規則第234条第1項第7号）。

　なお、銀行等による保険募集に係る弊害防止措置等については、2011年7月に「保険業法施行規則」、「保険会社向けの総合的な監督指針」および「主要行等向けの総合的な監督指針」等の改正案がパブリックコメントに付され、2012年4月1日から施行されました。

2 銀行窓販解禁の経緯は

> **設問**
> 銀行窓販の対象商品はどのような経緯で拡大されてきたのでしょうか。

2001年4月の第1次解禁から2002年10月の第2次解禁、2005年12月の第3次解禁を経て2007年12月にはすべての商品が解禁されることになりました

　銀行窓販は、以下のとおり第1次解禁、第2次解禁および第3次解禁を経て2007年12月にはすべての商品が解禁されることになりました。
　イギリス、ドイツ、フランス、アメリカなど欧米各国では銀行等による保険販売は日本より先行しており、シェアの拡大を図っています。銀行等が保険販売へ参入する主な狙いは、たとえばアメリカでは、①銀行収益源の多角化（保険販売手数料の確保）、②顧客利便性・サービスの充実（ワンストップショッピング）、③顧客の囲い込みなどが挙げられます。今後は、日本でも販売チャネルの適切な競争を通じて販売システムの効率化が進められることにより、銀行等が消費者利便の向上にそった保険販売についてシェアを伸ばすことが期待されます。

1　第1次解禁（2001年4月）

　この段階で銀行窓販が認められた商品は、住宅ローン関連信用生命保険、住宅ローン関連長期火災保険、債務返済支援保険および海外旅行傷害保険の4種類でした。ただし、住宅ローン関連信用生命保険について実際に取り扱えるのは、窓販を行う銀行等の子会社・兄弟会社である保険会社の商品に限定されました（保険商品の仕入先規制）。こうした規制により、第1次解禁では生命保険分野での解禁は事実上なくなりました。

2 第2次解禁（2002年10月）

　利用者利便の向上と販売チャネル間の競争の促進、保険契約者保護等の観点から検討された結果、新たに個人年金保険（定額・変額）、財形保険、年金払積立傷害保険、財形傷害保険の4種類が追加されました。なお、住宅ローン関連長期火災保険、債務返済支援保険、信用生命保険については対象物件が専用住宅であるものに限られていましたが、店舗併用住宅が追加されるなど規制が緩和されました。また、信用生命保険は窓販を行う銀行等の子会社・兄弟会社である保険会社の商品に限定されていましたが、この規制が撤廃されました。

3 第3次解禁（2005年12月）

　金融審議会は2004年（平成16年）3月、「銀行等による保険販売規制の見直しについて」を公表し、それを受けて2005年（平成17年）7月保険業法施行規則が改正され、2005年12月の先行解禁と2007年（平成19年）の全面解禁の道筋が定まりました。先行解禁商品は以下のとおりです。
　まず、生命保険募集人として扱えるものとして、一時払養老保険、一時払終身保険、保険期間10年以下の平準払養老保険（法人契約を除く）および貯蓄性生存保険が対象となりました。
　次に、損害保険募集人として扱えるものとして、自動車保険以外の個人向け損害保険（事業関連の保険を除く）のうち、団体契約等でない商品が対象となりました。
　さらに、生命保険募集人および損害保険募集人の双方が扱えるものとして、保険期間満了後に満期返戻金が支払われる積立傷害保険が認められました。

4 第4次解禁（全面解禁）（2007年12月）

　すべての生命保険、損害保険および第三分野保険が対象となりました。すなわち、新たに解禁された主なものとしては、生命保険関係では、定期保険および終身保険、損害保険では自動車保険、第三分野保険では疾病保険および介護保険です。

第1章　銀行窓版とは

●ポイント

　銀行窓販は、これまで第1次（2001年4月）、第2次（2002年10月）、第3次（2005年12月）の3段階にわたり解禁され、対象商品が拡大されてきました。そして第4次解禁は弊害防止措置が適切に実施されることを前提として、2007年12月にすべての生命保険、損害保険、第三分野保険が解禁されることになりました。

　今後は、金融機関の経営戦略などにより、法人への販売や個人への販売体制の強化など大きく動く可能性は高いと予想されます。保険販売にあたっては、規制等には十分に留意しつつ、シェア拡大に努めていくことが期待されます。

1 保険のコンプライアンスとは

> **設問**
>
> 保険のコンプライアンスとはどういうことでしょうか。
>
> 保険募集をするうえで法令等を遵守した行動を取ることです

1 保険募集とコンプライアンス

　保険業界の規制緩和・自由化の進展によって、最近ではインターネットによる保険販売、通信販売、銀行等の保険窓販など、募集形態が多様化し、消費者の眼は益々厳しくなっています。どの業界においても法令等の遵守は重要ですが、特に公共性の高い保険という商品を取り扱う者にとって、社会的信用の確保のためにも、保険募集人の一人一人が法令等を遵守することが重要です。

　法令や規則を遵守し、社会的規範にのっとった行動をとることが、顧客や社会からの信頼、ひいては銀行、会社の発展につながります。

2 保険業務に関連する法令等

　保険業務に関連する法令等として、保険法、保険業法、保険業法施行令、保険業法施行規則、保険会社向けの総合的な監督指針、金融商品販売法（金融商品の販売等に関する法律）、消費者契約法、不当景品類及び不当表示防止法、個人情報保護法（個人情報の保護に関する法律）、金融商品取引法、犯罪収益移転防止法（犯罪による収益の移転防止に関する法律）などがあります。なかでも保険業法は、保険業に携わる人にとってはコンプライアンスの基幹となる法律です。保険業法第1条は「この法律は、保険業の公共性にかんがみ、保険業を行う者の業務の健全かつ適切な運営及び保険募集の公正を確保することにより、保険契約者等の保護を図り、もって国民生活の安定及び国民経済の健全な発展に資することを目的とする」と規定しています。

　したがって、銀行等のコンプライアンス・マニュアルも保険業法に関する部

分を新たに追加する必要がでてくると思います。特に、銀行等の渉外および窓口担当者で保険販売に携わる人にとっては、保険業法の保険募集に関する部分が深くかかわってきます。

　また、従来の保険に関する商法の規定を変更し、単独の法律として 2008 年 6 月に制定 (2010 年 4 月に施行) された保険法は、保険契約に関して、保険契約者等と保険会社との間の権利義務等の基本的事項を定めています。

　以上のほか、特別の保険に関する法令としては、自動車損害賠償法、地震保険に関する法律などがあります。

●ポイント

　コンプライアンスは一般に「法令遵守」と訳されていますが、法律や政令、府令、省令などのほかに、業界団体の規範、会社が定める規範、さらに倫理規範を含め、これらを遵守する業務運営が強く求められています。法令や規則の遵守ができない金融機関は、市場から退場宣告を受け淘汰されることになりかねません。

　保険販売に携わる人は、保険募集をするうえで法令等を遵守した行動をとる必要があります。

2 保険業法の保険募集禁止行為とはなにか

設問

保険業法の保険募集禁止行為とは具体的にどのようなことですか。

保険契約者等に虚偽を告げ、契約条項のうち重要な事項を告げない行為など9つの禁止行為のことです

1 保険業法の保険募集禁止行為

保険業法第300条第1項には生命保険および損害保険募集を行う場合の保険締結、または保険募集に関して9つの禁止行為が記載されています。

そのなかで同法第300条第1項第1号は、「保険契約者又は被保険者に対して、虚偽のことを告げ、又は保険契約の契約条項のうち重要な事項を告げない行為」を挙げています。これは、保険募集・締結における説明義務に関する「一般条項」的な規定と位置づけられています。

保険業法第300条第1項が定める9つの禁止行為のポイント

① 保険契約者等に虚偽のことを告げ、契約条項のうち重要な事項を告げない行為（第1号）
② 保険契約者等が保険会社に対し、重要事項について虚偽のことを告げるように勧める行為（第2号）
③ 保険契約者等が保険会社に対して重要な事実を告げるのを妨げたり、事実を告げないことを勧める行為（第3号）
④ 保険契約者等に不利益となる事実を告げずに、既存の保険契約を消滅させ新たに保険契約の申込みをさせる行為（第4号）
⑤ 保険契約者等に保険料の割引・割戻し、その他特別の利益の提供を約束したり、提供したりする行為（第5号）

第2章　保険販売のコンプライアンスとは

> ⑥ 保険契約者等に他の保険契約の契約内容との比較で、誤解されるおそれのあることを告げたり、表示する行為（第6号）
> ⑦ 保険契約者等に将来における契約者配当、剰余金分配等について断定的判断を示したり、確実であると誤解されるおそれのあることを告げ、もしくは表示する行為（第7号）
> ⑧ 保険契約者等に対し当該保険会社の特定関係者（保険会社の子会社、持株会社等）が特別な利益の供与を約束したり、提供していることを知りながら当該保険契約の申込みをさせる行為（第8号）
> ⑨ 保険契約者等の保護に欠けるおそれのある行為（第9号）

2　保険募集禁止行為の具体例と重要事項の説明

　たとえば、住宅総合保険では、貴金属・宝石等明記物件の盗難については、1回の事故に付き1個または1組ごとに100万円が支払いの限度となります。したがって、保険募集時に「盗難の全額が補償対象です」と説明した場合、保険業法第300条第1項第1号で禁止されている「保険契約者又は被保険者に対して、虚偽のことを告げ、又は保険契約の契約条項のうち重要な事項を告げない行為」を行ったことになるので注意が必要です。

　また、住宅等を対象にしている火災保険では、契約時の契約金額が時価の一定割合以上であれば、契約金額を限度として実際の損害額が保険金として支払われますが、時価の一定割合を下回った契約では損害額の全額は補償されません。そのためにも時価をもとに契約金額を設定する契約では、「契約金額を時価いっぱいに」設定しておくのが基本です。

　さらに、地震を原因とした建物の倒壊による損害時には、地震保険を付保していないと保険金の支払いがないことも付言しておくべきでしょう。

　保険募集に当たっては、重要事項の説明を十分に行うことはもちろん、契約者および被保険者に対して、契約内容を正確に伝え、かつ、理解を得ることも重要なポイントです。

●ポイント

　保険業は不特定の人を相手として保険の引受けを行う事業で、カタチのないものですから、保険商品の内容を正しく説明し理解を得ることがきわめて重要です。

　また、保険募集は公平に行わなければなりません。したがって保険業法第300条第1項は、保険募集に際して生命保険募集人や損害保険代理店がしてはならない禁止行為を事細かに定めています。保険募集に関する規則のなかで最も重要な規定なので、十分に理解し遵守してください。

第2章　保険販売のコンプライアンスとは

3 金融商品販売法での重要事項の説明とはなにか

設問

保険販売において、金融商品販売法での重要事項の説明とはどういうことですか。

元本欠損が生ずる要因などの説明が大切です

1　金融商品販売法での重要事項の説明

　金融商品販売法は、金融機関から顧客に対し金融商品を勧誘・販売する際に限った統一ルールであり、消費者保護を主な目的としています。同法によれば、保険業法に規定する保険業を行う者が保険者となる保険契約を保険契約者との間で締結することは、「金融商品の販売」に該当することになります。同法においては、重要事項の説明を義務付け、重要事項の説明を怠ったことにより損失が生じれば、損害賠償ができるとされています。保険について説明が求められている重要事項は次の4項目です。

① 保険契約について金利、通貨の価格、有価証券市場における相場、その他の指標に係る変動を直接の原因として元本欠損が生ずるおそれがあるときは、その旨及び当該指標

② 保険契約について、保険会社、その他の業務又は財産の状況の変化を直接の原因として、元本欠損が生ずるおそれがあるときは、その旨及び当該者

③ ①、②のほか、保険契約について顧客の判断に影響を及ぼすこととなる重要なものとして、政令で定める事由を直接の原因として元本欠損が生ずるおそれがあるときは、その旨及び当該事由

④ 保険契約の対象である権利を行使することができる期間の制限又は保険契約の解除をすることができる期間の制限があるときは、その旨

2 重要事項の説明の具体例

　上記①は、いわゆる市場リスク・価格変動リスクを定めたものです。基本的に、変額保険や変額年金、外貨建て保険のように株式相場、市場金利、為替レート等の変動により保険金や解約返戻金等が変動する仕組みの商品が対象となります。

　たとえば、変額保険では、「株価の低下や為替の変動等による投資リスクがあり、保険金や解約返戻金が払込保険料の合計額を下回る可能性があります」、外貨建て保険では、「為替リスクがあり、日本円に換算した保険金額等が低下することがあります」といった説明が必要となります。

　また、損害保険の場合、非積立型（掛捨て型）は価格変動リスクが存在しません。更に、積立型も保険契約時点で満期返戻金の額が確定している場合は、契約者には価格変動リスクは存在しません。ただし、契約者配当金をパンフレット等に表示するときは「価格変動リスクによる元本欠損」の誤解を避ける観点から、「必ず支払われるものではないこと、支払われる金額もあらかじめ確定しているものではないこと」を十分に説明すべきでしょう。

　②は、いわゆる信用リスクを定めたものです。信用リスクはすべての保険商品に存在するので、販売時に必ず、「保険会社が経営破綻に陥った場合、契約時に約束した保険金額・年金額・給付額等が削減されることがあります」といった説明が必要となります。保険契約者保護機構により契約者保護の措置が図られることがありますが、この場合でも保険金額・年金額・給付額等は100％保証されているわけではなく、削減されることがあります。つまり、「保護機構がありますよ」というだけでは、破綻リスク・信用リスクの存在を示したことにならず、「保険金等が削減されることがあります」という説明も必要です。

　③は、今後新たなリスクを伴った金融商品が出現した場合に備えて政令指定ができるようにした規定です。

　④は、たとえば、保険契約者が契約を解約できる期間を約款等で制限していれば、これに該当し、説明義務の対象となり得ます。

以上のことは、基本的に保険業法第300条等を踏まえた重要事項の説明がなされていれば、特に問題は生じないと考えられますが、万全の注意を払いたい

ものです。なお、住宅火災保険など、いわゆる掛捨て型損害保険の更改契約についても契約のつど重要事項の説明は必要です。

●ポイント

　金融商品販売法により保険や預金、有価証券、信託など、さまざまな金融商品の販売が規制されます。また、保険代理店もこの法律の全融商品販売業者等に含まれますから、当然本法律の規制を受けることになります。

　金融商品販売法では、「金融商品販売業者等は、販売に際して顧客に対し、一定の重要事項を説明しなければならない」（第3条）とし、金融商品販売業者等に重要事項の説明義務を課しています。具体的には、市場リスク・価格変動リスク・信用リスク等を説明する必要があります。また、同法では「金融商品販売業者等が、上記重要事項の説明を怠ったために生じた顧客の損害を賠償しなければならない」（第4条）としています。

4 消費者契約法が適用される場合とはなにか

> **設問**
>
> 保険販売において、どのような場合に消費者契約法が適用されますか。

保険業者等の一定の行為により契約者が「誤認」したり、「困惑」して契約の申込みをした場合などです

1 消費者契約法の主要点

消費者契約法では、大別して次の2点を定めています（第1条）。

① 事業者の一定の行為により消費者が「誤認」したり、「困惑」して契約の申込み等をした場合に、契約の申込み又はその承諾の意思表示を取り消すことができること

② 事業者の損害賠償責任を免除する条項や消費者の利益を不当に害する条項の全部又は一部を無効とすることができること

主要点は以上のとおりですが、この法律では保険契約も消費者契約の対象としており、また保険代理店は事業者とみなされますから、代理店の募集行為は本法律の規制を受けることになります。

2 消費者契約の申込み等の取消し

消費者契約法では、事業者が契約を勧誘する際に、

① 消費者に対して重要な事項について嘘を告げたり、不利益となる事実を故意に告げないなど、消費者を誤認させる行為をして契約を締結した場合

② 事業者が消費者の家から退去しなかったり、事務所から消費者を退去させないなど、消費者を困惑させる行為をして契約を締結した場合

などに、消費者はその契約を取り消すことができると規定しています（第4条）。

なお、個人の顧客と保険業者等の間で行われる保険商品の販売契約で、保険

第2章　保険販売のコンプライアンスとは

業者等がリスク等の重要事項についてきちんとした説明を行わず、顧客を誤認、困惑させて契約を結ぶなど保険業者等の販売・勧誘行為に不適切な行為がある場合は、消費者契約法と金融商品販売法の両方が適用されることになります。

●ポイント

　消費者契約法では、保険業者等が保険契約の締結の際、顧客に重要事項について事実と異なることを告げたことなどにより、顧客がその内容を事実であると誤って認め、それによって当該保険契約の申込みまたはその承諾の意思表示をしたときは、顧客は契約を取り消すことができます。
　なお、消費者契約法上問題となる行為（契約を取り消すことができる行為）は、すべて保険業法第300条第1項で禁止されている行為であるため、消費者契約法によって保険募集に対する規制がこれまで以上に強化されたわけではありません。

5 個人情報保護法が適用される場合とはなにか

> **設 問**
> 保険販売において、どのような場合に個人情報保護法が適用されますか。

保険契約者のほか、被保険者、同居の親族、団体保険等の加入者、見込客などの情報が該当します

1 個人情報保護の重要性

個人情報保護法（個人情報の保護に関する法律）が個人情報の有用性に配慮しつつ、個人の権利利益を保護することを目的として、2005年（平成17年）4月に全面施行されました。

保険会社は日常的な営業活動を通じて、契約者・被保険者について各種の情報を入手し事業に利用するので個人情報取扱事業者に該当することになります。また、損害保険代理店や生命保険の募集代理店、保険仲立人もこれに該当しますが、取り扱う個人情報が少ない場合（個人情報データベース等を構成する個人情報によって識別される特定の個人の数の合計が過去6ヵ月以内のいずれの日においても5,000を超えない場合）は、この法律にいう個人情報取扱事業者に該当しないことになっています（個人情報保護法第2条第3項第5号、同法施行令第2条）。

しかし、保険代理店等は、取り扱う個人情報が少ないためこの法律にいう個人情報取扱事業者に該当しない場合でも、日本損害保険協会の「損害保険会社に係る個人情報保護指針」や生命保険協会の「生命保険業における個人情報保護のための取扱指針」に従った対応が求められています。もし、この義務に反して個人情報の不適切な取り扱い（顧客情報を外部に漏らすことや顧客情報が紛失や盗難にあったなど）をすると、事業の社会的信用は失われてしまい、顧客を失うことにつながりますので、同法や関連法令に従った対応が必須です。

2 個人情報取扱事業者の義務

この法律では「個人情報の適正な取扱いが図られなければならない」として、個人情報取扱事業者の義務等を定めています（同法第15条～第36条）。個人情報取扱事業者の義務の主なものは次のとおりです。

①利用目的の特定、利用目的による制限（第15条、第16条）、②適正な取得、利用目的の通知（第17条、第18条）、③データ内容の正確性の確保（第19条）、④安全管理措置、従業者・委託先の監督（第20条～第22条）、⑤第三者提供の制限（第23条）、⑥公表等、開示、訂正等、利用停止等（第24条～第30条）、苦情処理（第31条）

3 対象となる個人情報

個人情報保護法が対象としている個人情報は、生存する個人の情報であって、当該情報に含まれる氏名、生年月日その他の記述等により特定の個人を識別することができるものをいいます（同法第2条第1項）。

保険関係では、保険契約者の情報はもとより、保険契約者以外の者、たとえば、被保険者、保険金受取人、被害者、加害者などの個人に関する情報も、この法律で定める個人情報に該当します。

また、保険代理店が保険会社の委託業務を遂行する際に取り扱う個人情報の例としては、以下のようなものがあります。

① 顧客等の氏名[注1]
② 生年月日、連絡先（住所、居所、電話番号、電子メールアドレス）、会社における職位または所属に関する情報について、それらと本人の氏名を組み合わせた情報
③ 上記①、②に付随して顧客等が保険契約申込書等に記載した保険契約の締結に必要な情報
④ 特定の個人を識別できる情報が記述されていなくても周知の情報を補うことや、取得時に特定の個人を識別できなくても取得後に新たな情報が付加または照合されたことにより特定の個人を識別できるもの[注2]

（注1）顧客等には、保険契約者のほか、被保険者、同居の親族、団体保険等の加入者、

見込客、事故の際に当事者となった被害者および加害者、法定相続人、代理
　　　人等が含まれます。
（注2）たとえば、事故車両画像については、ナンバープレートが写っているもので、
　　　他の情報と照合することで特定の個人の識別をすることができるものが、個
　　　人情報に該当します。

　さらに、次のような帳票や電子記録媒体等には、個人情報が含まれます。
①保険契約申込書、②保険料領収証（写）、③事故関係書類一式、④事故受付記録簿、⑤個人情報が表示された端末画面のハードコピーなどの各種アウトプットデータ、⑤その他特定の個人を識別できる情報が記載・記録された帳票や電子記録媒体（FD、CD-ROM 等）

●ポイント

　保険販売において個人情報保護法が対象としている個人情報には、保険契約者のほか、被保険者、同居の親族、団体保険等の加入者、見込客などが含まれます。保険代理店としての銀行等は、顧客をはじめとした関係者からの信頼を損なうことがないよう、保険募集において知り得た情報を適切に管理し、個人情報保護法の規定に十分留意した取り扱いをする必要があります。

1 保険にはどんな種類があるか

> **設問**
>
> 「保険の種類」にはどのようなものがあるのでしょうか。
>
> 一般に生命保険と損害保険、公営保険と私営保険などに分類されます

　保険とは経済的損失を補うことにより、生活基盤あるいは企業の経営基盤を少しでも回復しようとする制度です。「人の生死」には生命保険、「物や賠償責任」には損害保険、「病気・ケガ」には傷害保険・医療保険を利用することにより損失の危険に備えています。

　また、保険を営むのが国や地方自治体なのか、民間の組織なのかによって「公営保険」と「私営保険」に分類されます。さらに、保険保護を提供する目的が公的な政策の実現のためか否かで、「公保険」と「私保険」に分類されます。

1　生命保険と損害保険の違い

　人の生死を対象とする定額の保険が「生命保険」、発生した損害をてん補する保険が「損害保険」です。

　すなわち、生命保険は「人の生死」を保険事故とし、その事故があった場合「一定の金額」を支払うことが特徴で、損害保険は「損害をてん補（実損てん補）」することが特徴です。

　しかし、1996年（平成8年）4月、約半世紀ぶりに保険業法の改正が行われ、子会社方式による生損保の相互乗り入れが実施されることになり、生命保険と損害保険の業界の垣根は一層低くなってきています。

　また、2010年(平成22年)4月に施行された保険法では、保険契約を「損害保険契約」「生命保険契約」および「傷害疾病定期保険契約」に3区分し、それぞれ損害保険契約に関する規定、生命保険契約に関する規定、傷害疾病定期保険に関する規定が適用されます。

2 公営保険と私営保険とは

「公営保険」は、政策保険ともいわれ、社会政策的保険と経済政策的保険に大別されます。これには国が経営するものと市町村が経営するものとがあり前者は国営保険、後者は狭義の公営保険といわれています。「社会政策的保険」の代表は、社会保険で、これには、健康保険、国民健康保険、厚生年金保険、雇用保険、労働者災害補償保険、介護保険、船員保険などがあります。

また、「経済政策的保険」は、産業の保護、育成を目的として経済政策的見地から行われる保険で、産業保険ともいわれ、これには、貿易保険、農業保険、森林保険、中小企業信用保険、漁船保険などがあります。なお、公営保険は、政策の視点から「公保険」ともいわれています。

「私営保険」は、上記の公営以外の民間の組織が営む保険、共済で、民営保険とも「私保険」とも呼ばれています。

●ポイント

保険は、分類のしかたによって生命保険と損害保険、公営保険と私営保険などに分類されます。

公営保険は、健康保険、厚生年金保険などの社会政策的保険と貿易保険、農業保険などの経済政策的保険に分類されます。私営保険は、上記の公営以外の民間の組織が営む保険、共済をいいます。

なお、上記の分類とは別に、最近ではインターネットを中心に保険を販売するネット保険も注目されてきました。

第3章　保険とは

2　生命保険とは

> **設問**
>
> 生命保険の意義・特色などについて教えてください。
>
> 相互扶助の精神で成り立っている経済的しくみで、死亡保障・医療保障・老後保障の3大保障をカバーしています

1　相互扶助のしくみ

　生命保険のしくみは本来「助け合い」であり、預貯金とは異なります。大勢の人々がわずかずつのお金を出しあって大きな共有の準備財産をつくり、仲間に万一のことがあったときは、そのなかから仲間の家族にまとまったお金を出して経済的に助け合うしくみです。

2　公平な危険負担

　原始的な生命保険制度では、老人は若い人よりも死亡率が高いので分担金が少なくてお金が支払われるなど不公平が生じていました。現在の生命保険制度では、その不公平を改善するために、死亡率を使ってそれぞれの年齢に応じた保険料を算出し、公平かつ合理的に助け合うようになっています。

　人間の生命については、個々にはまったく予測がつきませんが、多数の人間についてみると、ある決まった傾向が現れてきます。これを「大数の法則」といいます。この法則の発見で公平な危険分担が可能となりました。

3　死亡保障・医療保障・老後保障の3大保障をカバー

(1) 死亡保障

　死亡リスクにともなう必要保障額は、遺族の日常の生活ならびに子どもの教育費、子どもの結婚援助資金などの遺族の今後の総生活費から国の保障ならびに企業の保障、預貯金などの金額を控除した金額です。

この必要保障額の準備としては、預貯金や不動産などで確保することも考えられます。しかし、生命保険は加入するとすぐに満額の保障が得られ、コストが安く利便性の高い保障商品であるため、必要保障額の準備として最適です。

　死亡リスクに対応する保険商品としては、保険期間を一定期間に限って、その間の死亡を保障する「定期保険」、被保険者の一生を保険期間とする「終身保険」、さらに、終身保険に定期保険を上乗せした「定期保険特約付終身保険」があります。また、相続対策の保険商品としては生涯保障のある「終身保険」が最適です。

(2) 医療保障

　すべての年代にわたって必要な保障です。病気やケガで入院したときの費用をカバーするものとして医療保険や終身保険、個人年金保険などの主契約につけて契約する医療特約があります。

　さらに、がん・急性心筋梗塞・脳卒中の集中医療やエイズなどの終末医療（ターミナルケア）を受けるための費用に活用することを一つの目的としている生前給付保険やリビング・ニーズ特約があります。また、厚生労働大臣が認める先進医療に該当する治療を受けたとき、その技術料相当額の給付金が支払われる先進医療特約があります。

(3) 老後保障

　公的年金の将来が厳しい見通しであること、現状でも公的年金だけでは老後生活費を賄いきれないこと等から、老後の日常の生活費を計画的に準備する必要があります。毎月の日常の生活費から国の保障である老齢基礎年金ならびに老齢厚生年金と企業の保障である退職金の毎月の受取額を差し引いた残りの金額を準備するためには、個人年金保険が適切です。

4　保障機能と貯蓄機能

　生命保険は、一般に「保障機能」と「貯蓄機能」を兼ね備えているため、預貯金にはない特色をもっています。

　万一、途中で死亡した場合、預貯金ではそれまでに積み立てられた元利合計額だけしかもどってきませんが、生命保険では保障額が積み立てられている、

第3章 保険とは

いないに関係なく、確実に保障額を受け取ることができます（図表 3-1 参照）。

5 生命保険の加入状況

現在、全生命保険（郵便局の簡易保険や JA（農協）の共済を含む）の世帯加入率は 90.5％、1 世帯当たりの加入金額は、普通死亡保険金額で 2,763 万円となっています（平成 24 年度生命保険文化センター調べ）。

図表 3-1　貯蓄は三角、保険は四角

図表 3-2　生命保険の加入状況

区分	項目 世帯加入率（％）	世帯加入保険金額 普通死亡（万円）	世帯主加入率（％）	世帯主加入保険金額 普通死亡（万円）	疾病入院（日額）（千円）
民間生命保険（かんぽ生命保険）	78.4 (10.3)	2,506 (548)	71.9 (4.5)	1,655 (428)	9.2 (6.3)
簡易生命保険	21.5	588	11.3	422	6.2
ＪＡ共済の生命共済	11.9	2,293	8.1	1,521	7.6
生協・全労済	28.5	830	17.6	598	6.1
全生命保険	90.5	2,763	86.3	1,671	10.0

（注）上記加入率は、個人年金保険を含みます。また、民間生命保険はかんぽ生命保険を含みます。
出所：生命保険文化センター編　平成 24 年度「生命保険に関する全国実態調査」
　　　（生命保険文化センター）

なお、全生命保険の世帯加入率（個人年金保険を含む）は、昭和54年調査で90.5%に達して以来、平成12年調査時まで連続して90%を超える高い普及率で推移するなど、生命保険は人々の生活に深く根ざしていることがわかります（図表3-3）。

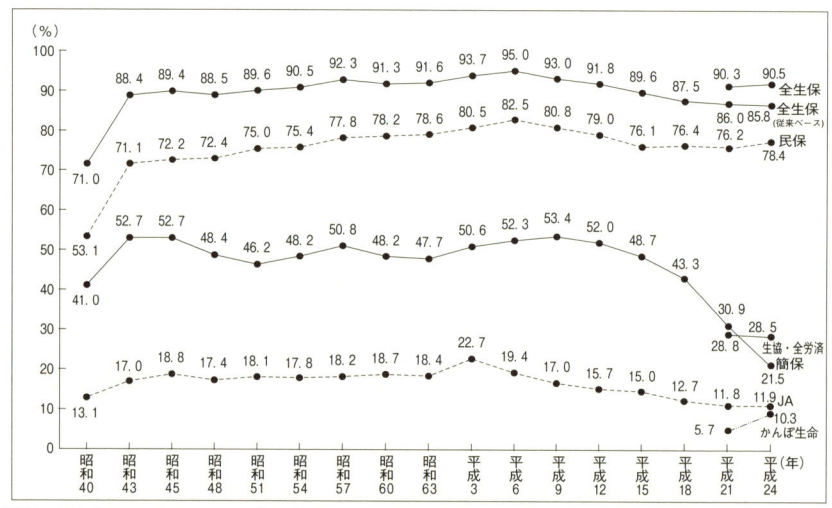

図表3-3　全生命保険の世帯加入率（個人年金保険を含む）の推移

（注）全生保は民保（かんぽ生命を含む）簡保、JA、生協、全労済の合計です。
　　　全生保（従来ベース）は民保（かんぽ生命を含む）簡保、JAの合計です。
出所：生命保険文化センター編　平成24年度「生命保険に関する全国実態調査」
　　　（生命保険文化センター）

●ポイント

生命保険は、「相互扶助」「公平な危険分担」から成り立っています。
人生における3大保障である死亡保障、医療保障、老後保障をカバーするのが生命保険です。
また、生命保険は「保障機能」と「貯蓄機能」を兼ね備えており、預貯金にはない特色があります。世帯加入率は78.4%が民間生命保険に、また、簡易生命保険、JA（農協）、生協・全労済を入れると90.5%の世帯が何らかの生命保険に加入していることになります。

3 損害保険とは

> **設問**
> 損害保険の意義・特色などについて教えてください。

偶然の事故によって被る損害を補填するための保険です

1　損害保険は物・人のリスクの両方を補償

　生命保険が人の生死にかかわる保険であるのに対して、損害保険は「偶然の事故」によって生ずる損害を補填する保険です。

　ライフプランのなかで、自動車事故など突然起こる災害・損失に対する準備も必要です。そのために「火災保険」や「自動車保険」などの損害保険が利用されています。

　このように、損害保険は、主として物に関する保険ですが「傷害保険」や「所得補償保険」「医療保険」「介護保険」のように、人に関する補償を行うものも最近かなり利用されています。

2　損害保険は実損てん補が原則

　損害保険は傷害保険を除き、通常、事故による現実の損害額だけが、契約金額の範囲内で支払われます。

3　補償タイプと積立タイプ

　損害保険の中でも、火災保険と傷害保険などには「補償タイプ」（掛捨て型）と「積立タイプ」（貯蓄型）という2つのタイプがあり、「積立タイプ」は生命保険と同様に補償機能と貯蓄機能を備えており、預貯金にはない特色をもっています。

　「積立タイプ」つまり、積立保険は、"掛捨て"を好まない日本人のニーズに合って損害保険における主力商品のひとつとして定着しています。

4 損害保険の加入状況

　家計分野の代表的な保険商品である火災保険、地震保険、傷害保険および自動車保険の加入状況をみると次のとおりです（加入状況の統計データは、保険種目により異なります）。

(1) 火災保険の加入状況

　2002年（平成14年）12月末に実施した日本損害保険協会の調査によれば、火災保険の世帯加入率は、建物については53.5％、家財については35.4％となっています。

(2) 地震保険の加入状況

　損害保険料率算出機構の調査によると、2013年（平成25年）3月末における地震保険の世帯加入率は、27.1％となっています。前年3月末の加入率26.0％に対して1.1ポイントの増加となりました。

(3) 傷害保険の加入状況

　2002年（平成14年）12月に実施した日本損害保険協会の調査によれば、傷害保険の世帯加入率は53.0％となっています。

(4) 自動車保険（任意）の加入状況

　損害保険料率算出機構の調査によると、2012年（平成24年）3月末における加入率は、対人賠償保険73.1％、対物賠償保険73.1％、車両保険42.1％、搭乗者傷害保険45.1％となっています。

●ポイント

　損害保険は、偶然の事故によって生ずる損害を補てんする保険です。
また、損害保険は、主として物に関する保険ですが、傷害保険などのように人に関する補償を行うものも最近かなり利用されています。

第3章　保険とは

4　かんぽ生命の生命保険とは

> **設問**
> かんぽ生命の生命保険の意義・特色などについて教えてください。

株式会社かんぽ生命保険が取扱う無診査・職業による加入制限なし・即時払いなど簡易な取扱いが特色の生命保険です

1　無診査・職業による加入制限なし・即時払いなど簡易な取扱いが特色

　簡易生命保険は1916年（大正5年）に一般勤労者の死亡保障を確保し、簡易生命保険法に基づく国営の生命保険として国民の生活の安定をはかる目的でつくられましたが、郵政民営化により2007年（平成19年）10月1日以降は、株式会社かんぽ生命保険（かんぽ生命）が取扱うことになりました。また、2007年10月1日以降の契約については従来使用されていた簡易生命保険という名称はなくなり、株式会社かんぽ生命保険が取り扱う生命保険という名称に変わりました。ただし民営化前に加入していた簡易生命保険契約は、契約管理を行う独立行政法人郵便貯金・簡易生命保険管理機構に引き継がれ、その簡易生命保険契約が消滅するまで管理されます。

　無診査・職業による加入制限なし・即時払いなど簡易な取り扱いを特色としており、被保険者1人当たりの加入限度額は原則として1,000万円までですが、加入後4年を経過した一定年齢（20歳以上55歳以下）の加入者については、累計で1,300万円までです（図表3-4）。一般の生命保険のように高額な保険金額を設定することはできません。

図表 3-4 「かんぽ生命」の生命保険の加入限度額

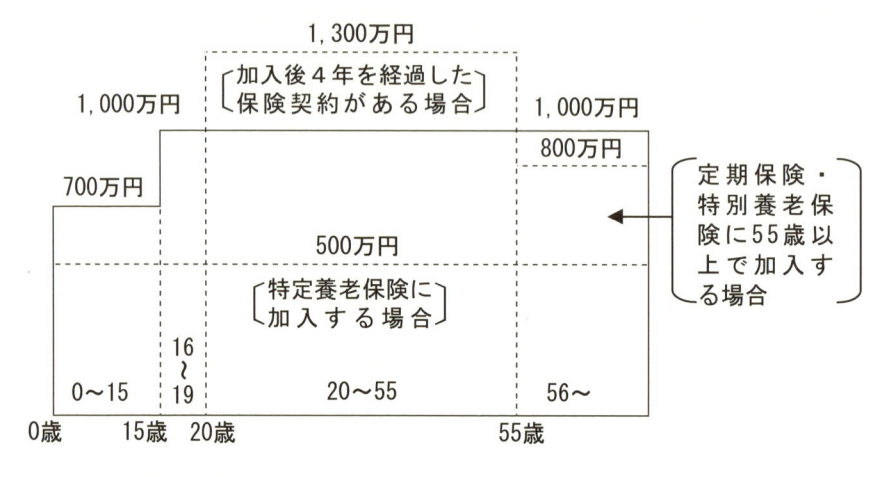

```
              1,300万円
        ┌加入後4年を経過した┐
1,000万円 │保険契約がある場合 │ 1,000万円
                              800万円   ┌定期保険・
 700万円                                │特別養老保
        ─────── 500万円 ───────  ←─── │険に55歳以
        ┌特定養老保険に┐                │上で加入す
        │加入する場合 │                 └る場合
         16
          〜
         19
 0〜15        20〜55        56〜
0歳  15歳 20歳            55歳
```

出所：かんぽ生命保険編「保険ランイナップ」（2012年）を基に作成。

　また、特約は基本契約に付加することにより、ケガによる死亡、身体障害、病気やケガによる入院・手術・長期入院等について保障するものです。特約には、災害特約、無配当傷害入院特約、無配当疾病傷害入院特約があります。

2　かんぽ生命の生命保険の種類

　かんぽ生命の生命保険は、一般の生命保険会社にひけをとらないくらい、豊富に商品を揃えています。

　保険種類には、「普通養老保険」「特別養老保険」「定額型終身保険」「学資保険」などがあり、一般の生命保険会社の定期保険特約付養老保険に相当する特別養老保険は、さらに2倍保障型、5倍保障型、10倍保障型に分かれています。

3　年金保険の種類

　年金保険には、「定期年金保険」があります。定期年金保険では、年金受取人が、年金支払開始から10年間、生存している場合に限って一定額の年金を受け取ることができます。

第3章　保険とは

> ●ポイント

　郵政民営化により 2007 年（平成 19 年）10 月 1 日以降は、株式会社かんぽ生命保険（かんぽ生命）が取扱うことになりました。かんぽ生命の生命保険は一般の生命保険と大差ありませんが、養老保険や学資保険などの貯蓄性保険の割合が高く、保険金には上限が設けられています。

　一方、職業による加入制限をしていないこと、医師の診査が不要であること[注]、保険金は、郵便局の窓口で簡単な手続きで即時払いしてもらえることなど、簡易な取扱いを特色としています。

（注）ただし、今日では、一般の生命保険会社でも無診査の保険を取り扱っており、実態としてはかんぽ生命の生命保険固有の特色とは言い切れなくなっています。

5　少額短期保険業とは

> **設問**
> 少額短期保険業の意義・特色などについて教えてください。

保険期間が2年以内で、保険金額が1,000万円以下の保険のみの引受けを行う事業です

1　少額短期保険業で引き受けられる保険

　少額短期保険業は、内閣総理大臣の登録を受けた者（少額短期保険業者）が行うことができます（保険業法第272条）。少額短期保険業者とは、少額短期の保険のみの取扱いを行う事業者で、事業は小規模（保険料収入50億円以下）のものに限られます。小規模短期保険業者が引き受けられる保険期間は、損害保険については2年、生命保険、第三分野保険については1年です。また、少額短期保険業者は、「1保険契約者について」、その保険金額の合計額が「1被保険者当たり」1,000万円を超えることとなる保険の引受けを行うことはできないことになっています。ただし、次の場合は、保険金額の制限は2,000万円となっています（保険業法施行令第38条の9）。すなわち、当該1被保険者について引き受けるすべての保険のうちに「低発生率保険」[注]を含むものがある場合で、当該1被保険者当たりの低発生率保険の保険金額の合計額および低発生率保険以外の保険金額の合計額がそれぞれ1,000万円以下である場合ということです。

　なお、少額短期保険業者が引受けられる金額は、それぞれの区分ごとに定められています（図表3-5）。

（注）　低発生率保険とは、特に保険事故の発生率が低いと見込まれるものとして内閣府令で定めるものをいいます（保険業法施行令第38条の9）。具体的には、個人の日常生活に伴う損害賠償責任を対象とする保険で自動車の運行に係るものを除きます（保険業法施行規則第211条の29）。

図表 3-5　少額短期保険業者が引受けられる金額

	引受けられる金額	少額短期保険業者として登録を受けてから2018年3月31日までの間（再保険に付すること等が条件）
1被保険者当たり	・1,000万円以下（複数契約合算） ・以下の区分ごとに上限あり（複数契約合算）	・5,000万円以下（複数契約合算） ・以下の区分ごとに上限あり（複数契約合算）
区分ごとの上限 ① 死亡保険（傷害死亡保険を除く）	300万円以下	1,500万円以下
② 第三分野の保険	80万円以下	240万円以下
③ 疾病等を原因とする重度障害保険	300万円以下	1,500万円以下
④ 傷害を原因とする重度傷害保険	600万円以下	3,000万円以下
⑤ 傷害死亡保険	所定の傷害死亡保険 600万円以下（一般の傷害死亡保険は300万円以下）	所定の傷害死亡保険 3,000万円以下（一般の傷害死亡保険は1,500万円以下）
⑥ 損害保険	1,000万円以下	5,000万円以下

（注）特定保険業者であった少額短期保険業者等は、特例として、2018年3月31日までの間は、上記保険の区分に応じ、各号に定める金額の5倍（疾病・傷害による入院給付金等については3倍）相当の保険金額の保険の引受けを行うことができます。ただし、超過部分について、保険会社に再保険に付すことが前提になっています。

出所：保険教育システム研究所編『平成24年改訂版・保険業法のポイント』（日企，2012年）を基に作成。

2　少額短期保険業では引受けられない保険

　少額短期保険業では、以下の保険は引受けられないことになっています（保険業法第2条第17項、保険業法施行令第1条の7）。

　　① 人の生存に関し、一定額の保険金を支払うことを約する保険（個人年金保険、貯蓄保険など）

② 保険期間の満了後満期返戻金を支払うことを約する保険（積立型の保険など）
③ 主として株式や債券などの有価証券に投資し、その運用実績に応じて保険金額が変動する保険（変額保険など）
④ 再保険
⑤ 保険料または保険金、返戻金その他の給付金の額が外国通貨をもって表示されている保険（外貨建て保険など）
⑥ 保険金の全部または一部を定期的に、または分割払いの方法により支払う保険であってその支払いの期間が1年を超えるもの

3　少額短期保険の特徴と種類

　少額短期保険は、一般に「ミニ保険」と呼ばれています。
　たとえば、「コンサートが突然の出張命令で行けなくなり、チケット代が無駄になった」とか「ペットが病気になり、動物病院の診療費が予想していたより膨らんだ」といったような日常生活のトラブルを対象に、少ない保険料で手軽に利用できるというのが「ミニ保険」の特徴です。中には、ワンコイン保険と呼ばれる数百円のものもあります。
　保険種類は多種多様ですが、大別すると、「家財・賠償責任保険」、「生保・医療保険」、「ペット保険」、「費用・その他の保険」の4分野になります。
　なお、少額短期保険業者が経営破綻した場合、生保・損保の保険契約者保護機構のようなセーフティネットはありません。また、確定申告の際にも生保・損保のような保険料控除は適用されない点に注意が必要です。

4　少額短期保険業の特色

　少額短期保険業は根拠法のない共済への対応から2006年（平成18年）4月に生まれました。保険業の新しい枠組みとして誕生した少額短期保険業は、保険としての位置づけを確保し、保険業法に基づく規制・監督の対象となりました。また、少額短期保険業については、金融庁「少額短期保険業者向けの監督指針」で規制・監督の詳細が示されており、透明性と適法性が強く求められ

ています。
　少額短期保険業者と保険会社の相違点は以下のとおりです（図表 3-6）。

5　少額短期保険業者の業務範囲

　少額短期保険業者は、専業が基本とされ、原則として少額短期保険業およびこれに付随する業務以外の業務を行うことはできません。ただし、他の少額短期保険業者または保険会社の事務代行や業務の代理を行うことはできます。少額短期保険業の関連業務として内閣府令で定めています（保険業法第 272 条の 11、保険業法施行規則第 211 条の 24、25）。

図表 3-6　少額短期保険業者と保険会社の相違点

項目	少額短期保険業者	保険会社
免許制、登録制	登録制（保険業法第 272 条）（申請先は「財務局」）	免許制（保険業法第 3 条）（申請先は「金融庁」）
取扱商品の制約	あり（保険金額、保険期間）（制約内での生損保兼営可）	特になし（生損保兼営不可）
事業規模の制約	小規模事業者であること（年間収受保険料規模 50 億円以下）	特になし
保険契約者保護	保険契約者保護機構の対象外（供託金あり（事業開始時 1,000 万円））	保険契約者保護機構の対象
資本金・基金	1,000 万円以上	10 億円以上
監督指針	少額短期保険業者向けの監督指針	保険会社向けの総合的な監督指針
保険募集人の登録・届出	・少額短期保険募集人…登録。ただし、損害保険および第三分野の保険に該当する少額短期保険のみを募集し、生命保険（第三分野の保険を除く）に該当するものを募集しない少額短期保険募集人（特定少額短期保険募集人という）において保険募集を行う役員・使用人は、登録ではなく届出の義務付けあり	・生命保険募集人…登録 ・損害保険代理店…登録 ・損害保険代理店において保険募集を行う役員・使用人…届出

（注）少額短期保険業者の取扱商品には、税法上の保険料控除は適用されません。

> ●ポイント

　少額短期保険業は、保険業のうち保険期間が2年以内の政令で定める期間以内であって、保険金額が1,000万円を超えない範囲内において政令で定める金額以下の保険のみの引受けを行う事業をいいます(保険業法第2条第17項)。また、少額短期保険業の登録では、生命保険業・損害保険業の区分は法令上ありません。

　なお、少額短期保険業者への経営破綻への対応については、保険会社の「保険契約の包括移転」に関する規定を準用し、保険契約者保護機構による保険契約者保護は対象外です。

6 共済とは

> **設問**
> 共済の意義・特色などについて教えてください。
>
> 組合員の福利厚生または経済的な危険や不測の事故に対して実施する相互扶助制度です

1 共済は保険類似の制度

　同一の職業や事業に従事する者、あるいは一定の地域で働く者が加入する共済組合、協同組合等が、組合員の福利厚生または経済的な危険や不測の事故に対して実施する相互扶助制度が「共済」です。共済は、保険類似の制度として、組合員の疾病、負傷、死亡、火災、自動車事故などに対して一定の給付を行います。

　共済は1920年代に始まった消費組合（生協）設立や火災共済組合設立が起源であるとされています。さらに、1947年（昭和22年）に農業協同組合法、翌年の1948年に消費生活協同組合法、水産業協同組合法が制定され、これらに基づく火災共済事業を専業または付帯事業として営む組織が相次いで設立されてきました。

　なお、同じ性質の契約が保険であるか共済であるかによって適用される法律が違うことに注目しなければなりません。たとえば、JA共済は農林水産大臣の監督を受け、全労済（全国労働者共済生活協同組合連合会）は厚生労働大臣の監督を受けるなど、共済のなかでも監督官庁が異なることがあります。

2 共済と保険の違い

　共済は、多数の加入者の掛金を原資として個々の加入者の損害に対し給付を行う点では保険と類似していますが、保険と比較すると、一般的に次の点で相違しています。

① 組合員が原則として職域または地域的に限定されていること
② 組合員が少数で共済金額も少額であること
③ 特別の募集組織をもたないこと
④ 組合員相互が福利厚生と経済的安定を図りながら共同連帯の意識で結ばれていること

しかし、共済のなかにはJA共済等のように全国規模の多数の加入者を集め、給付金についても保険金と変わらない額になっているなど保険事業とほぼ同じ内容となっているものも出てきています。

図表3-7 共済と保険の違い

	共済	保険
認可	①都道府県の区域内で知事の認可を取得した協同組合法人等 ②都道府県を越える職域・同業者・連合会等で所管省庁から認可を受けた協同組合法人等	生命保険業免許・損害保険業免許の取得規定がある
加入者の範囲と条件	条件を満たし、出資金を払い組合員となり、共済商品の利用ができる	不特定多数
共済（保険）商品	所管省庁や都道府県知事の認可を受けた商品。JA共済連、全労済、JF共水連等は生損兼営をしている	生・損保商品の兼業禁止規定があるが、子会社で対応できる
目的	組合員の文化的、経済的向上を目的としその行う事業は、組合員への最大奉仕を目的とする等……協同組合等……非営利	保険契約に基づき、経済的合理性のもとに保障を行う事業……株式会社・相互会社

出所：日本共済協会編『日本の共済事業ファクトブック2004』（日本共済協会）他

3 主な共済事業体

共済のなかで全国的な広がりをもつ代表的なものとして、JA共済連（全国共済農業協同組合連合会）と、全労済（全国労働者共済生活協同組合連合会）があります。これらの共済は、大規模で広範な契約募集を行いますが、共済約

款や共済事業規約は生命保険会社や損害保険会社の約款と類似しています。

図表3-8　主な共済事業体

```
(1) 組合員の福利厚生のためにJA（農業協同組合）やJF（漁業協同組合）
    などの各種の協同組合が行うもの
    ①　JA共済連（全国共済農業協同組合連合会）
    ②　JF共水連（全国共済水産業協同組合連合会）等
(2) 全国の労働者や勤労市民のための労働者共済生活協同組合が行うも
    の
    ○　全労済（全国労働者共済生活協同組合連合会）等
(3) 各地域の居住者や通勤者などを対象にした各都道府県の生活協同組
    合や自治体などが行うもの
    ①　県民共済（全国生活協同組合連合会）
    ②　コープ共済連（日本コープ共済生活協同組合連合会）等
(4) 食糧事業協同組合やトラック交通共済協同組合などの同業種の組合、
    労働組合などが行うもの
    ①　全糧連（全国食糧事業協同組合連合会）
    ②　交協連（全国トラック交通共済協同組合連合会）
    ③　全国たばこ販売生活協同組合連合会等
```

4　共済の種類

　組合員が万一のときや入院したときの費用を保障する生命共済や、組合員の家や家財などが火災によって受けた損害を保障する火災共済をはじめとして、年金共済、傷害（交通災害）共済、自動車共済など、いろいろな共済を揃えています。

図表3-9 法的根拠に基づく共済団体

根拠法令	共済団体
農業協同組合法	農業協同組合（全国共済農業協同組合連合会）
農業災害補償法	農業共済組合（全国農業共済協会）
水産業協同組合法	漁業協同組合、水産加工業協同組合（全国共済水産業協同組合連合会）
消費生活協同組合法	生活協同組合（全国労働者共済生活協同組合連合会、日本コープ共済生活協同組合連合会、全国生活協同組合連合会など）
中小企業等協同組合法	火災共済協同組合、中小企業共済協同組合など
地方自治法	（財）都道府県会館、（財）全国自治協会など

5 共済の特色

共済は、現在組合員でなくても簡単な手続きで加入できます。非営利団体の共済ですから、掛け金は割安となっているほか、内容的にも、たとえば、JA共済は入院保障が充実していること、全労済は単体の医療共済を扱っていることなどそれぞれ独自の特徴をもっています。

●ポイント

共済は、組合員の疾病、負傷、死亡、火災、自動車事故などに対して一定の給付を行います。共済事業を実施する協同組合としては、農業協同組合法に基づくJA共済連（全国共済農業協同組合連合会）、全労済（消費生活協同組合法に基づく全国労働者共済生活協同組合連合会）の組織が大きく、共済のなかで重要な役割を果たしています。

このほかにも、農業災害補償法、中小企業等協同組合法や地方自治法により行う共済事業などがあります。

なお、共済は保険契約者保護機構の対象外です。

7 第三分野保険とは

> **設問**
> 第三分野保険の意義・特色などについて教えてください。

定額給付ないしこれに準じた給付方式をとる疾病保険や傷害保険のように、生命保険、損害保険の定義に含まれない保険分野です

　がん保険や医療保険、傷害保険、介護保険、所得補償保険など、生命保険と損害保険の境界に当たる保険商品を第三分野保険といいます。

　死亡保障を中心にした生命保険商品を第一分野、損害を補てんする損害保険商品を第二分野と呼ぶことに対応しています。外貨系保険会社の日本市場への参入を促すことを目的とした1996年（平成8年）の日米保険協議の合意によって、国内の大手生保、損保各社が設立した業態別子会社は、第三分野の保険商品の販売が制限されてきました。

　具体的には、外資系保険会社の保護の観点から、外資系が強い特定の第三分野は国内生命保険会社に参入できないようになっていました。

　この販売規制が2001年（平成13年）1月に撤廃されたほか、大手生損保が本体で取り扱うことも同年7月より全面的に解禁されることになりました。

　なお、保険法は、「保険契約のうち、保険者が人の傷害疾病に基づき一定の保険給付を行うことを約するもの」を傷害疾病定額保険契約として、生命保険契約とも損害保険契約とも異なる契約類型としています。また、「損害保険契約のうち、保険者が人の傷害疾病によって生ずることのある損害をてん補することを約するもの」を傷害疾病損害保険契約として損害保険契約の特則を設けています。

図表3-10　保険の第三分野

	生命保険 （第一分野）	第三分野		損害保険 （第二分野）
保険事故	人の生存・死亡	傷害・疾病・介護		左記以外の偶然な事故
保険金の支払方法	定額給付	定額給付・損害てん補		損害てん補
商品例	・定期保険 ・養老保険 ・終身保険	（生保） ・医療保険 ・がん保険 ・就業不能保障保険 ・医療保障保険 ・介護保障保険	（損保） ・傷害保険 ・所得補償保険 ・医療（費用）保険 ・介護（費用）保険	・火災保険 ・自賠責保険 ・自動車保険 ・船舶保険 ・貨物保険 ・賠償責任保険 など
取扱保険会社	生命保険会社	損害保険会社・生命保険会社 （本体・子会社）		損害保険会社

出所：日本損害保険協会編『くらしの損害保険』（日本損害保険協会、2005年）

● ポイント

　死亡保障を中心にした生命保険商品を第一分野、損害を補てんする損害保険商品が第二分野です。この二つの中間に位置する保険を第三分野といいます。第三分野には、がん保険や医療（費用）保険、傷害保険、介護（費用）保険、所得補償保険などがあります。

8 再保険とは

> 再保険とはどのような保険でしょうか。しくみなどについて教えてください。

保険会社が個人や企業のなどの保険契約者から引き受けた保険責任の全部または一部を他の保険会社に引き受けてもらうしくみです

1 再保険のしくみ

　保険会社が引き受けるリスクは多種多様です。住居の火災保険や自動車保険のように、過去の統計資料があり契約件数も多く、損害発生の確率が比較的推定しやすいものから、大数の法則が働きにくく、ひとたび事故が発生すれば損害額が数百億円、数千億円にのぼるジャンボジェット機や精油所、原子力施設、LNG(Liquefied Natural Gas：液化天然ガス) 船などのような巨大リスク、地域的に損害が集積しがちな地震、台風等の損害を補償するものまであります。

　そこで、一般の個人または企業が自己の財産の経済的損失に備えるために保険会社から保険を買い求めると同様に、保険会社も自らがさらされているこうしたリスクを回避するために、他の保険会社にリスク分担を求める必要があります。

　特に、大数の法則にのりにくい巨大なリスクは、1つの保険会社のみでは、経営上、大きな不安定要因ともなり、引受けが難しいのですが、こうしたリスクの引受けを可能としているのが、再保険というしくみです。

　再保険とは、保険会社が自己の負担する保険責任の一部または全部を、他の保険会社に転嫁する経済機構です。

　世界には、300年以上の歴史と伝統をもつ世界最大の保険取引市場であるロイズをはじめ、損害保険会社、再保険専門会社も数多く存在しており、世界的な再保険ネットワークを形作り、巨大リスクの引受けに大きな役割を果たしています。

2　保有と再保険

　保険会社は一般の契約者から保険を引き受けますが、これを元受けといいます。

　たとえば、ある保険会社が100人の婦人から100個のダイヤモンド（そのうち99個が100万円で、残りの1個が1億円）の盗難保険を合計で保険金額1億9,900万円で引き受けたと仮定します。

　盗難発生の頻度が1年間で100分の1であるとすると、毎年1個のダイヤモンドが盗難にあうことになります。したがって、保険料（単純化のために利益と経費の上乗せ部分は考慮しない）としてダイヤモンドの価格の100分の1をもらえば、盗難の頻度に相応します。この場合の保険料合計は199万円となります。そこで、100万円のダイヤモンドが1個盗まれただけであれば99万円の利益になりますが、万一、1億円のダイヤが盗まれると9,801万円の損失となり、保険成績が大幅に変動します。

　成績の安定は保険会社の経営にとって不可欠ですから、なんらかの手を打つ必要があります。すなわち、リスクの均質化を図らなければなりません。そこで保険会社は、1億円のダイヤについて100万円だけ自社で負担することにして、9,900万円を他の保険会社に転嫁します。このように自社の負担額を決定することを「保有」といい、他社へ再保険することを「出再保険」、逆に、他社から再保険を受ける場合を「受再保険」といいます。

　さて、前記の例についてさらに考えてみましょう。出再した9,900万円に対する保険料は99万円です。保険責任を転嫁するので、当然、保険料も受再会社へ渡します。保有保険料は100万円となり、どのダイヤモンドが盗難にあっても、自社の負担する損害は100万円となるので、常に収支がイーブンになります。

　現実の保険料には利益、経費部分を含んでいるので、出再する場合には、元受会社でかかる費用をまかなうために、出再した保険料に対して35％とか40％という一定の手数料を回収します。

　このように、保険会社は引き受けた契約金額（保険責任額）のうち、自社の

第3章　保険とは

引受能力を超える部分を国内外の他の保険会社に肩代わりして引き受けてもらったり、国内外の他の保険会社から再保険を引き受けたりすることにより、世界的規模でのリスクの分散と平均化を図っています。大数の法則にのりにくい巨大リスクも、世界的再保険のネットワークの活用で引き受けることが可能となっています。

●ポイント

　再保険は、いわば保険の保険であり、保険会社が掛ける2度目の保険です。
　特に、大数の法則が働きにくい巨大なリスクは、一つの保険会社のみでは経営上、大きな不安定要因ともなり引受けが困難です。再保険のしくみにより、こうした巨大リスクの引受けが可能となります。元受保険のうち、特に事故発生率の高い契約や巨額引受契約の一部としての一定割合や一定金額を他の保険会社に付保（すなわち再保険）してリスクの均等化を図るのが再保険の主な目的です。

〈参考〉3億円事件と再保険

　3億円事件は1968年12月10日、東京都府中市で警官に変装して偽装白バイに乗った犯人が、現金輸送車を襲った窃盗事件です。被害金額約3億円は、現金強奪事件としては当時の最高金額でした。1975年12月10日、公訴時効が成立（時効期間7年）、1988年12月10日、民事時効が成立（時効期間20年）しました。日本犯罪史に名前を残す未解決事件となりました。捜査には7年間で9億円以上が投じられたということです。

　被害にあった約3億円は、損害保険会社から運送保険金として契約者（信託銀行）に支払われ、さらに保険金の大半は海外の再保険マーケットから再保険金として回収されました（当時、当該保険会社に勤務していた著者が本件に関して、海外の再保険マーケットから再保険金の回収実務に携わった経緯があります）。

9 保険法とは

> 保険法が改正され、新しい保険法が施行されましたが、どのような特徴がありますか。
>
> 従来の保険に関する商法の規定を変更し、単独の法律として制定し現代社会に合った内容にするとともに、保険契約者の保護が図られていることです

1 保険法の制定

　社会経済晴勢の変化に対応して、商法第2編第10章に規定する保険契約に関する法制が見直され、単行法として保険法が2008年5月に成立しました。商法の当該部分の規定は、1899年（明治32年）の商法制定後、1911年（明治44年）に一部の規定が改正されたのみであり、実質的には約100年ぶりの改正となりました。保険法では、表記を片仮名・文語体から現代語に改めるとともに、保険契約者等を保護するための規定等が整備されています。
なお、保険法は2008年6月6日公布、2010年4月1日より施行されました。また、原則として、施行日以後に締結された保険契約に適用されますが、保険金の支払時期の規定、責任保険契約における先取特権の規定など、一部の規定については、施行日前に締結された保険契約にも適用されます。

2 主な改正内容

　主な改正内容は以下のとおりです。
①適用範囲の拡大
　商行為としての保険契約を規律の対象とする商法の規定が削除され、保険法が保険契約に関する一般的な法律として適用さることになりました。そのため実質的に保険契約と同様の内容を有する共済契約が適用対象に含まれることとなります。

②傷害疾病定額保険の新設

　保険法では、損害保険契約および生命保険契約に関する規定と異なる契約類型として、新たに傷害疾病定額保険契約に関する規定が新設されました。

③保険契約者等を保護するための規定の整備

契約締結時の告知について、保険者からの質問に応答すれば足りることとするとともに、保険募集人などによる告知妨害等があった場合は、原則として告知義務違反を理由に契約を解除することができないこととする規定が新設されました。また、保険金の支払時期について、約款に期限を定めていても、その期限が適正な保険金の支払いのために必要な調査のための合理的な期間を経過する日よりも後とされている場合は、その合理的な期間の経過をもって保険者は遅滞の責任を負うことになります。(約款に期限を定めていなければ、保険金請求に係る保険事故の確認に客観的に必要な期間の経過をもって、保険者は遅滞の責任を負います)。

　上記規定は、片面的強行規定(へんめんてき)(法の規定よりも保険契約者等に不利な約定を無効とする効力を有する規定)とされました。

④損害保険のルールの柔軟化等

　超過保険や重複保険について、保険金額が目的物の価額を超える部分の損害保険契約も有効とすることになりました(ただし、保険金は保険価額を限度として支払われます)。

　また、損害保険契約のうち責任保険契約について、被保険者が倒産した場合でも、被害者が保険金から優先的に被害の回復を受けられるようにするための先取特権の規定が新設されました。

⑤保険金受取人の変更ルールの整備

　生命保険契約および傷害疾病定額保険契約について、保険金受取人の変更の意思表示の相手方は保険者であること、遺言による保険金受取人の変更も可能であることなどを定められました。

⑥モラルリスクの防止

　一定の重大な事由がある場合（たとえば、保険契約者が被保険者を殺そうとしたり、保険金請求について詐欺を行ったりした場合など）に、保険者による

保険契約の解除を可能とする規定が新設されました。

> ●ポイント

　保険法は、従来の商法には規定が存在しなかった「傷害疾病保険」に関する規定の新設など、社会経済情勢の変化に対応した内容に改められるともに、保険法の規定と異なる保険約款の規定で保険契約者等に不利なものは無効にする「片面的強行規定」の新設をはじめ、消費者を保護する観点から、さまざまな規定が新設・改正されました。

第4章　生命保険の種類としくみ

1 生命保険にはどんなものがあるか

> **設問**
> 生命保険にはどのような種類があるのでしょうか。

生命保険の基本型は死亡保険・生存保険・生死混合保険です

1　3種類の基本型

　生命保険が複雑でわかりにくいと感じるのは、1つの商品がいろいろな基本種類や特約を組み合わせてできていたり、保障性と貯蓄性という2つの特性をもっていたり、そのうえ使われる用語がむずかしいからです。しかし、分類の仕方を工夫し、特徴を明らかにすることによって、より身近な存在になります。生命保険の基本種類を、どのようなときに保険金が支払われるかで分類すると、死亡保険、生存保険、生死混合保険の3種類に集約されます。

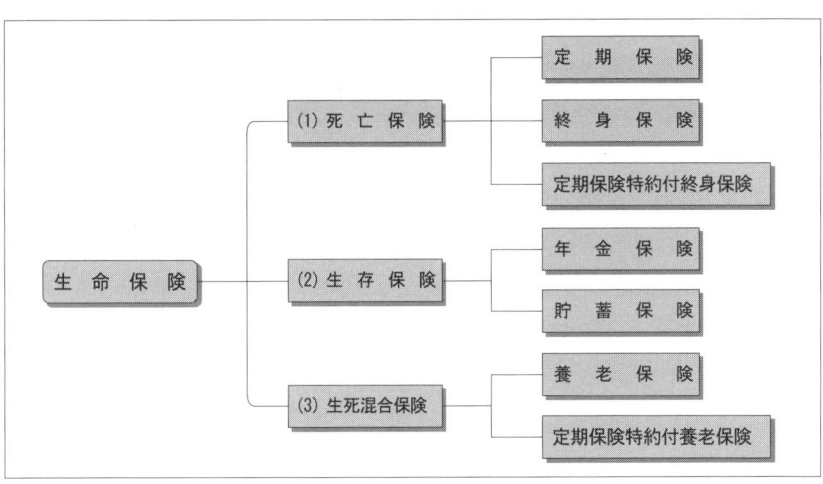

図表4-1　生命保険の3つの基本型

```
                          ┌─ 定期保険
              ┌─(1)死亡保険 ─┼─ 終身保険
              │             └─ 定期保険特約付終身保険
              │
生命保険 ─────┼─(2)生存保険 ─┬─ 年金保険
              │             └─ 貯蓄保険
              │
              └─(3)生死混合保険 ─┬─ 養老保険
                                └─ 定期保険特約付養老保険
```

(1) 死亡保険

　死亡保険は、被保険者が死亡した場合にかぎって保険金が支払われるもので、保障を重視したタイプの保険です。ただし、死亡保険においては、生存していても両目を完全に失明したり、言語・そしゃく機能を永久に失った場合や、中枢神経系・精神などに著しい障害を被り、生涯にわたって常に介護を必要とする状態になった場合などの高度障害については、死亡と同様の取扱いになります。

　この死亡保険の種類に入るのは、次の①②です。
① 一定の保険期間のみ死亡保障を行う「定期保険」
② 保険期間が一生涯にわたる「終身保険」や、終身保険に定期保険を上乗せした「定期保険特約付終身保険」

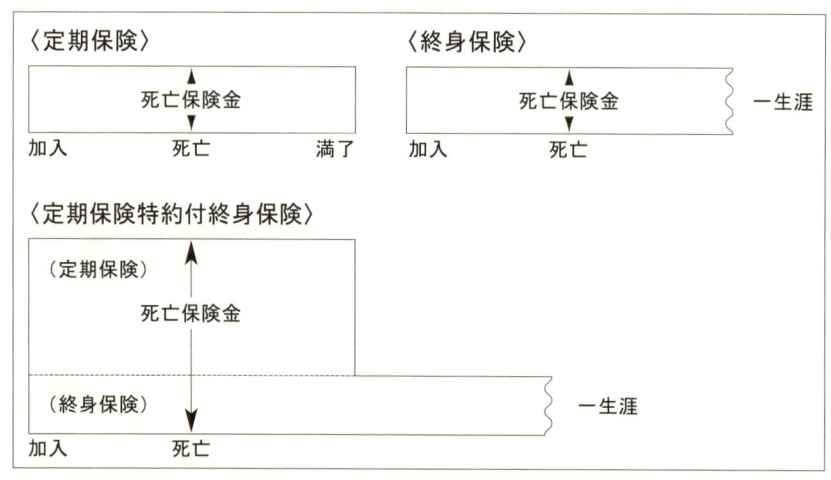

図表 4-2　死亡保険の例

(2) 生存保険

　生存保険は、死亡保険とは反対に、契約してから一定期間が満了するまで生きている場合にのみ保険金が支払われる保険です。

　なお、途中で死亡した場合には掛捨てになるのではなく、払い込まれた保険料などを死亡給付金として支払うしくみになっています。実際には、生存保険

第4章　生命保険の種類としくみ

をベースにして、各種の死亡保障がつけられています。この生存保険には、個人年金保険、貯蓄保険、こども保険などがあり、目的が明確な資金の貯蓄に役立つタイプの保険です。

図表4-3　生存保険の例

満期保険金（生存保険金）

加　入　　　　　　　　　　　満　期

(3) 生死混合保険

　生死混合保険は、死亡保険と生存保険を組み合わせた保険です。被保険者が、保険期間の途中で死亡または高度障害になったときには死亡・高度障害保険金が支払われ、保険期間満了まで生存したときは満期保険金が支払われるしくみになっています。

　この種類の典型的なものは「養老保険」で、死亡保険と生存保険を同じ割合で組み合わせ、保険期間内に死亡した（あるいは高度障害となった）場合でも、満期まで無事生存した場合でも、同額の保険金が支払われます。また、養老保険に定期保険を上乗せしたものを定期保険特約付養老保険といい、満期保険金より死亡の場合の保障が大きくなっています。

2　定額保険と変額保険

　生命保険は、保険期間中に保険金額が変動するか否かによって定額保険と変額保険に分類することができます。

(1) 定額保険

　定額保険は、加入時に決めた保険金額が、保険期間を通じて変わらないものです。加入の目的に応じて、たくさんの種類が発売されています。

図表4-4　生死混合保険の例

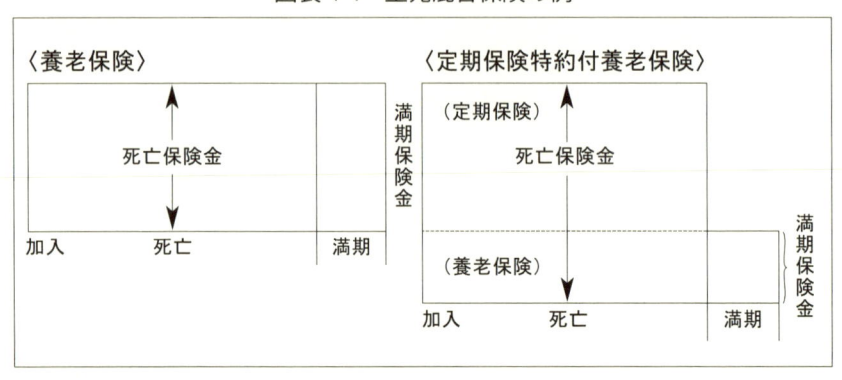

〈養老保険〉／〈定期保険特約付養老保険〉

(2) 変額保険

変額保険は、保険金額や解約返戻金額が、保険の資産運用の実績に応じて変動するものです。

変額保険には、終身保険タイプの変額保険（終身型）と養老保険タイプの変額保険（有期型）の2つがあります。

① 変額保険（終身型）の特徴

終身型は一生涯の死亡保障があり、死亡・高度障害保険金は資産の運用実績に基づいて毎月増減しますが、契約時に定めた保険金額（基本保険金額）は保証されています。

② 変額保険（有期型）の特徴

有期型は満期までの死亡保障があり、満期まで生存したときには満期保険金が支払われます。死亡・高度障害保険金は資産の運用実績に基づいて毎月増減しますが、基本保険金額は保証されています。

ただし、満期保険金額については保証されていませんので、運用実績によっては基本保険金額を下回ることもあります。

③ 変額保険の特徴

変額保険は、保険金額が資産の運用実績に応じて変動する保険です。

したがって、保険金額は運用の成果があれば大きくなるし、成果があがらない場合は小さくなります。

第4章　生命保険の種類としくみ

　このように運用成果が期待できる反面、投資の危険性も大きいため、変額保険の資産は、定額保険の資産とは別に運用されています。定額保険の資産が一般勘定で運用されているのに対し、変額保険の資産は特別勘定で運用されています（図表4-5参照）。

●ポイント

　生命保険は、どのような場合に保険金が支払われるかによって、死亡保険、生存保険、生死混合保険の3つの基本型に分類できます。
また、保険期間中に資産の運用実績に応じて保険金額が変動するか否かによって定額保険と変額保険に分類することができます。
　変額保険は、保険金額が資産の運用実績に応じて変化するため、保険金額は運用の成果次第で大きくも小さくもなります。
　そこで、会計上、定額保険の資産は一般勘定で運用され、変額保険の資産は特別勘定で運用されることになります。
　なお、変額保険のように市場リスクを有する生命保険には、ほかにも外貨建て保険（米国ドル建終身保険など）があります。

図表 4-5 変額保険のしくみ

○変額保険（終身型）

例1：支払時に満期保険金額が基本保険金額を上回った場合

- 基本保険金額
- 死亡保険金額
- 加入
- ▲ 保険料払込満了
- 終身（支払時）
- 資産の運用実績により増額された部分

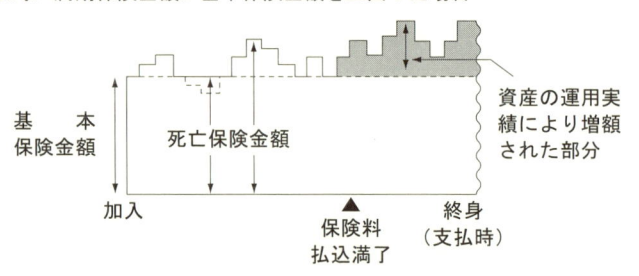

例2：支払時に満期保険金額が基本保険金額を下回った場合

- 基本保険金額
- 死亡保険金額
- 加入
- ▲ 保険料払込満了
- 終身（支払時）
- 資産の運用実績により減額された部分

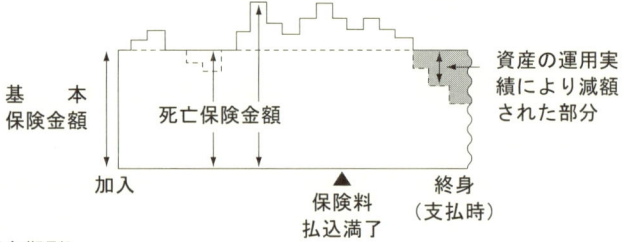

○変額保険（有期型）

例1：満期時に満期保険金額が基本保険金額を上回った場合

- 基本保険金額
- 死亡保険金額
- 満期保険金額
- 加入
- 満期

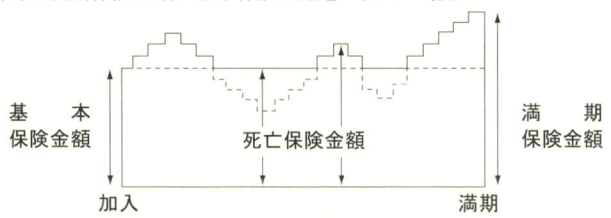

例2：満期時に満期保険金額が基本保険金額を下回った場合

- 基本保険金額
- 死亡保険金額
- 満期保険金額
- 加入
- 満期

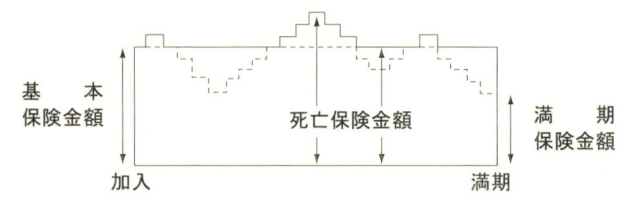

第4章 生命保険の種類としくみ

2 代表的な生命保険商品とは

> **設 問**
> 代表的な生命保険商品とは、どのようなものでしょうか。

定期保険、終身保険、養老保険が代表的な生命保険商品です

1 生命保険商品の名称はさまざま

　生命保険会社では、数多くの生命保険商品を販売しています。また、正式名称とは別に商品ごとの愛称で呼ばれることが多いため、多種多様で複雑な印象を受けます。しかし、数多い生命保険商品もその代表的な商品である定期保険や終身保険、養老保険をベースに、それらを組み合わせたり、多少工夫を凝らすことにより商品化したものがほとんどで、上記の３つの代表的な生命保険を理解しておけば、保険商品の正式名称から商品内容やその特徴をつかめます。

2 定期保険の特徴

　定期保険は、一定期間内に被保険者が死亡（または高度障害）した場合のみ死亡保険金が支払われる死亡保険です。
　また、この死亡保障に加え、保険期間内の一定期間ごとに生存給付金を支払う貯蓄機能を付加したものを生存給付金付定期保険といいます。

3 終身保険の特徴

　終身保険は、定期保険と同じ死亡保険ですが、定期保険のような特定の保険期間がなく、被保険者の一生涯にわたって死亡（または高度障害）保障を継続します。

4 養老保険の特徴

　養老保険は、被保険者が保険期間内に死亡（または高度障害）した場合には

死亡保険金が、満期まで生存した場合には死亡保険金と同額の満期保険金が支払われる生死混合保険です。

5　定期保険、終身保険、養老保険の保険料比較

　性別・年齢とも同じ場合、同額の保障額を確保するための保険料を比較すると、一般的には「定期保険＜終身保険＜養老保険」の順番となります。
　つまり定期保険のような保障機能だけの保険ほど保険料は安く、貯蓄機能が高まるにしたがって保険料は高くなります。

図表 4-6　3つの代表的な生命保険

	保険期間	積立率	ポイント
定期保険（掛捨て）	一定期間	掛捨て	死亡保障のみを目的とした保険
養老保険（満期金）	一定期間	最も高い	満期時に死亡保障と同額の保険金が支払われる
終身保険	一生涯	高い	死亡保障が一生涯で、貯蓄にもなる保険

（注）　図の■部分は積立部分

● ポイント

　生命保険会社では、さまざまな名称で生金保険商品の販売をしています。しかし、定期保険、終身保険、養老保険の3つの代表的な生命保険を理解しておけば、保険商品の正式名称から商品内容やその特徴をつかむことができます。

第4章　生命保険の種類としくみ

3　終身保険とは

設問

終身保険とは、どのような保険でしようか。利用目的や特色などについて教えてください。

被保険者が死亡した場合に限り死亡保険金が支払われる死亡保険のうち、保険期間が終身にわたる保険です

1　利用目的（生涯の死亡保障を目的としたもの）

　終身保険は、保険期間を限定せず、保障が一生涯続く保険で、死亡したときにのみ死亡保険金が受け取れ、主に遺族の生活保障のために利用されます。満期保険金はありませんが、長期間継続すると積立金が徐々に蓄積され、老後の生活資金などにも利用できます。

2　保険料の払込方法

　保険料の払込みは、一定の年齢で払込みを満了するタイプ（有期払込み）と、死亡するまで払込みを続けるタイプ（終身払込み）や、加入時に一括して払い込むタイプ（一時払）などがあります。

3　特色

① 　保険期間は終身であり、保険料払込終了後も、死亡保障は一生涯続きます。
② 　終身のため満期保険金はありませんが、長期継続すると蓄積部分が徐々に増えていって契約者貸付が利用でき、また、解約して積立金の全額を請求することもできます。
③ 　保険料の払込みが満了した時点で、そのまま死亡保障（終身保険部分）を継続する、解約返戻金と配当金を年金として受け取る、介護保障に変更する、といったいくつかのコースを選択することができます。夫婦2人を同時に

保障するタイプの保険もあります。
④　相続税の納税資金準備のために加入する場合は、保険料払込終了後も一生保障が続き、確実に納税資金にあてることができます。

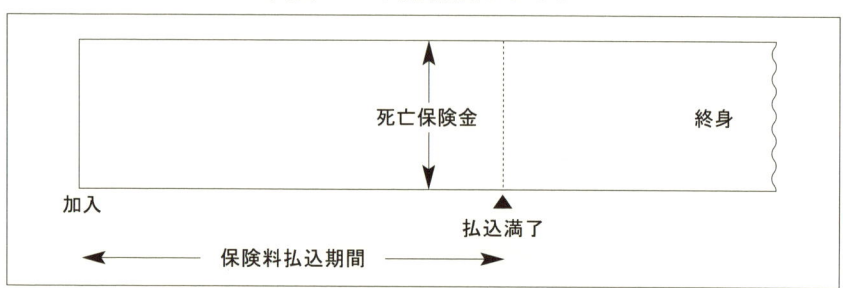

図表 4-7　終身保険のしくみ

```
        ↑
    死亡保険金                    終身
        ↓
加入                  払込満了▲
  ←──── 保険料払込期間 ────→
```

●ポイント

　終身保険は、死亡保障と老後保障を兼ねた生命保険です。特に、一生涯にわたって保障が確保されているため、相続対策には最適の保険です。また、満期がないため満期保険金は出ませんが、契約者貸付を受けるか、保険契約を解約して解約返戻金を老後の資金として利用することもできます（解約の場合は保障は消滅します）。

　なお、銀行窓販の売れ筋商品の一つである一時払終身保険は、契約者から受け取った保険料から販売手数料などを差し引いたうえで、運用に回すしくみです。仮に契約 1 年目で解約すると、払戻金が払込額を 2 ～ 5 ％程度下回ることが多いなど早期解約による元本割れのリスクがあるので注意が必要です。

4 定期保険とは

> **設問**
> 定期保険とは、どのような保険でしょうか。利用目的や特色などについて教えてください。

ある一定の期間中に死亡、高度障害となった場合に限り保険金が支払われる保険です

1 利用目的
（死亡または高度障害になったときだけの保障を目的としたもので掛捨てタイプ）

　定期保険は、死亡または高度障害になったときだけの保障を目的としたものです。貯蓄機能のないいわゆる「掛捨てタイプ」のため、相対的に割安な保険料で高額な死亡保障を得ることができます。保険期間は5年、10年、20年、30年程度まであります。定期というのは、銀行の「定期預金」のような貯蓄商品ではなく、「期間を定める」という意味です。保険期間中、保険金額が同額なので、「平準定期保険」ともいわれます。

　また、法人を保険契約者・保険金受取人、役員を被保険者とする通称、経営者保険・役員保険は、節税効果もあるのでよく利用されています。

2 特色
① 子どもが独立するまでの期間の家族の保障に利用する等、期間を限った保障の確保に適しています。
② いわゆる「掛捨て」といわれるタイプの保険ですが、保険期間が長期であれば、解約時期によっては解約返戻金も支払われます。
③ 契約時に取り決めた保険期間が終了すると、その時の健康状態にかかわらず、継続することができます。更新というかたちで再度の加入となるため、更新時点での年齢で保険料が計算され保険料がアップします。

④　同じ死亡保険金額であれば、定期保険の保険料が最も安いです。また、加入年齢が若いほど保険料は安く設定されており、同じ年齢であれば、保険期間が短いほど保険料は安いです。
⑤　保険金額が保険期間中一定で変わらない定額タイプ（平準定期保険）が一般的ですが、保険料が一定で、契約後一定期間ごとに保険金額が減少する逓減定期保険や、保険金額が増加する逓増定期保険もあります。さらに、高齢社会への対応として保険期間を長期に設定した長期平準定期保険も発売されています。

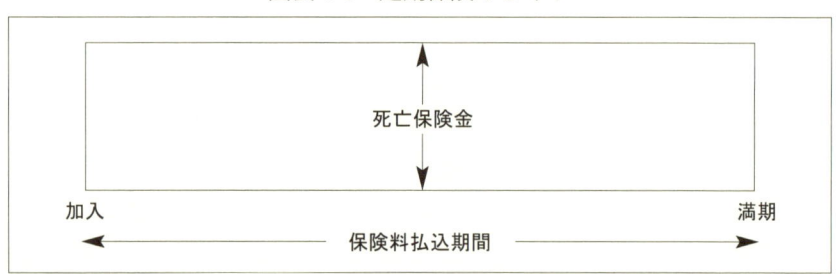

図表4-8　定期保険のしくみ

```
┌─────────────────────────────────────────────┐
│                    ↑                         │
│                  死亡保険金                   │
│                    ↓                         │
└─────────────────────────────────────────────┘
 加入                                       満期
  ←――――――――― 保険料払込期間 ―――――――――→
```

●ポイント

定期保険は、死亡したときの保障を目的とした保険で、満期保険金はありません。定期保険は、最も安い保険料で大きな死亡保障を得ることができますが、加入するときに保険期間を何年に設定するかがポイントです。5年、10年などの保険期間が終了すると、健康状態にかかわらず、更新というかたちで契約を継続することができますが、保険料は更新時点の年齢・料率で計算するので、更新後の保険料は高くなります。

5 逓増定期保険とは

> **設問**
> 逓増定期保険とは、どのような保険でしょうか。利用目的や特色などについて教えてください。

保険金額が毎年一定割合ずつ増加する保険です

1 利用目的
（死亡または高度障害になったときの保障を目的としたもの）

逓増定期保険は、保険期間内に、被保険者が死亡または高度障害になったときだけの保障を目的としたものですが、保険金額は一定の率で逓増していくので、死亡する年度により受け取る保険金額が違います。

保険料は、一般の定期保険より割高ですが、貯蓄性・保障性とも高く、法人が多く利用しています。

2 特色

① 保険料は掛け捨てで一定額のまま、保険金額は契約後2年目から（第2保険年度以降）、一定の限度額に達するまで、毎年逓増するので、買い増しの必要がありません。

② 逓増率は、保険会社により異なりますが、5％単利、5％複利、10％単利などをはじめとしてさまざまなものがあります。

3 要件

逓増定期保険の対象となるものは、保険期間の経過により保険金額が5倍までの範囲で増加する定期保険のうち、その保険期間満了の時における被保険者の年齢が60歳を超え、かつ、当該保険に加入した時における被保険者の年齢に保険期間の2倍に相当する数を加えた数が90を超えるものをいいます。

したがって、これ以外の定期保険は、一般の定期保険の取扱いになります。

＜75歳満期の定期保険計算＞

たとえば、75歳満期の定期保険では、次のようになります。

---
① 契約年齢50歳の場合

　　50＋（75－50）×2＝100＞90　……　逓増定期保険に該当

② 契約年齢60歳の場合

　　60＋（75－60）×2＝90≦90　……　一般の定期保険に該当

このように、保険期間満了の時の年齢が60歳を超えても契約時の年齢により逓増定期保険になる場合とならない場合があります。

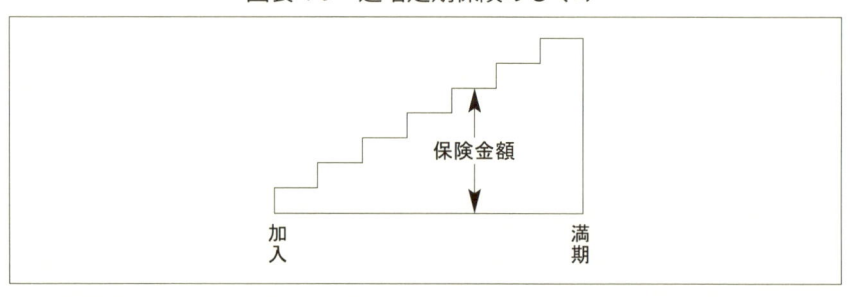

図表4-9　逓増定期保険のしくみ

● ポイント

逓増定期保険は、保険金額が一定の率で逓増していくので、死亡する年度により受け取る保険金額が異なります。

逓増率は、保険会社によって異なりますが、5％単利、5％複利、10％単利などさまざまなものがあります。主に法人向けの保険です。

第4章　生命保険の種類としくみ

6　逓減定期保険とは

設問

逓減定期保険とは、どのような保険でしょうか。利用目的や特色などについて教えてください。

保険金額が毎年一定割合ずつ減少する保険です

1　利用目的
（ライフサイクルに合わせた所要資金の保障を行うことを目的としたもの）

　一般に、教育費も含めた遺族の所要生活資金総額は、子どもの成長や独立、住宅ローンの返済などにより徐々に減少します。そこで、このような被保険者のライフサイクルに合わせた所要資金の保障を合理的に行うことを目的としたのが逓減定期保険です。

　保険金額は、一定の率で逓減していくので、死亡する年度により受け取る保険金額が違います。保険料は掛け捨てで一定です。当初の保険金額が同じなら、一般の定期保険より割安です。

2　特色
① 　保険金額は、契約後2年目から（第2保険年度以降）、一定の限度額に達するまで毎年減少します。
② 　必要保障額が年々減っていくのに合わせて保険金額も減少するので、ムダのない保険です。

図表 4-10　逓減定期保険のしくみ

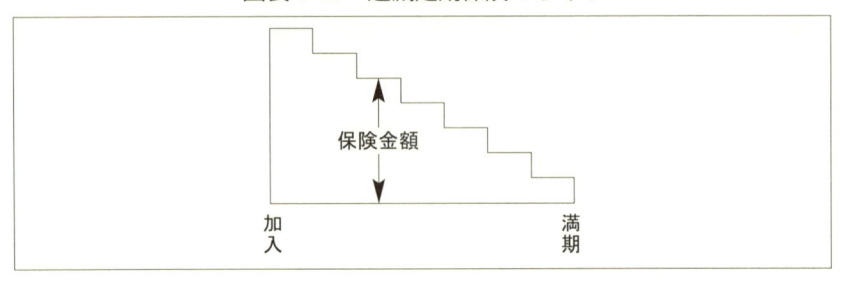

●ポイント

　逓減定期保険は、保険金額が一定の率で逓減していくので、死亡する年度により受け取る保険金が異なります。
　子どもが成長するにつれ減少していく必要保障額に合わせ、保険金額が年々減少していくため保険料にムダがありません。子どもが独立するときに保険期間が終了するように、保険期間を決めることがポイントです。

7 長期平準定期保険とは

> **設問**
> 長期平準定期保険とは、どのような保険でしょうか。利用目的や特色などについて教えてください。
>
> 高齢社会への対応として保険期間を長期に設定した保険です

1 利用目的
（貯蓄性も高く、解約返戻金を老後資金や緊急資金として利用）

　いままでの定期保険の保険期間は5年～30年でしたが、長期平準定期保険は、高齢社会に備えるための保険期間を長期に設定したものです。保険会社により最長100歳までのものがあります。

　定期保険であるにもかかわらず貯蓄性も高く、解約返戻金を老後資金や緊急資金として利用することができます。

　また、法人が事業保険として長期平準定期保険に加入した場合、経営者・役員の死亡退職金・弔慰金の資金準備とともに、生存退職金の準備としても利用できます。保険料は、従来の定期保険よりは割高ですが、終身保険よりは割安です。

2 特色

① 「一時払長期平準定期保険」は、貯蓄性が高く、保障性と貯蓄性を兼ね備えた合理的な保険です。ただし、保険期間の満了時には解約返戻金はゼロになります。

② 法人契約で、保険金受取人が法人の場合、保険期間に応じて支払った保険料の半額または全額が損金に算入されるので、法人税の軽減にも役立ちます。

3 要件

長期平準定期保険の対象となるものは、次の条件を満たした定期保険です。
① 保険期間の満了時に、被保険者の年齢が70歳を超えること
② 加入年齢に、保険期間満了までの期間の2倍を加えた数字が105を超えること

加入年齢とは、保険契約証書に記載されている契約年齢です。保険期間満了時の被保険者の年齢とは、契約年齢に保険期間の年数を加えた数に相当する年齢をいいます。

たとえば、80歳満期の定期保険の場合は、次のようになります。

---
① 契約年齢50歳の場合
　　$50 + (80 - 50) \times 2 = 110 > 105$ ……　長期平準定期保険に該当
② 契約年齢56歳の場合
　　$56 + (80 - 56) \times 2 = 104 \leqq 105$ ……　一般の定期保険に該当

このように、保険期間満了の時の年齢が70歳を超えていても、契約時の年齢により長期平準定期保険になる場合やならない場合があります。

●ポイント

長期平準定期保険は、定期保険でありながら貯蓄性も高く、解約返戻金を利用することもできますが、保険期間終了時には解約返戻金はゼロになります。保険料は、従来の定期保険よりは割高ですが、終身保険よりは割安になっています。

8 定期保険特約付終身保険とは

> **設　問**
> 定期保険特約付終身保険とは、どのような保険でしょうか。利用目的や特色などについて教えてください。

終身保険に定期保険（特約）を上乗せした保険です

1　利用目的
（責任の重い時期に大きな保障を目的としたもの）

　定期保険特約付終身保険は、生涯の死亡保障を満たし、しかも、責任の重い時期に大きな保障を目的とした保険です。老後の資金づくり、相続対策にも利用できます。比較的安い保険料で大きな保障が得られることから、従来から生命保険会社の主力商品として位置付けられていましたが、2000年以降これに代わる主力保険としてアカウント型保険（利率変動型積立終身保険）を発売する保険会社も出てきました。

2　特色
① 　被保険者の生涯にわたり保障が継続する終身保険に、一定期間の定期保険を特約として付加し、その期間内の死亡保障を特に厚くしたものです。
② 　30〜40代を中心とした、いわゆる働き盛りの時期に割安な保険料で高額保障が得られ、かつ、一生涯保障も確保することができます。
③ 　定期保険特約は、主契約の5倍、10倍、20倍という形で付加し、比較的短期間で更新する更新型と、保険料払込みが終了するまで更新なしで継続する全期型があります。
④ 　保険料払込満了時点で、大きな保障がなくなった後に、終身保険部分を継続したり、解約返戻金と配当金を年金として受け取ったり、介護保険に変更したりするといったことも可能です。夫婦2人を同時に保障する夫婦連生

タイプもあります。
⑤　保険料の払込みは、一定期間で終了する商品（有期払込み）と、生涯にわたる商品（終身払込み）とがあります。

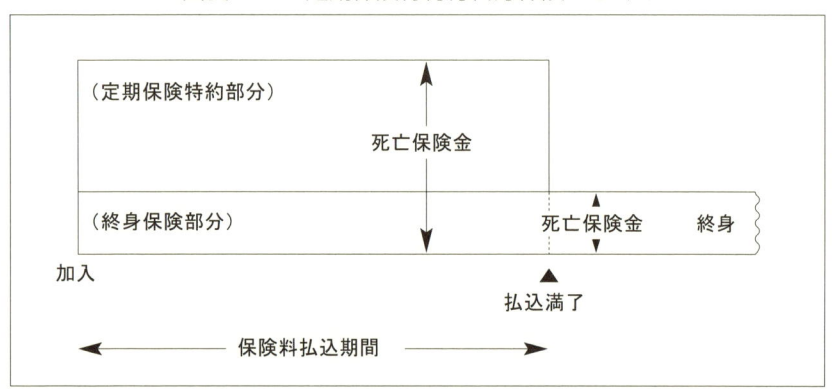

図表 4-11　定期保険特約付終身保険のしくみ

```
（定期保険特約部分）
            ↕
          死亡保険金
（終身保険部分）         死亡保険金    終身
                        ↕
加入                  払込満了
  ←──── 保険料払込期間 ────→
```

●ポイント

　定期保険特約付終身保険は、終身保険と定期保険特約を一定の範囲内で組み合わせ、保障を大きくした保険です。比較的割安な保険料で加入でき、働き盛りで家族のために大きな保障が必要な人に適しています。

　ただし、保険料払込満了後の保障は、終身保険部分のみになります。

　死亡保障額は、終身保険の保障額の一般に30倍まで設定することができます。30倍型の場合、終身保険の保障額が200万円とすると、定期保険は5,800万円で、合計の死亡保障額が6,000万円となります。同じ保障額でも、倍率の高いほうが保険料は安いですが、終身保険部分が少ないため貯蓄性は低くなります。

第4章 生命保険の種類としくみ

9 アカウント型保険
（利率変動型積立終身保険）とは

設問

アカウント型保険（利率変動型積立終身保険）とは、どのような保険でしょうか。利用目的や特色などについて教えてください。

保険料を積立部分と保障部分に分けて、保障の配分を一定期間ごとに、自由に決められる保険です

1　利用目的

（積立部分と保障部分を明確に分離することにより、積立部分で資金準備や生涯の死亡保障を、保障部分で大きな死亡保障や医療保障などを確保することを目的としたもの）

　アカウント型保険（利率変動型積立終身保険）は、保険料払込期間中は積立金を蓄積し、保険料払込期間満了後はその時の積立金をもとにして、一定の金額までの範囲で、その時の健康状態にかかわらず終身の死亡・高度障害保障を確保することができる保険です。

　定期保険特約付終身保険に代わる主力保険として2000年（平成12年）4月に国内の大手生命保険会社から初めて発売され、さらに2001年（平成13年）4月には、その他の保険会社からも発売されてきました。利率変動型自由設計保険などとも呼ばれており、保険会社によって名称が異なっています。

2　特色

① 保険設計がいつでも行えます。

　今までの定期保険特約付終身保険ではある程度最初の契約時に保険料、死亡保障金額などが決まっていましたが（更新型は別）、この保険では、そのつど保険内容を変えることができます。

② 積立金は一時金を投入することによって積み増したり、必要に応じて引き

出すこともできます。
③ 保険料払い込み期間中は、定期保険特約や医療特約などの保障のみで、終身保険の保障はありませんが、保険料の払込が終了した時点で、アカウント（積立）部分に溜まったお金を元に、終身保険に移行することができます。
④ 予定利率が固定されていた従来の保険とは異なり、予定利率は3年ごと、あるいは毎年見直しが行われます。

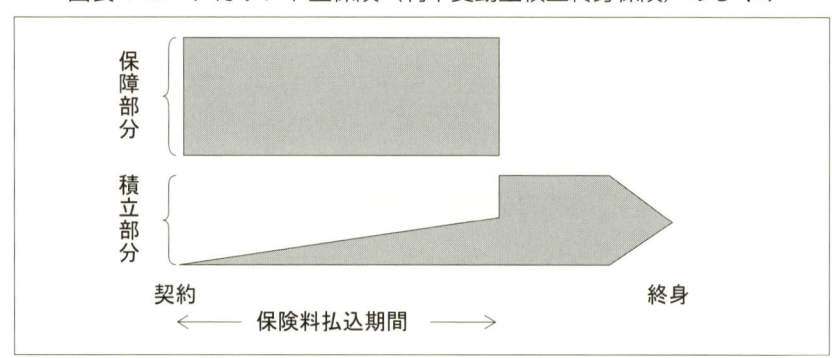

図表4-12　アカウント型保険（利率変動型積立終身保険）のしくみ

＜参考＞ユニバーサル保険（積立利率変動型保障期間自由設計保険）
　最近は、類似保険でユニバーサル保険が販売されています。ユニバーサル保険は、契約者が保険料、死亡保障額、保険期間の3要素のうち2つを決めるとあとのひとつは自動的に決まるしくみになっており、その変更が毎年可能となっています。ただし、保険金増額の場合には新たに告知や診査が必要です。
　一般的にユニバーサル保険は契約者が死亡保障額と毎月の保険料を決め、保険期間を割り出すのが基本です。少ない保険料で高額の保障が必要な場合にはその分保険期間が短くなります。逆に少額の保障でよい場合は保険期間を長く設定できます。保険約款上のさまざまな制約や契約変更の手間をかけずに、ライフイベントに合わせて保険料と死亡保障額を自由に設計できるのが特長です。ユニバーサル保険とアカウント型保険の主な違いは、ユニバーサル保険は契約者が保険料や死亡保障額を自由に毎年変更可能な点です。

第4章 生命保険の種類としくみ

●ポイント

　アカウント型保険（利率変動型積立終身保険）は、保険料を積立部分と保障部分に分けて、保険契約者のライフプランに合わせて、保障の配分を一定期間ごとに自由に決められる保険です。最大の特徴は、保障設計の自在性といえます。保障内容を転換で見直すという考え方ではなく、ひとつの契約をライフスタイルの変化に応じて見直していきます。保険料をアカウント部分にプールすることができ、アカウント部分から引き出して、定期保険特約や医療特約の保険料に充当できます。また、プールされたお金を、投資信託や損害保険などの購入に充てることができる保険会社もあります。

10 養老保険とは

> **設問**
> 養老保険とは、どのような保険でしょうか。利用目的や特色などについて教えてください。

死亡時には死亡保険金が支払われ、満期時には満期保険金が支払われる保険です

1 利用目的
（死亡したときの保障と合わせ、老後資金の準備などを目的としたもの）

養老保険は、死亡したときの保障と合わせて、老後資金の準備などを目的とした保険です。とくに、貯蓄性が高く、老後資金の準備として活用されています。また、期間を短くすれば教育資金・結婚資金・住宅資金の頭金の準備にも利用できます。

保険料を加入時に一時払する一時払養老保険は、保障性は低いかわりに貯蓄性が高く、貯蓄を目的とする人には最適です。

2 特色

① 10年や20年など保険期間を決めて加入し、途中で死亡した場合でも、無事に満期を迎えた場合でも、同額の保険金（死亡保険金と満期保険金）が支払われます。

② とくに、期間5年以下の一時払養老保険は死亡保障よりも貯蓄に重点をおいた貯蓄商品としての性格が強いです（かつては、高利回りで人気がありましたが、たびたびの予定利率の引下げにより、現在は利回り的な魅力はなくなっています）。

③ 一時払の場合、保険期間によって税金の扱いが異なります。
（イ）5年満期または5年以内の解約：一律20.315％（所得税15％、復興特

第4章　生命保険の種類としくみ

別所得税 0.315％、住民税 5％）の源泉分離課税
（ロ）5年超：満期時の差益は、一時所得として課税

課税所得＝〔（満期保険金等－払込保険料）－50 万円〕× $\frac{1}{2}$

図表 4-13　養老保険のしくみ

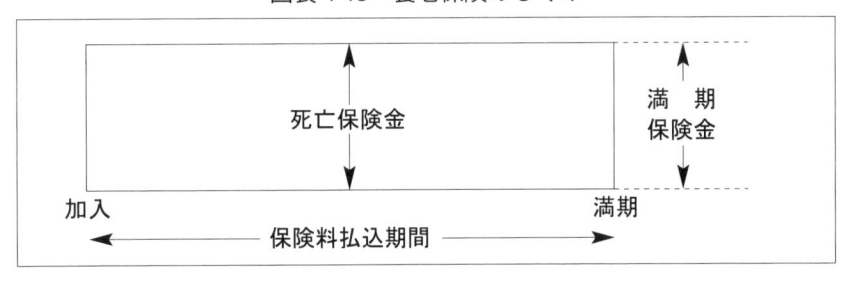

```
┌─────────────────────────────────┬──────┐
│              ↑                  │  満 期│
│          死亡保険金              │ 保険金│
│              ↓                  │      │
└─────────────────────────────────┴──────┘
 加入                              満期
    ←──────── 保険料払込期間 ────────→
```

●ポイント

　養老保険は、死亡保障と貯蓄を兼ねた生死混合保険です。死亡保険金と満期保険金は同額です。また、一時払養老保険は、保険期間が5年以下のものや5年以下で解約した場合、金融商品同様、収益は 20.315％源泉分離課税の対象となります。収益の額によっては、20.315％源泉分離課税されるより一時所得のほうが有利となるので、5年程度加入しようと思っている人なら、10年のものに加入して5年を超えた時点で解約する方法があります。なお、復興特別所得税は、復興財源確保法により、2013年（平成25年）1月1日～2037年（平成49年）12月31日までの25年間の各年分の基準所得税額に 2.1％上乗せされるものです。また、所得税が源泉徴収される場合にも適用されます。

11 定期保険特約付養老保険とは

> **設問**
> 定期保険特約付養老保険とは、どのような保険でしょうか。利用目的や特色などについて教えてください。

養老保険に定期保険（特約）を上乗せした保険です

1 利用目的
　（死亡時の保障に重点を置きながら資金準備を目的としたもの）
　定期保険特約付養老保険は、死亡したときの保障に重点を置きながら資金準備を目的とした保険です。

2 特色
① 養老保険に定期保険（特約）を上乗せして、死亡保障を厚くしたものです。
② 養老保険部分と定期保険部分の保険金額は、一定の範囲内で自由に組み合わせることができます。
③ 満期のときには、養老保険部分の満期保険金が支払われ、老後、教育資金などさまざまな資金準備に利用できます。

第4章　生命保険の種類としくみ

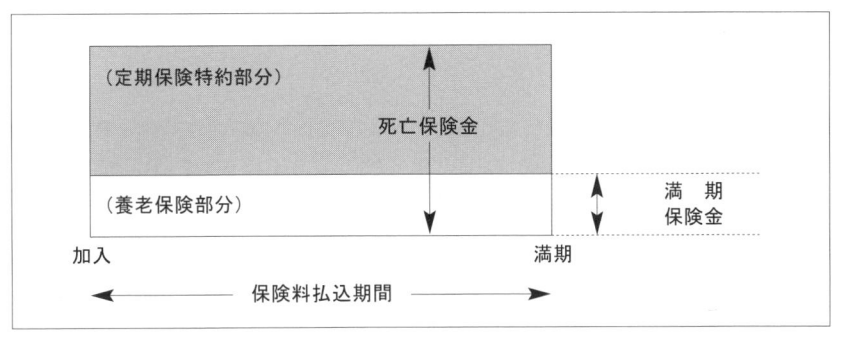

図表 4-14　定期保険特約付養老保険のしくみ

```
（定期保険特約部分）
                死亡保険金
                                                満　期
（養老保険部分）                                  保険金
加入                              満期
    ←――― 保険料払込期間 ―――→
```

●ポイント

　定期保険特約付養老保険は、養老保険に定期保険（特約）を上乗せした保険で、定期部分の金額は一定の範囲内で希望に応じて組み合わせることができます。

　定期部分を大きくすることによって、死亡保険金が満期保険金の5倍、10倍あるいは20倍という高倍率の死亡保障が可能となり、子育ての期間など、被保険者の家族に対する責任が重い期間に求められる高額な死亡保障ニーズと、貯蓄ニーズを合わせて満たすことができます。

12　生存給付金付定期保険とは

> **設問**
> 生存給付金付定期保険とは、どのような保険でしょうか。利用目的や特色などについて教えてください。

定期保険に一定期間ごとの生存給付金支払いを付加した保険です

1　利用目的
　（死亡したときの保障と合わせ、資金準備などを目的としたもの）
　　生存給付金付定期保険は、死亡したときの保障となる定期保険をベースに、2年～5年おきに支払われる生存給付金をセットした保険で、保険期間は15年・20年が一般的です。
　　死亡したときの保障とあわせて、資金準備などを目的とした保険です。
　　定期的に支払われる生存給付金を、レジャー資金や結婚資金として活用することができるため、主に女性や若者に利用されます。

2　特色
① 　保険期間内に死亡すれば死亡保険金が支払われ、保険契約は終了します。
② 　保険期間中、一定時期に生存給付金が支払われ、満期時には満期給付金が支払われます。

第4章 生命保険の種類としくみ

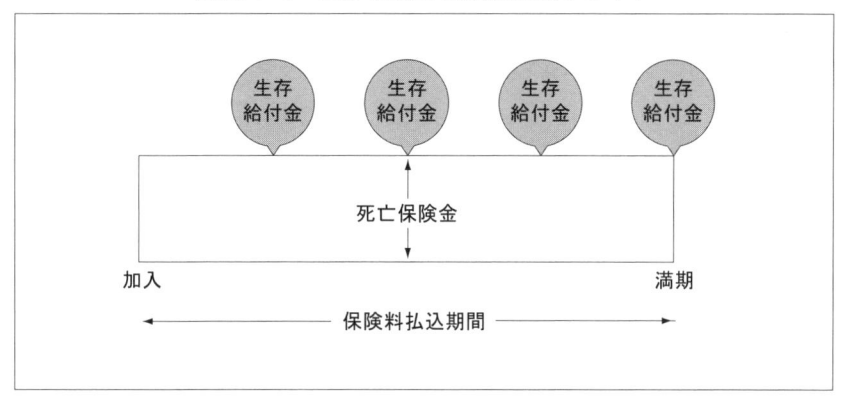

図表 4-15 生存給付金付定期保険のしくみ

```
    生存      生存      生存      生存
    給付金    給付金    給付金    給付金
     ↑        ↑        ↑        ↑
    ┌─────────────────────────────────┐
    │         死亡保険金              │
    └─────────────────────────────────┘
  加入                              満期
    ←──────── 保険料払込期間 ────────→
```

●ポイント

　生存給付金付定期保険は、死亡保障と合わせ、旅行、結婚などの資金準備を目的としています。ただし、ベースとなるのはあくまでも保障性を重視した定期保険なので、加入する前にそれだけの死亡保障が必要なのかどうかをまずチェックすることがポイントです。

13 生存給付金付定期保険特約付終身保険とは

> **設 問**
>
> 生存給付金付定期保険特約付終身保険とは、どのような保険でしょうか。利用目的や特色などについて教えてください。

終身保険に一生涯の死亡・高度障害保障に加え、生存給付金付定期保険特約を付加した保険です

1 利用目的
（一定期間大型の保障を目的としたもの）

　生存給付金付定期保険特約付終身保険は、終身保険に生存給付金付定期保険特約を付加することによって、一定期間大型の保障を目的としたものです（図表4-16参照）。

2 特色
① 3年または5年の一定期間毎または生存給付金付定期保険特約の保険期間の満了時に生存給付金が支払われます。
② 主契約部分の保険期間は終身です。
③ 生存給付金付定期保険特約部分の保険期間には、全期型および更新型があります。

第4章　生命保険の種類としくみ

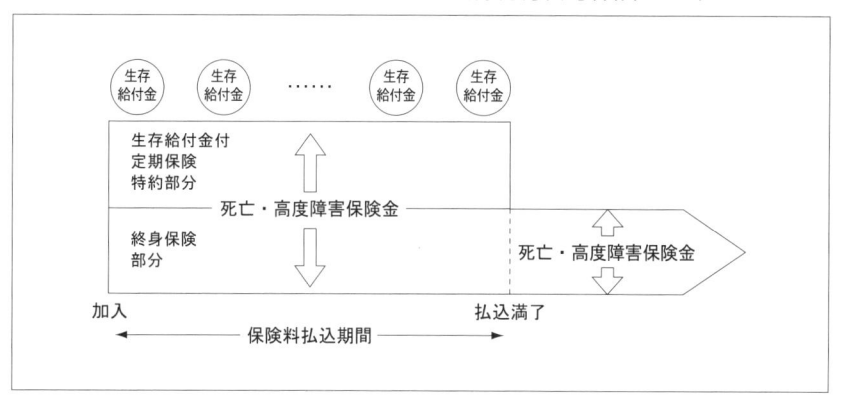

図表 4-16　生存給付金付定期保険特約付終身保険のしくみ

●ポイント

　生存給付金付定期保険特約付終身保険は、終身保険に生存給付金付定期保険特約を付加することによって、一定期間大型保障を行う保険で、一定期間ごとまたは満了時に生存給付金が支払われます。

14 医療保険とは

> **設問**
> 医療保険とは、どのような保険でしょうか。利用目的や特色などについて教えてください。
>
> 病気やケガで入院したり所定の手術を受けたときに給付金が支払われる保険です

1 利用目的
　（入院給付金、手術給付金などの医療保障を目的としたもの）
　医療保険は、医療に対する保障を主な目的としているため、死亡保険金は50万～100万円程度と少額です。入院給付金、手術給付金が支払われるほか、会社によっては、がんの保障を手厚くしたタイプや、最長1,095日までの長期入院に対して給付金が支払われるタイプなど、バリエーションに富んだ選択が可能です。

2 特色
① 通常、満期保険金のない掛捨てタイプで、保険期間は20年、30年といった長期のものもありますが、5年、10年程度の比較的短期のものを更新していくのが主流となっています。ただし、更新のときには、保険料はアップします。
② 給付内容は、疾病入院給付金、災害入院給付金、長期疾病入院給付金、長期災害入院給付金、手術給付金、在宅療養給付金、先進医療給付金，死亡・高度障害保険金などがあり、保険会社によって異なります。
③ 一般的には健康状態に関する告知が必要ですが、告知が不要な商品もあります。健康告知が不要な商品を無選択型といい、保険料が割増されていたり、保険期間の開始後に一定期間病気の補償の対象とならない期間があるなどの特徴があります。

第4章　生命保険の種類としくみ

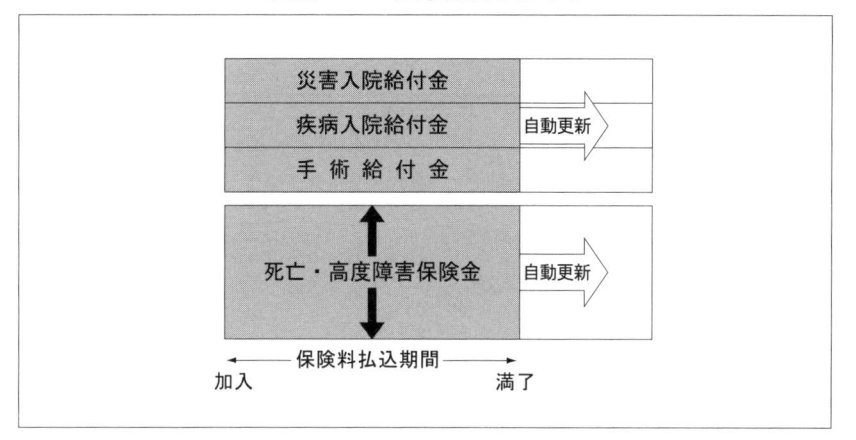

図表 4-17　医療保険のしくみ

```
┌─────────────────────────────┐
│  災害入院給付金      ┐        │
│  疾病入院給付金      │ 自動更新 →│
│  手 術 給 付 金      ┘        │
│                              │
│  ↕                           │
│  死亡・高度障害保険金  自動更新 →│
│  ↕                           │
│      ←─保険料払込期間─→       │
│     加入           満了        │
└─────────────────────────────┘
```

●ポイント

　医療保険は、入院や手術などに際して給付金が支払われるもので、医療に対する保障を目的としているため、死亡保険金は 50 万～ 100 万円程度と少額です。通常は満期保険金のない掛捨てタイプです。
　給付金の支給対象の病気をがんに限定したがん保険も、医療保険の一種です。
　最近では、がんの保障を手厚くしたタイプや女性特有の病気の保障に重点を置いたタイプ、満期返戻金付きの積立タイプなど多様な医療保険が発売されています。
　また、健康状態に不安があっても契約しやすい限定告知型医療保険を取り扱う生命保険会社もあります。通常の医療保険などと比べて保険料が割高ですが、告知項目に該当しなければ、持病がある人なども原則として契約できます。引受基準緩和型医療保険、選択緩和型医療保険の名称で取り扱う保険会社もあります。なお、保険商品を選ぶ際には通常の医療保険などを契約できるかなどを確認したうえで、給付の要件などを比較検討することが大切です。

図表4-18 医療保険と医療特約の違い(例)

	医療保険	医療特約
入院給付金の対象期間（標準的な内容であって異なる会社もある）	〈1泊2日〉病気やケガで継続して2日以上入院した場合、1日目より支払われる。〈5日型〉病気やケガで5日以上継続して入院した場合、5日目より支払われる(4日間は支払対象外)。〈8日型〉病気で8日以上継続して入院した場合、ケガで通算5日以上入院した場合、1日目より支払われる。	〈5日間〉病気やケガで5日以上継続して入院した場合、5日目より支払われる(4日間は支払対象外)。(病気やケガで継続して2日以上入院した場合、1日目より支払われる特約を取り扱う保険会社もある)
入院給付金の支払限度日数	1回の入院につき60日、120日、180日、360日、730日、1,000日、1,095日限度など、通算して700日、730日、1,000日、1,095日限度など保険会社により異なる。	1回の入院につき60日、120日限度、通算して700日～1,095日限度など保険会社により異なる。
加入可能年齢	65歳～75歳くらいまで加入できる(保険会社により異なる)。	65歳～75歳くらいまで加入できる(保険会社により異なる)。
保障期間	年満了(更新)タイプは、80歳～90歳くらいまで歳満了タイプは60歳～80歳までが多いが、90歳～100歳満了タイプの保険会社もある。終身タイプは一生涯。	原則80歳までの保険会社が多い。(主契約の保障が終身の場合、途中で終身保障に変更できる会社もある。また加入時から終身保障(一生涯)タイプの特約を取り扱う保険会社もある)
商品選択のポイント	ケガや病気による入院または手術に対する保障があらかじめセットになっている。そのうえで、保障内容をさらに充実させるため、各社独自の保障を組み合わせて加入することができる	各保険会社独自の特定の疾病を対象とした特約もあり、保険会社所定の取扱範囲内で必要な特約だけを自由に組み合わせて加入することができる。ただし、主契約である終身保険などとセット加入する必要がある。
商品利用の対象者	遺族への死亡保障はほとんど必要ない独身で、ケガや病気は心配という人に向いている。医療特約だけでは十分でない人や、専業主婦、あるいはこれから老後を迎える人などに向いている。	遺族への死亡保障も必要な人が終身保険などとセットで加入したり、老後準備を目的とする人が個人年金保険とセットで加入するのが合理的である。世帯主や、共稼ぎの主婦などに向いている。

(注)特約や給付金の内容等は保険会社によって異なる場合があるので、個別に確認する必要があります。
出所：生命保険文化センター編「医療保障ガイド」(2013年9月改訂)を基に作成。

第4章　生命保険の種類としくみ

15　がん保険とは

> **設問**
> がん保険とは、どのような保険でしょうか。利用目的や特色などについて教えてください。

がんにより入院したり、所定の手術を受けたときに給付金が支払われる保険です

1　利用目的
（保険給付の対象をがんに絞り少額の保険料で高い保障）

　がん保険は医療保険の一種ですが、保険給付の対象をがんに絞っているので、少額の保険料で高い保障がされています。

2　特色
① がんで入院・手術した場合に、入院給付金や手術給付金が支払われます。
② がんで死亡した場合には死亡保険金が、がん以外の死亡についても所定の死亡給付金が支払われます。
③ がんと診断されたときには診断給付金が、退院後には療養給付金が支払われるものが多いです。
④ 契約日から3ヵ月、あるいは90日など一定の待期間があり、この期間内はがんになっても保障の対象となりません。つまり、保障が始まるのは契約から3ヵ月、あるいは90日経過後となります。

図表 4-19　がん保険のしくみ

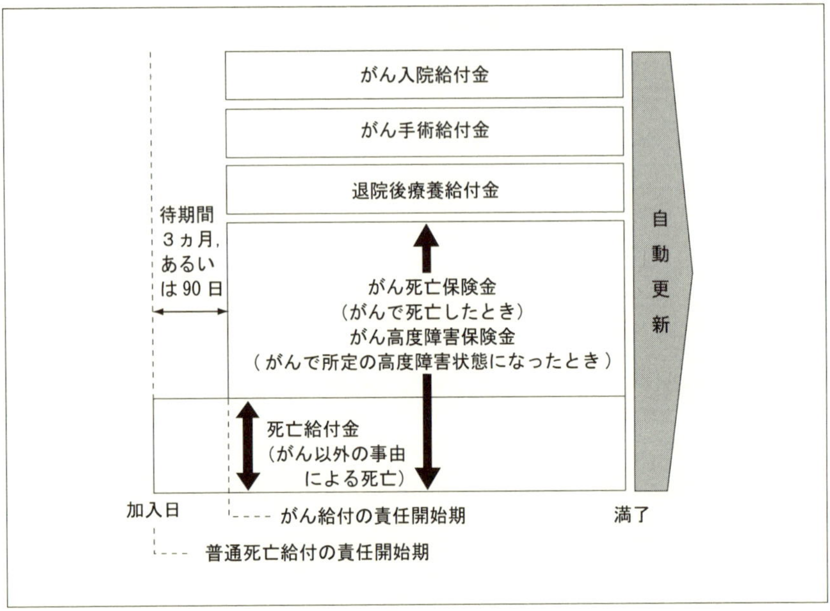

```
                    ┌──────────────────────────┐  ┐
                    │      がん入院給付金        │  │
                    ├──────────────────────────┤  │
                    │      がん手術給付金        │  │
                    ├──────────────────────────┤  │
                    │      退院後療養給付金      │  │ 自
  待期間            │                          │  │ 動
  3ヵ月、           │   がん死亡保険金          │  │ 更
  あるいは 90日     │  （がんで死亡したとき）   │  │ 新
  ←――――→         │   がん高度障害保険金      │  │
                    │（がんで所定の高度障害      │  │
                    │  状態になったとき）       │  │
                    ├──────────────────────────┤  │
                    │   死亡給付金              │  │
                    │ （がん以外の事由          │  │
                    │   による死亡）            │  │
                    └──────────────────────────┘  ┘
  加入日     がん給付の責任開始期          満了
        普通死亡給付の責任開始期
```

● ポイント

　がん保険は医療保険の一種で、がんによる給付のみを保険給付の対象とする保険です。死亡したときは、死亡保険金が支払われますが、金額は少額です。

　多くは一定の保険期間を定めた定期タイプですが、一生涯保障の終身タイプもあります。

　なお、がんの種類によっては一部対象とならない保険もあるので、「ご契約のしおり（定款）・約款」などでよく確認することが大切です。

　最近は、がんを患った人でも過去2年以内にがんで入院・手術をしていない場合に加入できる保険の発売や抗がん剤治療など通院治療にかかる保障を重視する保険商品も増えています。

第4章 生命保険の種類としくみ

16 介護保険とは

> **設問**
> 介護保険とは、どのような保険でしょうか。利用目的や特色などについて教えてください。

寝たきりや認知症により要介護状態になった場合に一時金や年金などが支払われる保険です

1 利用目的
（介護が必要な状態になったときの保障を目的としたもの）

　介護保険は、被保険者が寝たきりや認知症により、介護が必要な状態になったときの保障を目的とした保険です。

　高齢社会の到来による老人介護問題の顕在化にともない、被保険者および家族の経済的負担を軽減する介護保障ニーズに対応するために開発されました。

　介護保険として単独の商品のほか、他の保険の特約（介護保障特約）として販売されています。

2 特色

① 寝たきりや認知症により介護が必要な状態になったとき、介護一時金、介護年金などが支払われます。

② 一般的な給付要件には、「歩行・寝返りに介助が必要で、着替えや入浴に補助がいることなど日常生活動作について介護が必要な場合」、「認知症と診断され、見当識障害等がある場合」、「要介護3以上、要介護2以上など公的介護保険に連動する場合」の3つのタイプがあります。

③ 要介護状態が一定期間（通常180日）以上継続することが、支払要件となっています。ただし、認知症タイプの場合には、「90日継続」としている保険商品もあります。

④ 要介護状態にならなかったときは、健康祝金を受け取れるものもあります。ただし、保険料は割高です。
⑤ 死亡した場合には、死亡保険金が支払われますが金額は少額です。
⑥ 公的介護保険と異なり、40歳未満でも契約することができます。さらに公的介護保険のように「65歳未満の人は、老化に伴う特定の病気で要介護状態になった場合に限り、給付を受けられる」といった、年齢による制限もありません。

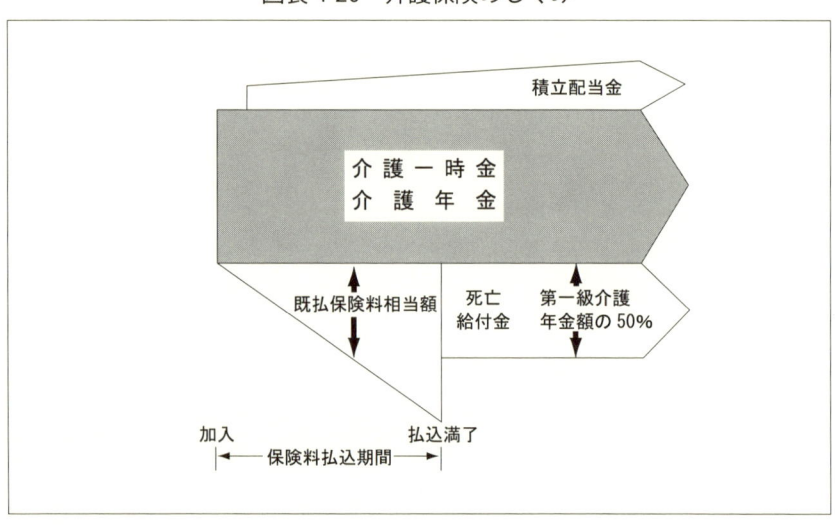

図表4-20　介護保険のしくみ

●ポイント

介護保険の内容は、保険会社によってかなり異なるので注意が必要です。代表的なものは次の2つです。
① 介護保障のためだけのもので、加入後すぐに保障が始まる保険です。要介護状態にのみ介護年金を受け取ることができ、健康なときは何も受け取ることができない掛捨てタイプですが、特約によって、健康な場合でも健康祝金などを受け取れるものもあります。

② 介護保障を選択するまでは通常の終身保険や個人年金保険などで、保険料払込終了後に介護年金コースを選び、健康な期間は一定の年金を受け取り、要介護状態になると割増しの介護年金が受け取れるタイプです。

17 生前給付保険とは

> **設問**
> 生前給付保険とは、どのような保険でしょうか。利用目的や特色などについて教えてください。

がん、急性心筋梗塞、脳卒中の3大疾病に備える保険です

1 利用目的
（闘病資金準備等を目的としたもの）

　生前給付保険は、死亡・高度障害時の保障と合わせて、がん、急性心筋梗塞、脳卒中にかかった場合の闘病資金準備等を目的とした保険です。

　死亡したときのための保険ではなく、生きるための保険として注目されています。

2 特色

① がん、急性心筋梗塞、脳卒中の3大疾病にかかった場合に、死亡保険金と同額の保険金が生存中に支払われ、その時点で契約は消滅します。

② 3大疾病にかからない場合でも、死亡したときは死亡保険金が支払われます。

③ 保険期間は、一定期間のみを保障する定期タイプと、一生涯保障が続く終身タイプがあります。保険料は、通常の保障に3大疾病に対する生前給付保障を加えたため、相応に高額になります。

④ がんなどの病名が本人に知らされていない、あるいは心神喪失の状態にある等で、被保険者本人による保険金請求ができないといった特別な事情がある場合に備えて、「指定代理請求人制度」があります。

⑤ 疾病により生前に支払われる保険金は非課税の扱いとなります。

第4章 生命保険の種類としくみ

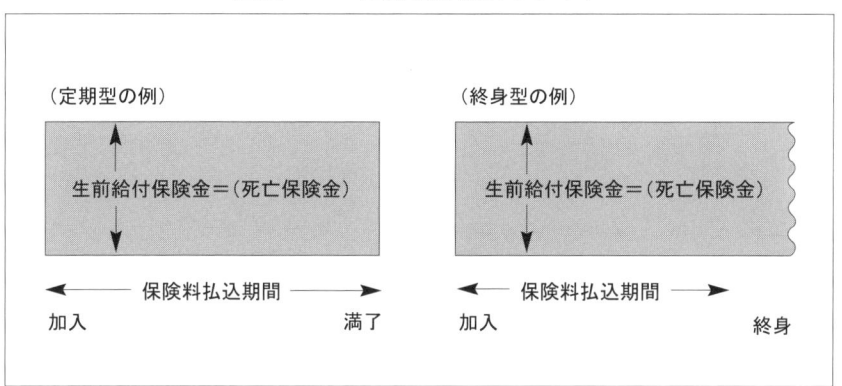

図表4-21　生前給付保険のしくみ

```
（定期型の例）                        （終身型の例）

┌─────────────────┐          ┌─────────────────┐
│  生前給付保険金＝（死亡保険金） │          │  生前給付保険金＝（死亡保険金） │
└─────────────────┘          └─────────────────┘
◄─── 保険料払込期間 ───►        ◄─── 保険料払込期間 ───►
加入               満了          加入                終身
```

●ポイント

　生前給付保険の対象となる心筋梗塞や脳卒中は保険金の支払条件が厳しく、保険金が支払われるケースのほとんどはがんです。原則として、上皮がんや狭心症、慢性心筋梗塞などは保障の対象外となっています。保険料は終身保険や定期保険に比べて割高であるため、がんの保障に的をしぼるならがん保険に加入したほうがコストは安くすみます。

　なお、生前給付保険は、3大疾病保障保険、特定疾病保障保険、重大疾病保障保険などとも呼ばれます。

18　こども保険とは

> **設問**
> こども保険とは、どのような保険でしょうか。利用目的や特色などについて教えてください

子どもの教育・結婚・独立資金を準備するための保険です

1　利用目的
（子どもの教育・結婚などの資金準備を目的としたもの）

　こども保険は、子どもの教育・結婚などの資金準備を目的とした保険です。原則として、父親または母親のいずれかが保険契約者、子が被保険者となり、親子で加入します。

2　特色

① 子どもの成長に応じて祝金が支払われ、満期時（15歳、18歳、20歳、22歳などがありますが、18歳満期と22歳満期が主流）には満期保険金が支払われます。
② 保険期間中に親が死亡した場合はそれ以降の保険料の支払いが免除され、さらに毎年育英年金が支払われるものもあります。
③ 保険期間中に子どもが死亡した場合は、死亡保険金が支払われます。ただし、金額は少額です。
④ 教育費としての貯蓄性を重視する貯蓄タイプと病気・ケガ・死亡などで育英資金や医療給付ができる保障性を重視する保障タイプがあります。

第4章 生命保険の種類としくみ

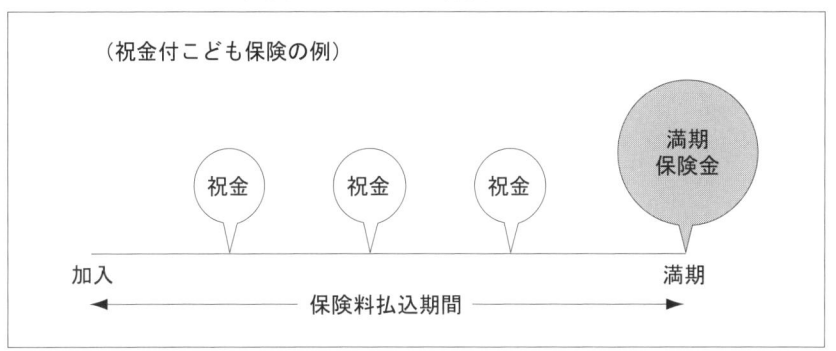

図表 4-22 こども保険のしくみ

（祝金付こども保険の例）

祝金　祝金　祝金　満期保険金

加入 ←―――― 保険料払込期間 ――――→ 満期

● ポイント

　こども保険は、子どもの教育費等の準備や、子どもが成人するまでの親の死亡保障も確保するための保険です。
　保険期間の途中で親が死亡した場合は、それ以降の保険料の払込みが免除されるのが基本タイプですが、さらに育英年金が支払われるものもあります。
　なお、貯蓄性を重視するか保障性を重視するかをよく検討したうえで加入することが必要です。

19　貯蓄保険とは

> **設 問**
> 貯蓄保険とは、どのような保険でしょうか。利用目的や特色などについて教えてください。

保険期間を 3 年とか 5 年などに比較的短く設定して保障面より貯蓄面を重視した保険です

1　利用目的
　　（教育・結婚・独立資金等の資金準備を目的としたもの）
　貯蓄保険は、教育・結婚・独立資金、その他短期間の資金準備などを目的とした保険です。

2　特色
① 　積立貯蓄としての性格が強く、満期時には満期保険金が支払われます。
② 　保険期間中の死亡に対しては満期保険金額よりも少額の、保険料払込期間に応じた死亡保険金が支払われます。
③ 　災害死亡保険を組み合わせて災害死亡に対する死亡保障を厚くしたものもあります。

第4章　生命保険の種類としくみ

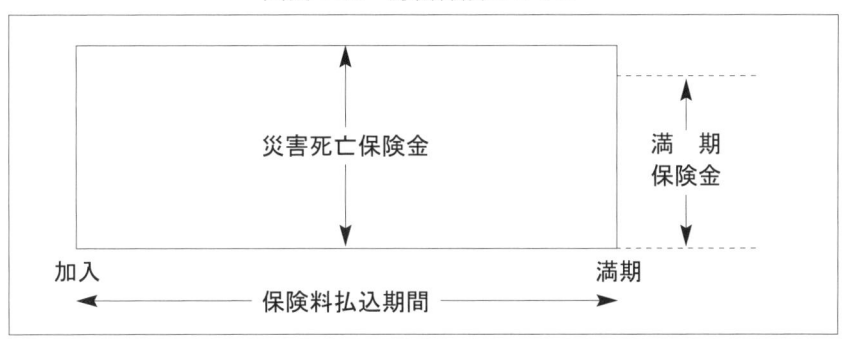

図表 4-23　貯蓄保険のしくみ

●ポイント

　貯蓄保険は養老保険の一種で、比較的短期間（3年、5年など）の貯蓄を目的とした保険です。

　保険期間満了時に被保険者が生存している場合に満期保険金が支払われるほか、保険期間中の被保険者の死亡に対し既払保険料に応じた死亡保険金が支払われます。貯蓄目的であるため、保障の機能はあまり高くありません。

20　就業不能保障保険とは

> **設問**
> 就業不能保障保険とは、どのような保険でしょうか。利用目的や特色などについて教えてください。

> ケガや病気で働けなくなった場合の就業不能保障に、死亡保障がセットされている保険です

1　利用目的
　（死亡保障プラス病気やケガによる就業不能保障を目的としたもの）
　就業不能保障保険は、死亡保障に加えて、被保険者が病気やケガによって働けなくなった場合の就業不能保障を目的とした保険です。

2　特色
①　ケガや病気により就業できない状態になった場合、就業不能保険金が支払われます。
②　死亡・高度障害の場合には、死亡保険金が支払われます。
③　就業不能保険金額は、前年の平均月間所得をもとに設定しますが、一般に、会社員などの場合は平均月間所得の4割以下、自営業者などは7割以下で設定します。
④　就業不能保険金の支払期間は、最長3年または1年となっています。

第4章　生命保険の種類としくみ

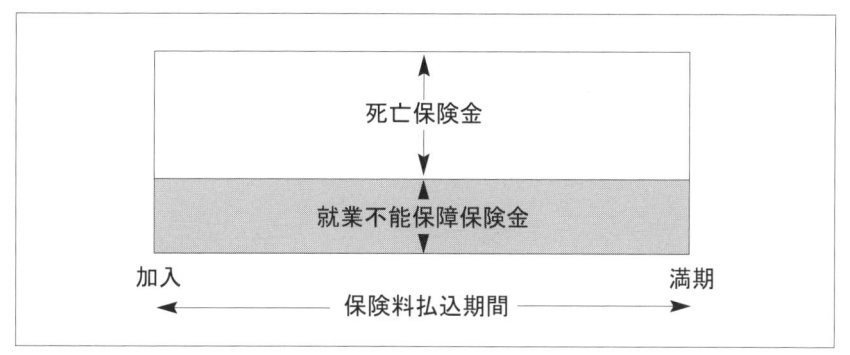

図表 4-24　就業不能保障保険のしくみ

```
            ↕ 死亡保険金
            ┌──────────────────┐
            │ 就業不能保障保険金 │
            └──────────────────┘
        加入                    満期
        ←──── 保険料払込期間 ────→
```

●ポイント

　就業不能保障保険は、損害保険会社の扱う所得補償保険に類似した保険です。
　免責期間が 120 日（または 30 日）と、所得補償保険の最短免責期間の 7 日に比べて長いので、免責期間は、医療特約などでカバーする必要があります。死亡保障がセットされているため、保険料は更新時の年齢によりアップします。

21 収入保障保険とは

> **設 問**
> 収入保障保険とは、どのような保険でしょうか。利用目的や特色などについて教えてください。

定期保険の死亡保険金を分割して受け取ることができる保険です

1 利用目的
（死亡したときに遺族に保険金を年金形式で残すことを目的としたもの）

収入保障保険は、死亡したときに遺族に保険金を年金形式で残すことを目的とした保険です。

2 特色
① 死亡したとき以後、契約時に定めた満期まで年金が受け取れます。年金を受け取れる回数はいつ死亡するかによって変わります。
② 年金の受け取り回数には最低保証があります。満期までの年金受取回数が最低保証に満たない場合、最低保証分を受け取れます。
③ 保険金が年金のように毎年支払われるため、加入者にとって、必要保障額が出しやすい保険といえます。

第4章　生命保険の種類としくみ

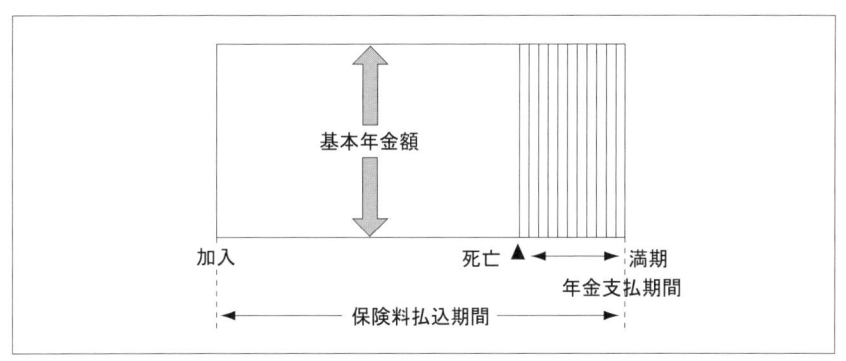

図表 4-25　収入保障保険のしくみ

```
           ↕ 基本年金額

  加入              死亡▲      満期
                         年金支払期間
     ←─── 保険料払込期間 ───→
```

●ポイント

　収入保障保険の基本は、定期保険または逓減定期保険ですから、死亡保障のためのいちばん安い保険といえます。保険会社によって、主契約として購入できるものと、終身保険などにつける特約としてだけ契約できるものとがあります（収入保障特約付定期付終身保険は、死亡時に死亡保険金に加え、一定年数の間、収入保障年金が支払われるものです）。

　なお、年金は所得税（雑所得）の対象となり、多額の税金がかかるケースもあるので注意が必要です。

22 掛捨て保険とは

> **設問**
> 掛捨て保険とは、どのような保険でしょうか。利用目的や特色などについて教えてください。

払い込んだ保険料は満期になっても一切戻ってこない保険です

1 利用目的
(安い保険料で高い保障を得ることを目的としたもの)

　掛捨て保険は、安い保険料で高い保障を得ることを目的としたものです。よく「掛捨ての保険は損だ!」という人がいますが、保険のしくみの基本は「掛捨て」にあります。掛捨て保険の代表的なものが定期保険です(掛捨て保険は、生命保険では、他に収入保障保険などがあります)。

　定期保険は、保険期間が5年、10年、または50歳まで、60歳までなどと決まっています。この期間保険料を支払い、この期間に死亡したときにだけ死亡保険金が支払われます(ただし、所定の高度障害状態になったときに、死亡保険金額と同額の高度障害保険金が支払われます)。満期保険金はなく、無事に何事もなく保険期間が終了すると、払い込んだ保険料は1円も戻ってきません。これが「掛捨て」と言われるゆえんです。死亡保障機能に絞ってその効率を考えれば、定期保険が最も優れているといえます。

2 特色
① 割安な保険料で高額な保障を得ることができます。
② 保障は保障、貯蓄は貯蓄と別々に考えたい人に向いています。保険料を安く抑えることができるので、その分を貯蓄にまわせます。

第4章　生命保険の種類としくみ

> ●ポイント

　掛捨て保険は、少ない保険料で多くの保障を受けられるというメリットがあります。「掛捨て」の代表的な定期保険は、割安な保険料で高額な死亡保障を得ることができます。ただし、保障期間が限られていることに注意してください。

23 個人年金保険とは

> **設問**
> 個人年金保険とは、どのような保険でしょうか。利用目的や特色などについて教えてください。

老後の生活費を年金で保障する保険です

1 利用目的
（老後資金の準備を目的とするもの）

　個人年金保険は、老後資金の準備を目的とする保険です。死亡保険である定期保険や終身保険が遺族の生活保障を主な目的としているのに対し、個人年金保険の目的は老後の生活保障ということになります。

2 特色
① 60歳や65歳など、あらかじめ定められた年齢から毎年一定額の年金が支払われます。
② 年金額が毎年一定の定額型と、一定期間ごとに増えていく逓増型などがあります。逓増型にすればインフレにも耐えられます（ただし、初年度の基本年金額が同じであれば、逓増型のほうが保険料は高い）。
③ 一般の生命保険料控除とは別枠で、所得税で年間最高40,000円(2012年分以後)、住民税で同じく最高28,000円(2013年度分以後)の個人年金保険料控除があります(2011年12月31日までの契約についての限度額は、所得税50,000円、住民税35,000円です)。

3 年金の支払方法
　次のような種類があります。
① 終身年金

第4章　生命保険の種類としくみ

生存しているかぎり年金が支払われます。
② 保証期間付終身年金
　保証期間中は生死に関係なく年金が支払われ、その後も生存しているときには、終身にわたって年金が支払われます。
③ 確定年金
　生死に関係なく、定められた期間だけ年金が支払われます。
④ 有期年金
　年金の受給期間があらかじめ5年や10年といったように定められており、かつ、生きている場合にかぎり年金が支払われます。
⑤ 保証期間付有期年金
　保証期間中は生死に関係なく年金が支払われ、その後は生きている場合にかぎり、あらかじめ定められた期間、年金が支払われます。
⑥ 夫婦年金
　夫婦いずれかが生存しているかぎり年金が支払われます。

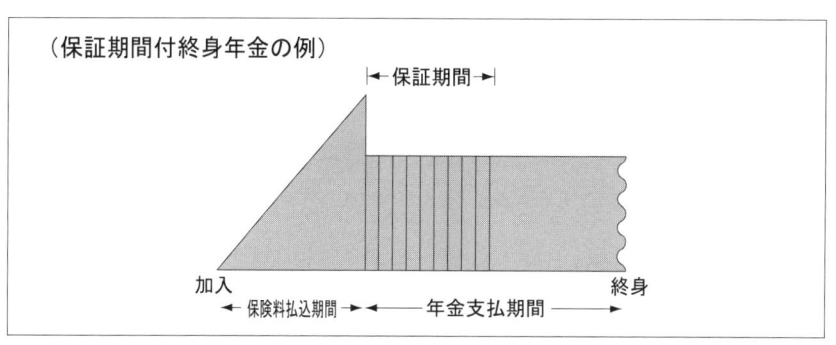

図表4-26　個人年金保険のしくみ

●ポイント

　個人年金保険は、公的年金のみでは老後の生活費が不足することから、それを自助努力で補完するための中心的な保険商品です。年金支払開始前に被保険者が死亡したときには死亡給付金が支払われますが、保障としての機能は大きくありません（死亡給付金をすでに払い込んだ保険料の累計額程度に迎えて、

年金の受取額を多くした「生存保障重視型年金」もあります)。
　また、最近は、外貨を選んで運用する「通貨選択型(通貨指定型)個人年金保険」も販売されています。利率は固定で、運用終了時の年金原資は外貨建てで利回りが確定し、死亡保険金は外貨建てで最低保証するものが一般的です。ただし、運用終了時に円高だと為替差損が生じ、期待した利回りに達しないこともあるので注意が必要です。

第4章 生命保険の種類としくみ

24 変額個人年金保険とは

> **設問**
> 変額個人年金保険とは、どのような保険でしょうか。利用目的や特色などについて教えてください。

保険料払込期間中の運用実績によって、受取年金額が変動する年金保険です

1 利用目的
（老後の生活資金を効率的に形成することを目的とするもの）

変額個人年金保険は、特別勘定の運用実績に基づき、老後の生活資金を効率的に形成することを目的とした年金商品です。

経済変動による年金の実質価値の低下を防ぐことを目的としており、長期的な投資を前提としています。

2 特色
① 従来からある定額型の個人年金保険と異なり、特別勘定の運用実績により、保険金および将来受け取る年金額が変動する年金保険です。
② 積立金は特別勘定で積極運用されますが、年金受取期間に入った後は定額型の個人年金保険に切り替わるのが一般的です。
③ 年金受取期間は、多くは保証期間付終身年金と確定年金ですが、保証期間付有期年金もあります。
④ 年金受取開始日前に被保険者が死亡した場合に受け取る死亡給付金については、多くは最低保証がありますが、最低保証のないものもあります。

図表 4-27　変額個人年金保険のしくみ

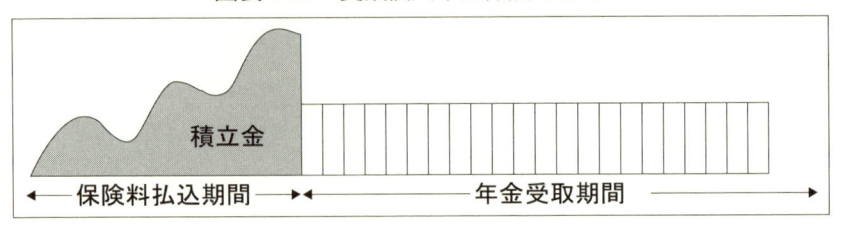

●ポイント

　変額個人年金保険は、その保険にかかわる資産の運用実績をもとに年金額、払戻金額および保険金額を変動させるものです。

　経済情勢や運用実績によっては、高い収益を期待できる一方、受取年金総額が払込保険料を下回る可能性もあります。

　また、運用期間中には運用実績に応じた死亡保障があり、原則として、死亡時には最低でも払い込み保険料程度が保証されます。なお、変額個人年金保険については、運用実績にかかわらず、契約時に定めた基本年金額が保証されるものも販売されているなど、内容は保険会社により異なることがあります。

　なお、変額保険や変額個人年金保険を募集する場合、資産の運用方法や商品のしくみについて、書面を用いて説明する必要があります。

　さらに、元本割れが生ずるおそれがあることなどについても説明する必要があります。

25 団体定期保険とは

> **設問**
> 団体定期保険とは、どのような保険でしょうか。利用目的や特色などについて教えてください。

企業や官公庁、労働組合などの所属員を一括して契約する団体を対象とした1年更新の定期保険です

1 利用目的
（死亡退職金・弔慰金制度等の運営に利用）

団体定期保険には、保険料を企業が負担する総合福祉団体定期保険と従業員が負担するBグループ保険があり、一般に総合福祉団体定期保険は死亡退職金・弔慰金制度の運営に利用され、Bグループ保険は従業員の自助努力の支援制度として利用されます。なお、従来のAグループ保険は、1997年（平成9年）度中にすべて総合福祉団体定期保険に切り替えられました。

2 特色
① 大量販売・大量管理されるためコストを抑えることができ、個人年金に比べ保険料が割安です。
② 団体としての危険選択を行うので個人の告知が簡略化されています。原則として医師による個別の診査は不要です。
③ 掛捨て保険なので満期保険金はありませんが、団体ごとに毎年決算を行い、剰余金があれば配当金として加入者に払い戻されます。

総合福祉団体定期保険は、保険料企業負担による全員加入の保険で、従業員および役員の死亡または所定の高度障害に対して保険金が支払われます。1年更新の定期保険で、企業の死亡退職金規程・弔慰金規程等の円滑な運営とともに

に、従業員および役員の遺族の生活保障を目的とした保険であり、税制面においても、企業の福利厚生制度を援助する趣旨から、優遇措置が講じられています。

したがって、保険料は全額損金に算入できます。しかも、従業員に対する給与所得としての課税はありません。

主な内容は、次のとおりです。

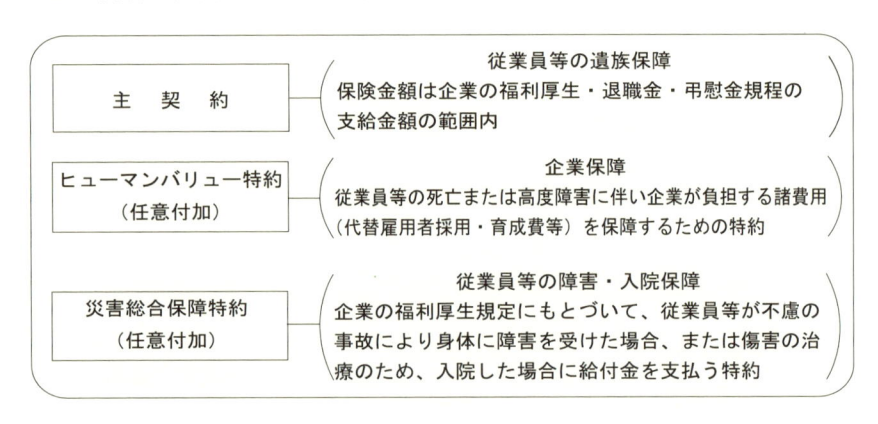

主契約	従業員等の遺族保障 保険金額は企業の福利厚生・退職金・弔慰金規程の支給金額の範囲内
ヒューマンバリュー特約 (任意付加)	企業保障 従業員等の死亡または高度障害に伴い企業が負担する諸費用(代替雇用者採用・育成費等)を保障するための特約
災害総合保障特約 (任意付加)	従業員等の障害・入院保障 企業の福利厚生規定にもとづいて、従業員等が不慮の事故により身体に障害を受けた場合、または傷害の治療のため、入院した場合に給付金を支払う特約

図表 4-28 総合福祉団体定期保険のしくみ

企業・団体 [契約者受取人]
── 社内規程 → 役員・従業員 [被保険者]
── 災害見舞金の支払い →

生命保険会社(保険者)
← 保険料の一括払込
← 契約の確認
→ 保険金・配当金の支払

弔慰金・死亡退職金の支払い → 被保険者の遺族
生命保険会社 ── 死亡保険金の支払い → 被保険者の遺族

第4章　生命保険の種類としくみ

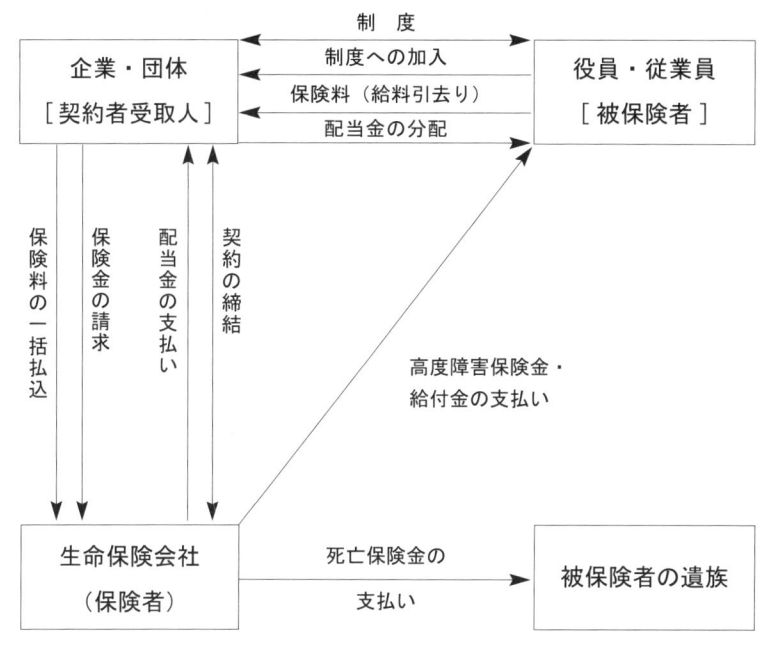

図表4-29　Bグループ保険のしくみ

```
                           制　　度
    ┌──────────┐ ←──────────────→ ┌──────────┐
    │          │    制度への加入    │          │
    │ 企業・団体 │ ←──────────────  │ 役員・従業員 │
    │[契約者受取人]│ 保険料（給料引去り）│ [被保険者]  │
    │          │  ──────────────→ │          │
    │          │    配当金の分配    │          │
    └──────────┘ ←──────────────  └──────────┘
      ↑ ↑ ↑ ↑                ╲
      保 保 配 契              ╲  高度障害保険金・
      険 険 当 約              ╲  給付金の支払い
      料 金 金 の               ╲
      の の の 締                ╲
      一 請 支 結                 ╲
      括 求 払                    ╲
      払　　い                    ╲
      込                          ╲
    ┌──────────┐  死亡保険金の    ┌──────────┐
    │ 生命保険会社 │ ──────────────→ │被保険者の遺族│
    │  (保険者)  │    支払い         │          │
    └──────────┘                  └──────────┘
```

　Bグループ保険（任意加入の団体定期保険）は、従業員の自助努力を援助するために導入する団体定期保険のことであり、加入・脱退に任意性があること、保険料が加入者（従業員）負担であること、保険金額について一定の範囲内で任意選択できることなどが総合福祉団体定期保険と異なります。

●ポイント

　団体定期保険は、1つの契約で多数の人が加入することができます。したがって個人保険に比較して保険料が割安となる、団体としての危険選択を行うので個人の告知が簡略化されている、1年ごとの収支計算により剰余金が発生した場合は配当金として支払われる、などのメリットがあります。
　ただし、死亡保険金の受取人が被保険者の遺族の場合でも、保険金の請求手続は保険契約者である法人を経由して行われることになります。

26　団体信用生命保険とは

> **設問**
> 団体信用生命保険とは、どのような保険でしょうか。利用目的や特色などについて教えてください。

住宅ローンなどの利用者（債務者）を被保険者とする定期保険です

1　利用目的
（金融機関等が住宅ローンに活用）

　団体信用生命保険は、信用供与機関である銀行、信用金庫等、割賦販売会社等、または信用保証機関等が、債務者が死亡または一定の高度障害に陥った場合に支払われる保険金をもって、その債務者に対する賦払債権を回収することを目的とした保険です。

　現在では、多くの住宅ローンにこの保険が付保されています。

2　特色
① 　保険期間は債務返済期間と同期間であり、また保険金も逓減するため、保険料の負担も年々減少します。
② 　銀行などの信用供与機関等の受け取る保険金は、債務残高相当額であり、単に借入金の返済として処理されます。

第4章　生命保険の種類としくみ

図表 4-30　団体信用生命保険のしくみ
—金融機関が契約者となる場合（住宅ローンの一般利用者を対象とするもの）—

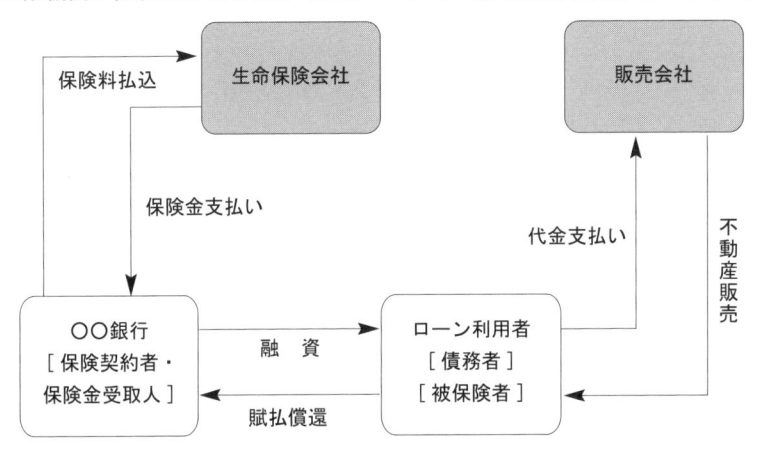

```
                    保険料払込
        ┌──────────────→┌─────────┐              ┌─────────┐
        │                │生命保険会社│              │ 販売会社 │
        │   ┌────────────└─────────┘              └─────────┘
        │   │   保険金支払い                            ↑    ↑
        │   ↓                                          │    │
  ┌──────────┐    融　資    ┌──────────┐  代金支払い   │不動産販売
  │ ○○銀行   │────────────→│ローン利用者│──────────────┘    │
  │[保険契約者・│              │ [債務者]  │                    │
  │ 保険金受取人]│←────────────│[被保険者] │←───────────────────┘
  └──────────┘    賦払償還    └──────────┘
```

●ポイント

　団体信用生命保険の保険契約者となることのできる者は信用供与機関および信用保証機関またはそれらの事業者団体です。また、被保険者は、賦払債務者（ローン利用者）、保険金受取人は、原則として保険契約者となります。
　なお、団体信用生命保険の被保険者が死亡した場合、加入の目的である債務は保険金によって返済されるので、被保険者の遺族にとっては、被相続人の借入金は債務控除の対象になることはなく、支払われた保険金も相続財産とはなりません。

27　リビング・ニーズ特約とは

> **設問**
> リビング・ニーズ特約とは、どのような特約でしょうか。利用目的や特色などについて教えてください。

> 被保険者が余命6ヵ月以内と判断されたとき、死亡保険金の一部または全部が生前に支払われる特約です

1　利用目的
　（生存中に死亡保険金を前払いで受け取れることを目的としたもの）

　リビング・ニーズ特約は、被保険者が余命6ヵ月以内と診断された場合、生存中に死亡保険金を前払いで受け取り、有意義な余生を送ることを目的としたものです。

　また、がん、心筋梗塞、脳卒中の3大疾病や重度の高血圧・糖尿病、慢性腎不全による人工透析、肝硬変、慢性すい臓炎などの重度慢性疾患にかかって長期治療や介護を要する状況になった場合には、きわめて高額な費用負担が生じることがあります。

　このような療養・介護・リハビリなどの費用保障ニーズに応えるため、被保険者が生前に保険金を受け取ることができるようにしたのがリビング・ニーズ特約です。

　終身保険や養老保険などに特約として付加します。

2　特色
① 　被保険者が医師の診断により余命6ヵ月以内と判断されたときに、被保険者または指定代理請求人に保険金が支払われるため、医療費のカバーおよび被保険者の意思に基づいた保険金の使い方が可能になります。
② 　特約であるため、主契約の保険が必要ですが、特約保険料は無料となって

います。
③ 特約保険金は、各保険会社により異なりますが、通常 1,000～3,000 万円の範囲内となっています。保険期間中の病気やケガの種類は問いません。

●ポイント

　特約保険金は全額でも一部でも請求できますが、請求は1度だけで、複数回の請求はできません。支払われる保険金からは、6ヵ月分の保険料と利息が差し引かれます。
　また、特約により保険金が支払われた後、仮に、被保険者が6ヵ月以上生存した場合でも、保険金の返金や保険料の追納などの必要はありません。
なお、被保険者の生存中に支払われた特約保険金は非課税です。

1 生命保険に加入するときのアドバイスのポイント

> **設問**
> 顧客が生命保険に加入するとき、どのようなことに注意すればよいのでしょうか。アドバイスのポイントを教えてください。

まず、どのような保障が必要か確認することが先決です

　生命保険に加入するときのポイントは、顧客が自身の生活設計からみて、現在の、そして将来の保障ニーズと保険の種類が適合していることが大切です。多くの種類の中から、顧客自身にとって本当に必要な保険を上手に選び出すようにアドバイスすることが必要です。

1　保障ニーズはなにか

　第4章の「生命保険の種類としくみ」でみたように、それぞれの保険の種類がもっている機能はさまざまです。いろいろな機能をもったものを上手に組み合わせることによって、生活をしていくうえで必要ないろいろな保障ニーズを満たすことができます。

　保障ニーズと、それに対応するおもな生命保険を以下に挙げることにします。

(1) 死亡した場合の遺族保障に重点を置きたいとき

　保障期間は一定の時期まででよければ「定期保険」を選びます。この場合、死亡保険金を年金で受け取りたいときは「収入保障保険」を、さらに、死亡保障に加え一定の時期に満期保険金や生存給付金を受け取りたいときは「養老保険」や「変額保険（有期型）」「生存給付金付定期保険」を選択することができます。

　また、保障期間を一生涯にしたいときは「終身保険」や「変額保険（終身型）」を選択することができます。

(2) 死亡した場合の遺族保障に加えて特定の病気への医療費にも備えたいとき

　保障期間は一定の時期まででよければ、「特定疾病保障定期保険（生前給付保険の定期型）」、保障期間は一生涯にしたいときは「特定疾病保障終身保険（生前給付保険の終身型）」が適切といえます。

(3) **医療保障に重点を置きたいとき**

　病気やケガによる医療費に備えたいときは「医療保険」を、がんに備えたいときは「がん保険」を、要介護状態に備えたいときは「介護保険」を選択することができます。

(4) **子どもの教育資金を確保したいとき**

　「こども保険」を選びます。

(5) **老後の生活資金を確保したいとき**

　「個人年金保険」が適切ですが、一生涯年金を受け取りたいときは「終身年金」「夫婦年金」が、一定期間年金を受け取りたいときは「確定年金」「有期年金」がお勧めです。

2　申込書や保険証券・告知書を確認する

　申込書は自分自身で記入し、内容を確認してから署名と押印をする必要があります。契約が成立すると保険証券が送られてきますので、申込内容をよく確認します。また、この保険証券とともに告知書（写し）が送られてくるのが一般的ですが、告知内容が間違っていないかどうか確認することが大切です。

3　生命保険を選ぶときのチェックポイント

　加入する保険商品を決定する際には、次の５つのチェックポイントをみることが大切です。

　① 　保障ニーズと加入する生命保険の種類はマッチしていますか？
　② 　必要な保障が必要な期間カバーされていますか？
　③ 　支払われる保険金や給付金の額は適切ですか？
　④ 　保険料の払込期間は適切ですか？

⑤　保険料は現在だけでなく、長期にわたって払っていける金額ですか？

●ポイント

　生命保険は自分自身や家族を守る大事な契約なので、「保険設計書」や「ご契約のしおり」をよく読んで、十分検討することが大切です。加入にあたっては、まず、どのような保障が必要か確認することが重要ですが、ほかに、加入目的をはっきりさせること、目的に合った保険種類を選ぶこと、保険金額を決めることなどもポイントとして挙げられます。

　たとえば、リスク細分型の生命保険は、保険を掛けられる人のリスクの度合いに応じて、きめ細かく保険料を設定している商品で、一定の基準をクリアし、保険金が支払われる確率が低いとみなされれば、保険料が割安になります。リスク細分型は自動車保険が有名ですが、生命保険の定期保険や終身保険でも喫煙習慣や健康体かどうかなどで保険料を決めている場合があります。

　また、最近は複数の保険会社の商品を販売する代理店の「保険ショップ」が店舗網を拡大させています。

第5章 生命保険の選び方とアドバイスのポイント

2 必要死亡保障額についての アドバイスのポイント

> **設 問**
> 生命保険の死亡保障額は、どの程度必要なのでしょうか。顧客にアドバイスする場合のポイントを教えてください。

まず、遺族の今後の生活資金を算出してください

1 遺族の今後の生活資金の算出

一般に遺族の生活資金は、次にあげる項目の合計額とされています。

(1) 世帯主（夫）が死亡したあとの家族の生活資金

末子が大学を卒業する22歳までの家族の生活資金で、現在の月間生活費の70％程度として計算するのが一般的です。

> 家族の生活資金＝
> 月間生活費×0.7×12ヵ月×（22歳－末子の現在年齢）

(2) 末子が独立したあとの妻の生活資金

現在の月間生活費の50％程度とし、末子の大学卒業時の妻の平均余命を期間として計算します。

> 妻の生活資金＝
> 月間生活費×0.5×12ヵ月×末子の大学卒業時（22歳）の妻の平均余命

(3) 住宅資金

住宅取得予定の場合、その取得予定額を住宅資金として見積もります。また、すでに住宅を購入し、住宅ローンの返済中の場合、現時点でのローン残高とします。

図表 5-1　平均余命表（50 歳～79 歳）

年齢（歳）	男（年）	女（年）	年齢（歳）	男（年）	女（年）	年齢（歳）	男（年）	女（年）
50	31.39	37.32	60	22.70	28.12	70	14.93	19.31
51	30.49	36.39	61	21.88	27.22	71	14.20	18.46
52	29.59	35.46	62	21.07	26.32	72	13.49	17.62
53	28.71	34.53	63	20.27	25.43	73	12.78	16.79
54	27.83	33.60	64	19.48	24.54	74	12.10	15.97
55	26.95	32.68	65	18.69	23.66	75	11.43	15.16
56	26.08	31.76	66	17.92	22.77	76	10.78	14.37
57	25.22	30.84	67	17.16	21.90	77	10.14	13.59
58	24.37	29.93	68	16.41	21.03	78	9.53	12.83
59	23.53	29.02	69	15.66	20.16	79	8.95	12.08

出所：厚生労働省　平成 23 年「簡易生命表」

(4) 教育資金

子どもの大学卒業までの教育資金を累計し、人数分確保します。国公立・私立などのコースにより異なるので、教育資金のデータなどをもとに予測します。

(5) 結婚資金

結婚資金のデータをもとに、必要援助額を子どもの人数分確保します。

(6) 緊急予備資金

葬儀費用や入院費用などです。

2　必要保障額の算出

必要保障額は、以上の遺族の生活資金から、遺族基礎年金や遺族厚生年金などの公的年金の遺族給付、世帯主（夫）の勤務している企業の死亡退職金、また預貯金などの現在の貯蓄を控除した金額となります。

第 5 章　生命保険の選び方とアドバイスのポイント

図表 5-2　必要保障額の算出例

[設定条件]
(1) 夫死亡時（40歳）、妻（38歳）、子ども2人（長男12歳、次男8歳）
末子の大学卒業年齢は22歳、その時点での妻(52歳)の平均余命は35年（平均余命は1年未満四捨五入）
住居　持家（住宅ローン返済中）

(2) 支出
　① 月間生活費　　　　　　　　　　　　　30万円
　② 子どもの教育資金　2人で　　　　　2,000万円
　③ 子どもの結婚援助資金　2人で　　　　300万円
　④ 緊急予備資金　　　　　　　　　　　　300万円
（住宅ローンの残債は、ローンのなかに組まれている団体信用生命保険にて全額支払われる）

(3) 収入
　① 公的年金の遺族給付（概算）　　　　3,700万円
　② 死亡退職金　　　　　　　　　　　　　500万円
　③ 預貯金　　　　　　　　　　　　　　　300万円

[計算]
(1) 支出
　① 夫が死亡したあとの家族の生活資金
　　　30万円×0.7×12ヵ月×（22－8）年＝3,528万円
　② 末子が独立したあとの妻の生活資金
　　　30万円×0.5×12ヵ月×35年＝6,300万円
よって、遺族の生活資金は、

①　家族の生活資金　　　　　　　　　3,528万円
②　妻の生活資金　　　　　　　　　　6,300万円
③　住宅資金　　　　　　　　　　　　　　0万円
④　教育資金　　　　　　　　　　　　2,000万円
⑤　結婚援助資金　　　　　　　　　　　300万円
⑥　緊急予備資金　　　　　　　　　　　300万円
　　　　　　　　　　合計　　　1億2,428万円

となる。

(2) 収入
①　公的年金の遺族給付（概算）　　　3,700万円
②　死亡退職金　　　　　　　　　　　　500万円
③　預貯金　　　　　　　　　　　　　　300万円
　　　　　　　　　　合計　　　　4,500万円

(3) 必要保障額
1億2,428万円（支出合計）－ 4,500万円（収入合計）＝ <u>7,928万円</u>

● ポイント

　生命保険は、自分ですでに準備済みの資金と、社会保障と企業保障で足りない部分を補完するのが役割です。無駄な入り方をしないよう、すでに準備済みの資金をチェックして、必要保障額を求めます。
　一般的には子どもが生まれた直後に、必要保障額は最大となります。そして、子どもが成長するにしたがって、必要保障額は少しずつ減少していく傾向になります。
　ただし、物価や教育費の上昇などに伴い、逆に増加することも考えられないわけではありません。したがって、3年～5年の間隔で必要保障額を見直すことが大切です。

第5章 生命保険の選び方とアドバイスのポイント

3 女性はどんな保険に入ったらよいか

設問
女性にも保険は必要でしょうか。また、どのような保険に加入すればよいでしょうか。こうした顧客にアドバイスする場合のポイントを教えてください。

女性にも医療保障、死亡保障などを準備することが必要です

1 女性の加入目的は男性と異なる傾向にある

女性の加入目的は、男性とは異なる傾向にあります。男性の場合ほとんどが万一の場合の家族の生活保障であるのに対して、女性は、医療保障、死亡保障、老後保障、貯蓄と幅広い加入目的をもっています。

図表5-3 世帯主と配偶者の主な加入目的

（単位：%）

	万一のときの家族の生活保障のため	医療費や入院費のため	災害・交通事故などに備えて	子どもの教育・結婚資金のため	老後の生活資金のため	貯蓄のため
世帯主	68.3	58.7	13.5	3.9	7.7	3.3
配偶者	33.8	65.1	12.0	3.2	10.2	8.1

出所：生命保険文化センター編　平成18年度「生命保険に関する全国実態調査」
　　（生命保険文化センター）

2 医療保障

女性の医療に対するニーズが高まっています。たとえば、主婦が病気になった場合、一カ月入院し、家政婦を2週間頼んだとすると、約37万円の費用が

かかります。この家計への影響を最小限にとどめるための蓄えとして、医療保障に対するニーズが高まってきています。

また、最近は、独身ＯＬが仕事のストレスで胃潰瘍になり入院したり、20歳代で子宮筋腫など女性特有の病気にかかり手術する人も増えています。さらに、スキーやテニス、スキューバダイビングなどをするアクティブな女性ほど、ケガをする確率も高くなります。そこで、医療保険や疾病特約、各種の医療特約で保障の準備をすることが必要です。

図表 5-4　主婦が入院した場合の費用（試算）

差額ベッド料	約 7,500 円	×	30 日	=	約 225,000 円
入院時食事療養費	780 円	×	30 日	=	23,400 円
家政婦費用	約 8,500 円	×	14 日	=	約 119,000 円
				合計	約 367,400 円

図表 5-5　最も力を入れたい保障準備 [女性・年代別]

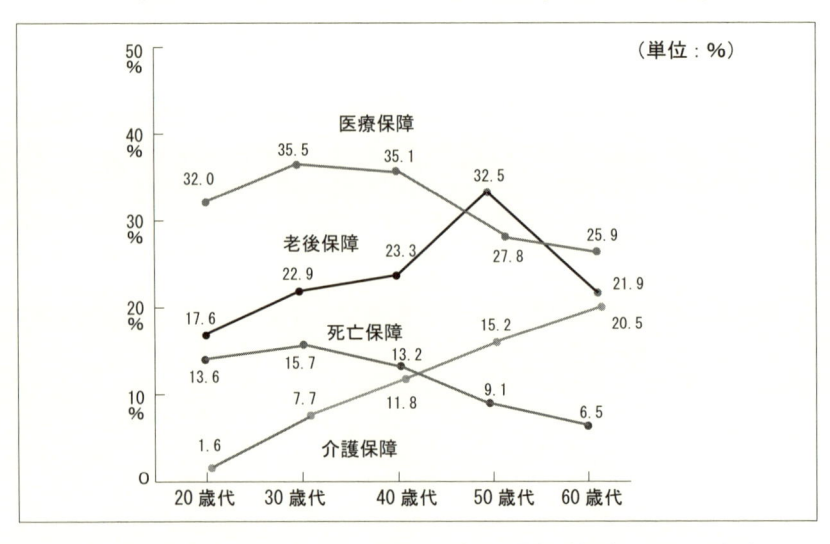

（単位：％）

	20歳代	30歳代	40歳代	50歳代	60歳代
医療保障	32.0	35.5	35.1	32.5	25.9
老後保障	17.6	22.9	23.3	27.8	21.9
死亡保障	13.6	15.7	13.2	15.2	20.5
介護保障	1.6	7.7	11.8	9.1	6.5

出所：生命保険文化センター編　平成 22 年度「生活保障に関する調査」
　　　（生命保険文化センター）

第5章　生命保険の選び方とアドバイスのポイント

3　死亡保障

現在働く女性が5割を超え、妻の所得が家計の4分の1に当たる状況にあり、女性の経済力に対しての保障がこれからますます必要になってきます。

また、専業主婦の場合でも、家事労働によって家族が得ている利益に対する保障が必要になってきます。

さらに、近年は女性ドライバーも多く（免許保有者数7,879万人のうち女性は3,366万人）、事故に対する保障も必要です（内閣府『平成18年度版交通安全白書』）。そこで、女性にも十分な死亡保障を準備することが必要になってきています。

4　老後保障

夫婦2人の老後を豊かに送るためには、経済的にゆとりがもてるような準備が必要といえます。さらに、夫死亡後の妻一人の老後についても考えておくことが大切です。

老後の保障に対しては個人年金保険などで対応することがポイントです。

5　貯蓄

各家庭の生活設計のなかでいつどのような資金がどれくらい必要となるかを明確にして、それに合う商品をアドバイスすることがポイントです。

●ポイント

女性は、医療保障、死亡保障、老後保障、貯蓄と幅広い加入目的をもっています。また女性の平均寿命は男性よりも6歳以上長く（平成23年簡易生命表によれば、平均寿命は女性85.90年、男性79.44年）、夫よりも若ければ、夫の死後10年程度は1人での老後生活を余儀なくされるので、個人年金保険等への加入がお勧めです。さらに、医療保障等についても準備することが大切です。

4 保険料の一括払は有利か

> **設問**
> 保険料をまとめて払い込んだ場合は、割引を受けられるのでしょうか。

一括払や前納制度を利用すると割引が適用されます

1 保険料の払込方法（回数）

保険料の「払込回数」には、月払、半年払、年払および一時払などがあり、最近では月々の払込保険料を軽減するボーナス併用払も可能になっています。月払は毎月、半年払は半年ごと、年払は毎年1回、一時払は保険期間全体の保険料を一時に払い込む方法です。払込方法により一定額の保険料割引を受けられます。一時払は、払込方法のうち最も総払込保険料が安くなります。

2 一括払と前納

将来払い込むべき月払の保険料の一部または全部をまとめて払い込むことを一括払といい、半年払や年払の保険料の一部または全部をあらかじめまとめて払い込むことを前納といいます。

一括払と前納は、保険料を保険会社に預けていることになるため、所定の割引が適用されます。

3 全期前納と一時払

全保険期間の保険料を前納することを全期前納といいます。全期前納はかたちのうえで一時払と似ていますが、以下の点に主な違いがあります。
① 保険事故発生の場合に未経過保険料が返還されます。
② 同一保険金額の場合の保険料は一時払よりも高くなります。
③ 配当面では一時払が有利です。
ほかに、契約時に頭金を払い込み、以後の保険料払込みの負担を軽くする頭

第5章　生命保険の選び方とアドバイスのポイント

金制度（一部一時払制度）もあります。

> ●ポイント

　一括払と前納の場合、保険金の受け取りなどで契約が消滅した場合には、払込期月が到来していない部分の保険料は払い戻されます。これに対し、一時払や頭金（一部一時払）の場合、保険料の払い戻しはありません。

5 病気を持っている人は保険に入れないか

設問

病気を持っている人は保険に入れないのですか。

病気でも加入できる保険はあります。しかし、保険料は割高で保険金額が抑えられることもあります

　一般に、現在の健康状態や既往症の性質や程度によっては、生命保険を契約できない場合があります。

　ただし、標準より少し血圧が高いとか、肥満体であることなどで、標準的な健康体の人よりも生命保険契約上危険度が高い人や、既往症が完治して一定の年数を経過した人などは割増保険料や保険金の削減(注)など、一定の条件をつけることにより契約できる場合もあります。これを「標準下体契約（特別条件付契約）」といいます。

　生命保険は多数の人々がそれぞれの危険に見合った保険料を出し合って保障しあう制度です。その制度のなかで、はじめから健康状態のよくない人が同じ条件で契約すると、他の健康な人との間の保険料負担の公平性が保てなくなるからです。

　しかし、最近では、糖尿、高血圧、心疾患などの病気や、特に病気の指定なしに加入できるしくみの引受基準緩和型保険も販売されています。これらの保険は、健康に不安がある人でも加入できるというメリットがありますが、保険料は通常の保険より20～50％程度割高（病状、年齢によっては2～3倍程度もあるなど加入条件などによって異なります）で、保険金額が抑えられるケースもあります。

（注）　保険金の削減とは、被保険者がある一定期間内（1～5年）に死亡したときは、経過年数に応じて死亡保険金のある一定割合を削減して支払うことをいいま

第5章　生命保険の選び方とアドバイスのポイント

す。
従って、削減期間が過ぎてからの死亡保障については、保険金全額が支払われます。

ただし不慮の事故および所定の感染症による死亡・高度障害の場合は、削減期間中であっても保険金全額が支払われます。

●ポイント
　最近では、高血圧、糖尿病など生活習慣病に悩む人などにはメリットがありますが、保険料は通常の場合より高く、保険金額が抑えられるケースもあります。また、既往症の取扱いについては、保険会社により異なることがありますので、加入の検討には商品内容を含めて細かくチェックする必要があります。

6　生命保険料控除とは

> **設 問**
> 個人が生命保険の保険料を支払った場合、所得税の負担が軽減される制度について、その具体的な内容を教えてください。

一般の生命保険料控除と個人年金保険料控除の2つがあります

1　生命保険料控除とは

　個人が生命保険を契約して保険料を支払うと、その支払保険料に応じて、一定額がその年の所得から控除されます。これを生命保険料控除といい、その分だけ課税所得が少なくなり、所得税と住民税が安くなります。

　生命保険料控除には、「一般の生命保険料控除」と「個人年金にかかる生命保険料控除」があります。生命保険料控除には、一般の生命保険契約のほか、かんぽ生命の生命保険・年金保険やＪＡ（農協）の生命共済・年金共済などの保険料や掛金にも適用されます。

2　一般の生命保険料控除が受けられる保険の範囲

　対象となるのは、保険金受取人のすべてが自己または配偶者その他の親族（六親等以内の血族と三親等以内の姻族）である生命保険の保険料です。

　ただし、財形保険および保険期間が5年未満の貯蓄保険、団体信用生命保険などは対象となりません。

3　個人年金保険料控除が受けられる保険の範囲

　対象となるのは、個人年金保険料税制適格特約を付加した個人年金保険の保険料です。この特約を付加するためには、次の条件を満たす必要があります。

　① 年金受取人が、保険契約者またはその配偶者のいずれかであること
　② 年金受取人が被保険者と同一人であること

③ 保険料の払込みは、10年以上の期間にわたり、定期に行うものであること（一時払契約は不可）
④ 年金の種類が確定年金・有期年金の場合は、年金支払開始日における被保険者の年齢が60歳以上で、支払開始後10年以上の期間にわたって定期に支払いが行われるものであること（年金の種類が終身年金の場合は、年金支払開始日における年齢要件はない）

　傷害・疾病特約を付加している場合、その特約部分の保険料については、個人年金保険料控除の対象とはならず、一般の生命保険料控除の対象となります。
　また、個人年金保険で、個人年金保険料税制適格特約を付加していない場合は、一般の生命保険料控除の対象となります。

4　生命保険料控除の改組

　一般の生命保険料控除および個人年金保険料控除の限度額は、2012年分以後（住民税は2013年度分以後）、それぞれ従前の50,000円（住民税35,000円）から40,000円（住民税28,000円）へ引き下げられると同時に、新たに介護・医療保険については別枠で介護医療保険料控除として40,000円（住民税28,000円）の控除ができるように改組されました（生命保険料控除制度全体の控除限度額は所得税120,000円、住民税70,000円となりました）〔図表5-6、5-7〕。また、改正前の生命保険料控除では、主契約の内容によって適用される保険料控除を区分していましたが、改正後は、主契約または特約の内容に応じて適用されることになりました。
　なお、2011年12月31日までに締結した生命保険契約等については、従前の制度が適用されます。

5　生命保険料控除の手続き
(1) 会社員の場合

　生命保険会社の発行する生命保険料控除証明書を「給与所得者の保険料控除等申告書」に添付し、勤務先に提出して年末調整で控除を受けます（給与天引きにより保険料を払い込んでいる場合は不要です）。

図表 5-6　2012 年以降に締結した生命保険契約の生命保険料控除額
●所得税　（2012 年分から適用）

年間正味払込保険料	控除額
20,000 円以下	支払保険料の全額
20,000 円超　40,000 円以下	支払保険料 $\times \frac{1}{2}$ +10,000 円
40,000 円超　80,000 円以下	支払保険料 $\times \frac{1}{4}$ +20,000 円
80,000 円超	一律　40,000 円

●住民税　（2013 年度分から適用）

年間正味払込保険料	控除額
12,000 円以下	支払保険料の全額
12,000 円超　32,000 円以下	支払保険料 $\times \frac{1}{2}$ +6,000 円
32,000 円超　56,000 円以下	支払保険料 $\times \frac{1}{4}$ +14,000 円
56,000 円超	一律　28,000 円

図表 5-7　新旧制度の控除限度額

契約期間	所得税の控除限度額		住民税の控除限度額	
	2011 年までの契約	2012 年以降の契約	2011 年までの契約	2012 年以降の契約
一般生命保険料控除	50,000 円	40,000 円	35,000 円	28,000 円
介護医療保険料控除	---	40,000 円	---	28,000 円
個人年金保険料控除	50,000 円	40,000 円	35,000 円	28,000 円
全体の控除限度額	100,000 円	120,000 円	70,000 円	70,000 円
新旧制度通算での控除限度額	120,000 円		70,000 円	

第5章 生命保険の選び方とアドバイスのポイント

(2) 自営業者の場合

翌年2月16日から3月15日までの所得税の確定申告において、生命保険料控除証明書を確定申告に添付して控除を受けます。

●ポイント

生命保険料控除は、2012年契約から、生命保険・個人年金保険料控除に加えて、介護医療保険料控除が加わり3つの控除になりました。払い込んだ保険料の一定額がその年の所得控除の対象となり、所得税と住民税の負担が軽減されます。控除の対象となる保険料は、その年の1月1日から12月31日までに払い込まれた保険料で、配当金がある場合は、原則として、保険料の合計額から配当金を差し引いた金額が対象となります。

7 死亡保険金を受け取ったときはどのような税金がかかるか

> **設問**
> 個人が生命保険の死亡保険金を受け取った場合、保険金に対する課税はどうなっているのですか。

相続税、所得税・住民税、贈与税などの課税対象となります

個人が死亡保険金を受け取った場合は、相続税、所得税・住民税、贈与税のうち、いずれかの課税対象となりますが、誰が保険料を負担し、誰が保険金を受け取ったか、また、被保険者が誰かによって課税関係は異なってきます。

1 相続税がかかる場合

契約者（保険料負担者）と被保険者が同一人の場合の死亡保険金を、被保険者の相続人が受け取った場合は、相続税の対象となります。

ただし、その保険金は、契約者が保険料を負担した結果として受け取る権利が生じたものであるため、相続によって取得したものとみなして相続税の対象としています。このため、死亡保険金は、みなし相続財産と呼ばれています。

相続税の対象となる死亡保険金に対しては、一定金額が非課税となります。つまり、死亡保険金のうち、法定相続人の人数分に応じた金額が非課税となります（図表5-8）。

図表5-8 生命保険金の非課税金額

	各人の受取保険金額に対する非課税金額
相続人が取得した保険金の合計額が(500万円×法定相続人数)以下の場合	相続人が取得した保険金
相続人が取得した保険金の合計額が(500万円×法定相続人数)を超える場合	(500万円×法定相続人数) × $\dfrac{その他相続人が取得した保険金}{各相続人が取得した保険金の合計額}$

第 5 章　生命保険の選び方とアドバイスのポイント

　全体的に見ると、「500 万円×法定相続人数」の分だけ相続財産が減ることになります。
　非課税金額については、以下の点について注意する必要があります。
① 契約が複数ある場合、その合計した金額から非課税金額が控除されます。契約 1 件ごとではありません。
② 非課税金額は、死亡保険金受取人の人数に関係なく、法定相続人の人数で計算されることになります。つまり、保険金受取人が 1 人であっても、法定相続人が 3 人いれば 1,500 万円が控除されることになります。
③ 非課税金額が適用されるのは、相続人が受け取った死亡保険金に限られます。
④ 相続放棄をした人も「500 万円×法定相続人数」の計算における法定相続人数に含めます。ただし、相続放棄をした人が受け取った死亡保険金については、非課税金額の適用はありません。

　図表 5-9 は、具体的な例で非課税金額を計算してみたものです。モデルケースとして、夫が保険契約者・被保険者となり、死亡保険金 5,000 万円の保険に加入している場合を想定しています。

図表 5-9　非課税金額の計算例

(契約形態)

契約者＝被保険者	保険金受取人
夫	妻（3,000 万円）、長男（1,500 万円）、次男（500 万円）

(各相続人の非課税金額の計算)

非課税金額総額＝　500 万円 × 3（人）＝ 1,500 万円
妻　　　　　　　1,500 万円 × $\frac{3,000 \text{万円}}{5,000 \text{万円}}$ ＝ 900 万円
長男　　　　　　1,500 万円 × $\frac{1,500 \text{万円}}{5,000 \text{万円}}$ ＝ 450 万円
次男　　　　　　1,500 万円 × $\frac{500 \text{万円}}{5,000 \text{万円}}$ ＝ 150 万円

(相続財産に算入される保険金額＝課税対象となる金額)

死亡保険金	課税金額
妻	3,000 万円 － 900 万円 ＝ 2,100 万円
長男	1,500 万円 － 450 万円 ＝ 1,050 万円
次男	500 万円 － 150 万円 ＝ 350 万円

2　所得税・住民税がかかる場合

　契約者と受取人が同一人の場合の死亡保険金は、一時所得として所得税・住民税の課税対象になります。課税対象となる一時所得の計算式は、図表5-10のとおりです。

3　贈与税がかかる場合

　死亡保険金については、契約者・被保険者・保険金受取人がそれぞれ異なるとき、保険金に対して贈与税が課税されます。

　たとえば、夫が契約者、妻が被保険者、子どもが保険金受取人である場合の死亡保険金には、贈与税が課税されます。贈与税の課税対象となるのは、保険金110万円超の場合で、課税対象額は保険金マイナス110万円で求められます。

　以上のとおり、契約者と被保険者が同一人の場合には相続税が、契約者と受取人が同じ場合には所得税・住民税が、契約者・被保険者・受取人が全て異なる場合には贈与税が、それぞれかかります（図表5-11）。

　贈与税は、相続税や所得税・住民税に比べて税率が高いので、保険金が贈与税の課税対象になる契約形態は避けたほうがよいといえます。

図表5-10　一時所得の計算式

一時所得の金額＝
総収入金額－収入を得るために支出した金額－特別控除（50万円）
〈生命保険契約における死亡保険金の場合〉
一時所得の金額＝（死亡保険金－正味払込保険料）－特別控除（50万円）
課税対象となる金額＝一時所得の金額 $\times \frac{1}{2}$

第5章 生命保険の選び方とアドバイスのポイント

図表5-11 死亡保険金を受け取ったときの課税関係

契約内容	契約例			税金の種類
	契約者	被保険者	受取人	
保険契約者＝被保険者の場合	夫	夫	妻	相続税
	夫	夫	子	
受取人＝契約者自身の場合	夫	妻	夫	所得税・住民税
	夫	子	夫	（一時所得）
保険契約者、被保険者、受取人がそれぞれ異なる場合	夫	妻	子	贈与税
	夫	子	妻	

●ポイント

　個人が死亡保険金を受け取った場合は、契約者（保険料負担者）・被保険者・受取人が誰であるかによって税金の種類（相続税・所得税・贈与税）が異なってくるので、契約するときには十分注意する必要があります。

　相続税には死亡保険金の非課税の取り扱いや基礎控除、配偶者の税額軽減などもあるので、死亡保険金は相続税の課税対象となるよう契約者・被保険者を同一人とし、受取人はその相続人とした方が通常は有利となります。ただし、死亡保険金を相続税対象の形態にできない場合は、贈与税対象より所得税・住民税対象とした方が、一般的に有利となります。

8 満期保険金・解約返戻金等を受け取ったときはどのような税金がかかるか

> **設問**
> 個人が生命保険の満期保険金や解約返戻金などを受け取った場合の課税関係はどうなりますか。

受取人が契約者か否かで所得税・住民税か贈与税がかかります

1 所得税・住民税がかかる場合

契約者（保険料負担者）と受取人が同一人の場合の満期保険金は、「一時所得」として所得税・住民税の課税対象となります。

また、満期保険金が一時金でなく年金で支払われる場合は、一時所得ではなく「雑所得」とされます。満期保険金にかかる所得税・住民税の対象になる金額を求める算式は次のとおりです。

〈所得税・住民税の対象となる金額〉
（満期保険金＋満期時配当金－正味払込保険料－特別控除50万円）×$\frac{1}{2}$

正味払込保険料は、期の途中で支払われた配当金がある場合にはそれを差し引いた金額になります。

図表5-12　一時所得の計算例

満期保険金	10,000,000 円
満期時に支払われた配当金	2,000,000 円
表定保険料累計	7,500,000 円
期の途中で支払われた配当金	1,000,000 円

一時所得：
{（10,000,000円＋2,000,000円）－（7,500,000円－1,000,000円）－500,000円}×$\frac{1}{2}$＝2,500,000円

第5章　生命保険の選び方とアドバイスのポイント

なお、一時所得の課税対象は、最終的には、給与所得等他の所得と合算されて所得税・住民税が計算されることになります。

2　贈与税がかかる場合

契約者以外の人が満期保険金を受け取った場合は、贈与税の課税対象になります。贈与財産とみなされる金額は、支払われる保険金の額です。満期時に支払われる配当金があれば、それは保険金の額に加えます。贈与税については、一時所得のように必要経費の控除は行われません。満期保険金にかかる贈与税の対象になる金額は、次のとおりです。

```
贈与税の対象となる金額＝満期保険金＋満期時配当金－基礎控除110万円
```

図表5-13　満期保険金を受け取ったときの課税関係

契約内容	契約例			税金の種類
	契約者	被保険者	受取人	
受取人＝契約者 自身の場合	夫	夫	夫	所得税・ 住民税 （一時所得）
	妻	妻	妻	
	夫	妻	夫	
契約者と受取人 が異なる場合	夫	夫	妻	贈与税
	夫	妻	子	
	夫	妻	妻	

（注）解約返戻金を受け取ったときの課税関係も本表と同じです。

> ●ポイント

被保険者が誰であるかにかかわらず、契約者（保険料負担者）自身が満期保険金・解約返戻金などを受け取った場合は、所得税・住民税の課税対象となります。一方、契約者以外の人が満期保険金・解約返戻金などを受け取った場合は、贈与税の課税対象となります。

所得税・住民税と贈与税を比較すると、一般的には、所得税・住民税のほうが税制上有利であることから、税金面からみれば満期保険金受取人と契約者は同一人としておく方がよいといえます。

9 一時払養老保険の満期保険金や解約返戻金等を受け取ったときはどのような税金がかかるか

> **設問**
> 個人が一時払養老保険の満期保険金や解約返戻金などを受け取った場合の課税関係は、どうなっているのでしょうか。

5年満期または5年以内の解約は一律20.315％の源泉分離課税、5年超の場合は一時所得として課税されます

1　5年満期一時払養老保険の場合

　保険期間5年以下の一時払養老保険の満期保険金・解約返戻金は、一時所得ではなく、預貯金と同様に20.315％（所得税15％＋復興特別所得税0.315％＋住民税5％）の「源泉分離課税」の取扱いになります。保険金などの支払い時に、保険会社では税金を差し引いて支払いをします。

　満期保険金（契約者＝満期保険金受取人）を一括で受け取る場合には、以下のように課税されます。

```
差益金＝｛（満期保険金＋満期時配当金）または解約返戻金｝－一時払保険料
源泉徴収額＝差益金×20％（所得税15％＋復興特別所得税0.315％＋住民税5％）
```

　なお、一時払養老保険のほか、次の要件すべてにあてはまる契約も保険種類を問わず源泉分離課税の適用を受けます。

① 保険期間が5年以下のもの。ただし、保険期間が5年を超える場合でも、5年以内に解約した場合を含む。
② 保険料の払込みが一時払のもの。ただし、次の場合は一時払とみなす。
　（イ）契約初年度に、保険料払込期間中に払い込むべき保険料総額の2分の1以上を前納（または一括払）した契約

第5章　生命保険の選び方とアドバイスのポイント

　（ロ）　契約初年度と次年度の2年間に、保険料払込期間中に払い込むべき保険料総額の4分の3を前納（または一括払）した契約
③　普通死亡保険金が満期保険金と同額か、または満期保険金より少なく、かつ災害死亡保険金の倍率が5倍未満の契約

2　10年（5年超）満期一時払養老保険の場合

　5年超の場合には、以下のように一時所得として総合課税（契約者と受取人が同一でない場合は贈与税）されます。

課税一時所得＝
$\{$満期保険金（解約返戻金）＋配当金等－一時払保険料－特別控除（50万円）$\} \times \frac{1}{2}$

　なお、満期保険金を年金方式で受け取った場合には、一括で受け取った場合と同様に満期保険金受取総額にいったん課税されるとともに、年金開始後に毎年受け取る年金については、毎年の雑所得となります。

図表5-14　一時払養老保険の満期保険金・解約返戻金の税金

	満期保険金を受け取った場合	加入5年以下で解約した場合
5年満期一時払養老保険	20.315％源泉分離課税	20.315％源泉分離課税
10年満期一時払養老保険	一時所得	20.315％源泉分離課税

(注) 10年満期の一時払養老保険で加入5年超の解約返戻金は「一時所得」となります。

●ポイント

　保険期間5年以下の一時払養老保険は、税法上、いわゆる「金融類似商品」として位置付けられ、満期、解約の場合は預貯金と同様、受取金額と払込保険料との差益に対して、20.315％の源泉分離課税になります。また、5年超、たとえば、10年満期で6年目に中途解約した場合は、一時所得課税となり、収益の額によっては、20.315％源泉分離課税されるより有利となります。

10　障害給付金等を受け取ったときは税金はかかるか

> **設 問**
>
> 個人が障害給付金や入院給付金などを受け取ったときには、税金はかかるのでしょうか。

> 身体の障害などを原因として支払いを受ける給付金は非課税です

1　障害給付金・入院給付金の支払い

　傷害特約、災害入院特約、疾病入院特約などに基づき、自分の身体の傷害などにより給付金が支払われるものは非課税となります。

　また、これらの給付金は給付金の受取人と身体に傷害を受けた者が異なる場合であっても、給付金受取人が被保険者の配偶者もしくは直系血族または生計を一にするその他の親族であるときは非課税となります。

　生命保険会社から受け取った入院給付金については非課税ですが、入院などにより医療費が高額となり、確定申告して医療費控除(注)を受ける場合には、医療費の額からその入院給付金を差し引いて申告しなければなりません。

（注）本人あるいは本人と生計を一にする配偶者その他の親族の医療費を支払った場合は200万円を限度として、次の式により算出される金額の医療費控除を受けられます。

医療費控除の額＝医療費の額－保険金・損害賠償金等－（「その年の所得の合計額×5/100」または「10万円」のいずれか少ない額）

2　高度障害保険金

　生命保険約款では、通常死亡のほか、両眼失明、両足の機能の喪失などの場合には、高度障害保険金として死亡保険金相当額を支払って契約を消滅させる規定を設けています。身体の傷害に起因して支払を受ける生命保険・損害保険

第5章　生命保険の選び方とアドバイスのポイント

の給付金については、前記障害給付金・入院給付金で述べたとおり、非課税とする所得税法施行令の規定があります。

3　生前給付保険金・リビング・ニーズ特約の保険金

被保険者本人が受け取る場合はもちろん、指定代理請求人が受け取った場合でも非課税となります。

なお、リビング・ニーズ特約の保険金を受け取った後、全額使いきらないうちに死亡した場合、残額は現金として相続税の課税対象となります。また、残額には死亡保険金の非課税枠（500万円×法定相続人数）の適用はありません。

●ポイント

原因が不慮の事故によるものであっても、疾病によるものであっても、支払いを受ける高度障害保険金（給付金）、障害給付金、入院給付金、手術給付金などについては非課税です。

ただし、確定申告をして医療費控除を受けるときには、受け取った入院給付金などは収入として医療費から差し引く必要があります。

11 個人年金保険の年金を受け取ったときはどのような税金がかかるか

> **設問**
> 個人年金保険に加入していた人が、年金を受け取った場合の課税関係はどうなっているのでしょうか。
>
> 毎年の年金はすべて雑所得として所得税・住民税の対象となります

1 個人年金保険への課税

個人が年金を受け取る場合、毎年支払いを受ける年金はすべて雑所得として所得税・住民税の対象となります。ただし、契約者（保険料負担者）と年金受取人が異なる場合には、年金支払い開始時に年金を受け取る権利（年金受給権）に対して贈与税がかかり、毎年受け取る年金に対しても所得税・住民税（雑所得）がかかります。

図表 5-15 個人年金の受取りに対する課税関係

契約者 （保険料負担者）	年金受取人	年金に対する課税	
		年金受給権発生時	年金受取時
夫	夫	課税なし	所得税・住民税 （雑所得）
夫	夫以外	年金受給権に対して 贈与税が課税される	所得税・住民税 （雑所得）

2 年金の受取人が保険料の負担者である場合

年金の受取人がその保険契約の保険料の全部を負担していたときは、毎年受け取る年金には、「雑所得」として他の所得と合算して所得税・住民税がかかります。

第5章　生命保険の選び方とアドバイスのポイント

図表5-16　雑所得金額の計算方法

---

① 雑所得の金額＝その年に受け取る年金額（総収入金額）－必要経費
・その年に受け取る年金額＝基本年金額＋積立配当金による増額年金額＋年金支払開始後の配当金による増加年金額
・基本年金額＝年金支払開始日までに積み立てられた責任準備金による年金額
・積立配当金による増額年金額＝年金支払開始日までに積み立てられた配当金で増額された年金額
・年金支払開始後の配当金による増額年金額＝年金支払開始後2年目以降に支払われる配当金で増額された年金額

② 必要経費＝
（基本年金額＋積立配当金による増額年金額）× $\dfrac{\text{既払正味保険料総額}}{\text{年金の支払総額見込額}}$
（年金の支払総額見込額）
・終　身　年　金：年金年額×余命年数
・保証期間付終身年金：年金年額×（余命年数と保証期間年数のいずれか長い年数）
・確　定　年　金：年金年額×支給期間
＊年　金　年　額：基本年金額＋積立配当金による増額年金額

年金の雑所得の計算は以上のように行いますが、雑所得に準じて計算した金額が25万円以上の場合は、その金額の10.21％（所得税の2.1％が復興特別所得税として課税）が所得税として源泉徴収されます。

$$\left(\text{年金年額}-\text{年金年額}\times\dfrac{\text{既払正味保険料総額}}{\text{年金支払総額（見込額）}}\right)\times 10\%$$

源泉徴収するときの上記計算式では、雑所得の計算と若干異なり年金年額には増加年金を含み、積立配当と現金配当は含みません。

なお、年金受取人（保険料負担者）が年金開始後に死亡し、その遺族が継続年金受取人になる場合は、その後支払われる年金受給権について、評価が行わ

れ相続税がかかります。その後毎年支払われる年金は雑所得となります。

3 年金の受取人が保険料の負担者でない場合

契約者（保険料負担者）と年金受取人が異なる場合は、年金受取開始時に年金受取人は年金受給権を取得したものとして贈与税が課税されます。

贈与税の対象になる年金受給権の評価額は以下のとおりです。

$$年金受給権の評価額 \times \frac{年金受取人以外の者が負担した保険料の合計額}{払込保険料の総額}$$

なお、2010年（平成22年）度税制改正において、相続税または贈与税の対象となる年金受給権の評価（相続税法24条「定期金に関する権利（年金受給権）の評価」）が以下のとおりに改正されました。2011年（平成23年）4月1日以降に生じた相続および贈与については契約日にかかわらず新法が適用されることになりました。

〈改正後の評価方法の概要〉（2011年4月1日以降に生じた相続および贈与、ならびに2010年4月1日から2011年3月31日までに締結された契約（確定給付企業年金等を除く）に係る、当該期間内の相続および贈与に適用）

定期金に関する権利の評価額については、次に掲げる金額のうち、いずれか多い金額になります。

①解約返戻金相当額
②定期金に代えて一時金の給付を受けることができる場合、一時金相当額
③予定利率等を基に算出した額

　　確定年金…年金年額×予定利率の複利年金現価率（残存期間に応ずるもの）
　　終身定期金…年金年額×予定利率の複利年金現価率(平均余命に応ずるもの)

(参考)〈改正前の評価方法の概要〉（2010年3月31日以前に締結された契約に係る、2011年3月31日までに生じた相続および贈与に適用）

①確定年金の評価額＝残存期間に受けるべき給付金額の総額×残存期間別評価割合

残存期間	5年以下	5年超10年以下	10年超15年以下	15年超25年以下	25年超35年以下	35年超
評価割合	70%	60%	50%	40%	30%	20%

第5章　生命保険の選び方とアドバイスのポイント

② 終身年金の評価額＝1年間に受けるべき金額×権利取得時の被保険者の年齢別倍率

年齢	25歳以下	25歳超40歳以下	40歳超50歳以下	50歳超60歳以下	60歳超70歳以下	70歳超
倍率	11倍	8倍	6倍	4倍	2倍	1倍

③保証期間付終身年金…評価額は保証期間を確定年金として算出した金額と、終身年金として算出した金額のどちらか高い金額

●ポイント

　個人が年金を受け取る場合、毎年支払いを受ける年金は、雑所得とみなされ、所得税・住民税の課税対象となりますが、契約形態により、その他に年金開始時点で贈与税か相続税（死亡保険金を年金で受け取る場合で、契約者と被保険者が同一人のとき）の課税対象となる場合があります。

12 相続対策としての生命保険活用法とは

> **設問**
> 生命保険を活用した相続対策には、どのようなものがあるのでしょうか。顧客にアドバイスする場合のポイントを教えてください。

相続税の納税資金対策・相続財産を移す対策（生命保険料の贈与）・遺産分割対策などがあります

相続対策には、
① 相続税の納税資金対策
② 相続財産を移す対策（生命保険料の贈与）
③ 遺産分割対策

などの3つの項目がありますが、この代表的な3つの対策のすべてに生命保険が活用できます。

1 相続税の納税資金対策

相続税は、現金で納付するのが原則です。しかし、遺産の約5割は土地であり、相続税を支払う人のほとんどが納税資金に苦慮しています。納税資金の準備がされていないと、居住用・事業用の土地も売却せざるを得なくなります。

したがって、納税資金準備の相続対策が大事になるのです。

納税資金の手当てが必要なケースとしては、次のようなものがあります。

＜納税資金の手当てが必要なケース＞
① 納税資金（相続税に相当する額の金融資産等）が相続財産のなかに、あるいは相続人の財産のなかに含まれていない場合
② 自宅や自社株などの換金性の低い財産が大部分の場合
③ 配偶者や未成年の子どもがいて、万一の際、相続税を預金のなかから支

第 5 章　生命保険の選び方とアドバイスのポイント

払うことにより、遺族が生活資金の捻出に苦慮する場合

そこで、相続税相当額の生命保険に加入しておけば、相続が発生しても支払われる死亡保険金がそのまま納税資金の財源となるので、結果として他の相続財産や、相続人自身の財産には手をつけずに全て相続できることになります。

なお、加入の際には、5年後、10年後といった将来の財産価値の上昇を考え、また、単に納税資金の準備だけでなく、その後の遺族の生活資金の確保にも重点をおき生命保険金額を決定するのが望ましいといえます。

2　相続財産を移す対策（生命保険料の贈与）

被相続人（夫）が相続人（妻・子）に現金を贈与する方法です。現金の贈与は財産減らしの効果があります。さらに、生命保険を使うことによって、納税資金対策も可能になります。つまり、相続人はその現金を保険料にして、被相続人を被保険者とする生命保険に加入します。

いわゆる「保険料贈与」という手法です。契約者・保険金受取人は贈与を受けた相続人、被保険者は贈与した被相続人とする方法です。被相続人の死亡時に受け取った生命保険金は相続財産に加算されず、相続人の「一時所得」となります。相続税の実効税率が高い場合や配偶者がいないケースでは、この一時所得課税の形態のほうが支払う税金が少ない場合が多いといえます。財産を減らし、納税資金も確保できるまさに一石二鳥の手法です。

ただし、保険料贈与事実の心証が税務署に得られるよう、次の点に留意する必要があります。

図表 5-17　保険料贈与の例

```
┌─────────────────────────────────────────────────────┐
│              現金              保険料    契約者＝子    │
│   父  ─────────▶  子  ─────────▶  被保険者＝父   │
│                                          保険金受取人＝子│
└─────────────────────────────────────────────────────┘
```

① 毎年、「贈与契約書」を作成し、保管する（毎年贈与する金額が異なるようにする）

② 贈与者は、自分名義の普通預金口座から受贈者の預金口座へ贈与金額を振り込む
③ 受贈者は、自分名義の普通預金口座を開設する
④ 保険料は、受贈者の預金口座から自動引き落としとする
⑤ 受贈者は、自分の預金口座の通帳および印鑑を保管・管理する
⑥ 受贈者は、翌年2月1日から3月15日のあいだに贈与申告書を提出して、贈与税を納付する

3　遺産分割対策

生命保険を使って、円満な遺産分割が可能になります。具体的には、相続財産のほとんどが土地・建物で、子が長男、次男、長女の3人で、長男が居住用または事業用として土地・建物を相続するような場合、次男、長女は相続するものがなく、不公平感から必ずといっていいほど遺産争いが起きます。そこで、長男（後継者）には財産を相続させる代わりに、残りの相続人には生命保険金を使って現金で渡すことにします。

たとえば、図表5-18のような方法が考えられます。

> ●ポイント
>
> 相続対策の代表的な3つの項目（納税資金対策・相続財産を移す対策・遺産分割対策）について、生命保険を有効に活用するアドバイスが必要になります。

第5章 生命保険の選び方とアドバイスのポイント

図表5-18 生命保険を活用した遺産分割の方法

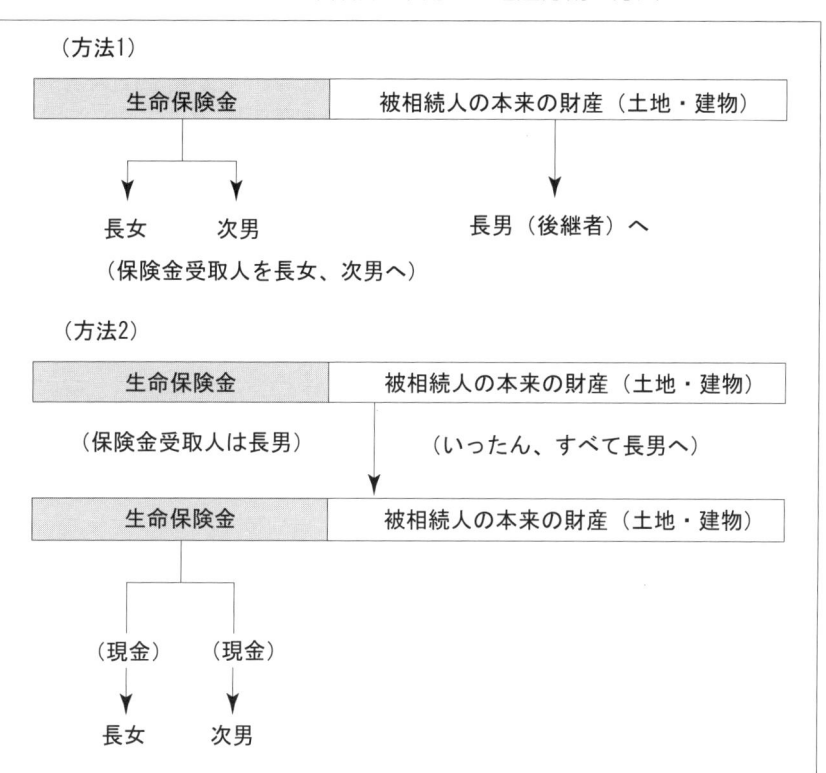

(方法1)

| 生命保険金 | 被相続人の本来の財産（土地・建物） |

↓　↓　　　　　　　　　　　↓
長女　次男　　　　　　　　　長男（後継者）へ
（保険金受取人を長女、次男へ）

(方法2)

| 生命保険金 | 被相続人の本来の財産（土地・建物） |

（保険金受取人は長男）　　（いったん、すべて長男へ）
　　　　　　　　　　　　　　　　↓

| 生命保険金 | 被相続人の本来の財産（土地・建物） |

（現金）（現金）
↓　　　↓
長女　次男

　生命保険金も本来の相続財産もいったんすべて長男が受け取ります。長男が受け取った生命保険金のなかから現金で、次男、長女に代償分割[注]を行います。この方法は相続財産が多額であり、そして長男、次男、長女の分割が等分にならない場合に効果的です。

（注）代償分割とは、遺産を現物で分割することが著しく困難であったり、換価して代金を分けることも相当でない場合、共同相続人のうち特定の者に現物を取得させると同時に、現物を取得した相続人が他の相続人に対してお金を支払う方法です。この代償分割を行うには、遺産分割協議書のなかにその旨盛り込むことなどの注意が必要です。

13 生命保険会社の経営内容を知りたいときは

> **設問**
> 保険に加入する際、生命保険会社の経営内容等を知りたいという顧客に、アドバイスする場合のポイントを教えてください。

ディスクロージャー（情報開示）資料等を参照することがポイントです

　現在、生命保険会社は会社の業績などをまとめ、次のような資料を作成して、一般に閲覧しています。

1　ディスクロージャー資料

　保険会社の事業年度ごとの業務、財産の状況をまとめた説明書類です。これは保険業法によって作成が義務づけられています。書類の名称は保険会社によって異なります。

　なお、ディスクロージャー資料の見方を消費者向けに解説した「生命保険会社のディスクロージャー～虎の巻」を（社）生命保険協会が作成し、生命保険協会の生命保険相談所や各都道府県主要都市53ヵ所の地方連絡所に備え置くとともに、希望者に無料配布しています。

2　変額保険（特別勘定）の現況

　変額保険（特別勘定）の資産運用に関する情報をまとめたものです。

3　資料の閲覧場所

　資料は、次の場所に備え置きされています。

第5章　生命保険の選び方とアドバイスのポイント

	ディスクロージャー資料	変額保険（特別勘定）の現況	決算関係書類[注1]
生命保険各社 （本・支社等）	○	○	○ （本社）
生命保険協会 （本部・地方）	○ [注2]	—	—

（注1）契約者、被保険者、受取人による閲覧が可能です。
（注2）生命保険各社が作成しているものを（社）生命保険協会が合本ファイルして備え置いています。

●ポイント

　生命保険会社の経営内容等を知りたいときは業績などをまとめたディスクロージャー（情報開示）資料等を参照することがポイントです。

1 保険証券のチェックのポイント

> **設 問**
>
> 顧客が保険証券を受け取ったときのチェックのポイントを教えてください。

保険種類、契約日・満期日、保険期間、保険料払込期間・方法、付加した特約の内容などが重要です

　生命保険を契約すると、必ず保険証券が送られてきます。通常は2週間から3週間ほどで、告知書の写しと一緒に契約者のもとへ郵送されます。保険証書は、保険契約の成立および契約内容を証するために、保険会社から保険契約者に交付される文書です。保険証券に書かれている内容が申し込んだときの内容と違っている場合に、そのままにしておくと、保険金や給付金の受け取りのときなどにトラブルになることがあります。

　記入されている内容に間違いはないか、必ずチェックすることが大切です。
① 保険種類は、なにか
② 契約日・満期日は、いつか
③ 保険期間は、どうなっているか
④ 保険料払込期間は、何歳までか。保険料払込方法は、どうなっているか（月払、年払、一時払など）
⑤ 付加した特約の内容は、どうなっているか

　その他、保険料、保険金額、契約者・被保険者の氏名、保険金受取人の氏名、生年月日（年齢）、住所、配当金の受取方法などもチェックが必要です。

●ポイント

　保険証券が送られてきたら、記入されている内容に間違いないかを必ずチェックすることが大切です。間違ったままにしておくと、保険金や給付金の受け取りのときなどに、トラブルになることがあります。

第6章　生命保険の手続とそのポイント

2　契約が成立するまでの流れを知りたいときは

> **設問**
> 契約申し込みから契約成立までの、流れを教えてください。

「申込み」「第1回保険料（充当金）の払込み」および「告知または診査」の3つがポイントです

1　契約が成立するまでの流れ

　保険の契約を行う場合、「申込み」「第1回保険料（充当金）の払込み」および「告知または診査」の3つを行う必要があります。

2　保険契約の申込み

　保険契約の申込みでは、契約者が被保険者、保険金受取人を指定し、保険契約申込書を保険会社に提出します。なお、申込書に署名・捺印する前に、「ご契約のしおり（定款）・約款」に目を通すことが大切です。これは、契約者と保険会社間の互いの権利・義務などを記したものです。また、第1回保険料（充当金）の払込みは、保険会社所定の領収書と引換えに行います。

3　告知書扱いと報状扱い

　さらに、契約をするときに、保険会社は保険の種類や被保険者の年齢、保険金額などによって、「告知書扱い」にするか「報状扱い」にするかを決定しています。

　「告知書扱い」は、無診査扱いともいわれており、すべての被保険者が告知義務に基づいて、既往歴や現在の健康状態、身体の障害状態、職業等を保険会社に告知して契約を行うことをいいます。

　また、被保険者の年齢や死亡保険金額に応じて、告知書に加えてさらに状況（身体）上の問題の有無を見極めるために身体検査を行います。これを「診査」

といい、この結果によって契約するかどうかを決める方法を「報状扱い」といいます。

「報状扱い」には、①生命保険会社が雇用・委嘱している医師の診断による方法（社医診査扱い、嘱託医診査扱い）や、②生命保険協会の認定試験に合格・登録されている生命保険面接士が行う健康確認業務による方法（生命保険面接士扱い）、被保険者の勤務する団体に定期健康診断等の結果を証明してもらう方法（健康管理証明書扱い）、③被保険者の受けた健康診断や人間ドックの検査結果を医師の診査に代える方法（健康診断結果通知書扱い、人間ドック扱い）等があります。

申込み、第1回保険料（充当金）の払込みおよび告知または診査の3つがすべて完了したときから[注]、保険会社は契約上の責任を負います（図表6-1）。これを「責任開始期（契約日）」といいます。

(注) ただし、団体月払、口座振替月払などの契約は、責任開始の日と契約日が異なり便宜上、契約日を責任開始の日の属する月の翌月1日とすることが一般的です。

●ポイント

契約申し込みに際しては「ご契約のしおり（定款）・約款」、申込書への署名・捺印、責任開始期などいくつか注意するポイントがあります。契約上の権利、義務にかかわる重要な内容も含まれているので、必ず確認することが大切です。

第6章 生命保険の手続とそのポイント

図表6-1 責任開始期のパターン

① 申込み、告知（または診査）、第1回保険料充当金の払込み、会社の承諾の順の場合、払込みのあった日にさかのぼって責任が開始します。

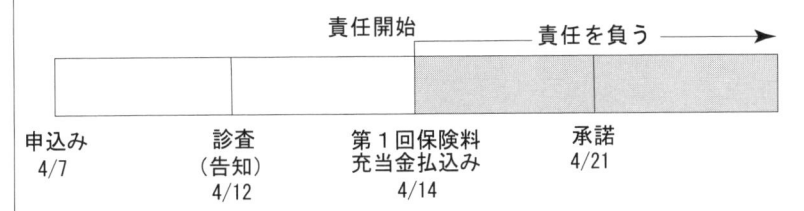

```
                        責任開始    責任を負う →
┌─────────┬─────────┬─────────┬─────────┐
申込み      診査       第1回保険料   承諾
4/7        （告知）    充当金払込み  4/21
           4/12       4/14
```

② 申込み、第1回保険料充当金の払込み、告知（または診査）、会社の承諾の順の場合、告知（または診査）のあった日にさかのぼって責任が開始します。

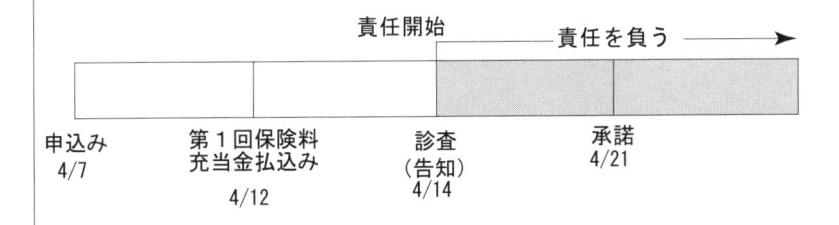

```
                        責任開始    責任を負う →
┌─────────┬─────────┬─────────┬─────────┐
申込み      第1回保険料  診査        承諾
4/7        充当金払込み （告知）    4/21
           4/12        4/14
```

③ 申込みと同時に第1回保険料充当金を払い込み、告知（または診査）、会社の承諾の順の場合、告知（または診査）のあった日にさかのぼって責任が開始します。

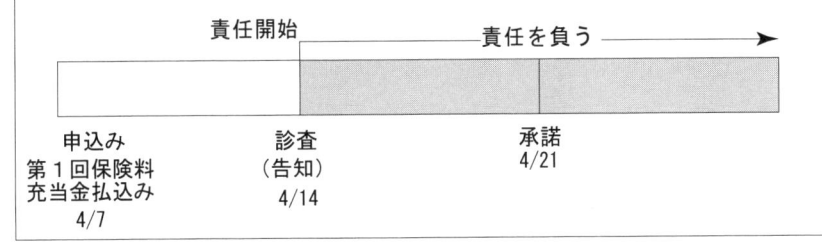

```
              責任開始      責任を負う →
┌─────────┬─────────┬─────────┐
申込み         診査         承諾
第1回保険料   （告知）      4/21
充当金払込み   4/14
 4/7
```

3　クーリング・オフ制度とは

> **設問**
>
> 顧客が保険料（第1回保険料充当金）を払い込んだ後でも申し込みを撤回できるそうですが、詳しい内容を教えてください。
>
> 原則として8日以内ならば申し込みを撤回することができます

　契約者は、保険料を払い込んだ後でも契約の撤回をすることができます。この制度を「クーリング・オフ（契約撤回請求権）」といいます。

　第1回保険料充当金領収書の交付日もしくは申込日のいずれか遅い日を含めて8日以内（保険会社によっては10日・15日以内のところもある）に、文書（郵送）で申込みを撤回すれば、支払った保険料は返金されます。

　申し込みの撤回の効力は、書面の発信日（郵便消印日）で生じますので、8日以内の消印であれば、たとえ保険会社に到着するのがそれ以降であってもかまいません。

　書面には契約者の氏名、住所、領収証番号、取扱営業職員の氏名（代理店名）などを書いて、申込書に使用した印を押し、申し込みを撤回する旨を明記します。

　ただし、契約にあたって医師による診査を受けた場合、保険期間が1年以内の契約の場合、および保険会社の営業所などの場所で申し込みをした場合などは、この制度は適用されません。

第6章　生命保険の手続とそのポイント

図表 6-2　契約申込みの撤回可能期間（8日以内）の例

契約者が第1回保険料
（充当金）を払い込んだ日　　　　　　　　この日の消印まで

6月10日　　　　　　　　　　　　　　　6月17日

契約申込みの撤回可能期間

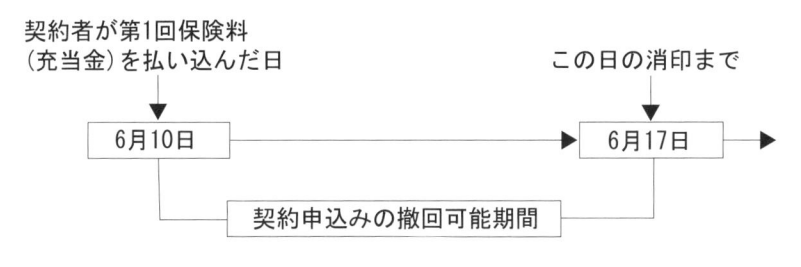

図表 6-3　クーリング・オフ申出の記入例

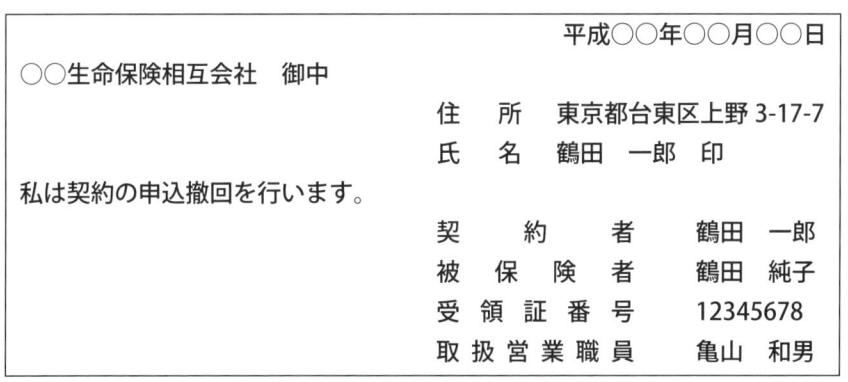

```
　　　　　　　　　　　　　　　　　　　　　　　平成○○年○○月○○日
○○生命保険相互会社　御中
　　　　　　　　　　　　　　住　　所　　東京都台東区上野3-17-7
　　　　　　　　　　　　　　氏　　名　　鶴田　一郎　印
私は契約の申込撤回を行います。
　　　　　　　　　　　　　　契　約　者　　鶴田　一郎
　　　　　　　　　　　　　　被　保　険　者　鶴田　純子
　　　　　　　　　　　　　　受　領　証　番　号　12345678
　　　　　　　　　　　　　　取　扱　営　業　職　員　亀山　和男
```

（注1）契約者の自筆での記載に限る。
（注2）印章は、申込書に捺印したものを使用する。
（注3）申出日は、郵便局の消印をもって判定される。

●ポイント

　生命保険には、いったん申し込んだ後でも申し込みを撤回することができるクーリング・オフ制度があります(注)。「第1回保険料充当金領収書」を交付された日か、「申込み」をした日のいずれか遅い日を含めて8日以内であれば、文書（郵送）で申込みを撤回することができます。
（注）クーリング・オフ制度は損害保険にも導入されています。

4 告知義務とは

> **設 問**
>
> 告知義務とはどういうことでしょうか。また、告知義務違反があった場合の取扱いはどうなりますか。

契約者または被保険者が、告知書や保険会社の指定した医師などの質問に事実をありのままに告げる義務をいいます

1 告知義務の必要性

　保険料は、予定死亡率などにもとづく危険度を基準にして定められていますが、このほかにも、健康状態や職業上などの危険があります。
　このような危険度の高い人には特別の条件を付けたり、保険契約を拒否するなどして、加入者相互間の公平を保たなければなりません。本来は保険会社が調査すべきと考えられますが、実際には不可能に近いことです。
　そこで、危険選択に関する重要な事項について、ありのままを保険会社に告げなければならないことを約款に定めています。これを告知義務といいます。

2 告知義務違反と解除

　契約者または被保険者が、故意または重大な過失により重要な事実について告知しなかったり、事実と違うことを告げていた場合には、責任開始日（復活の場合には復活日）から2年以内であれば保険会社は「告知義務違反」としてその契約を解除することができます。
　解除すると、それ以前に死亡事故等が発生していても、保険金や給付金は支払われません。ただし、事故の原因と告知義務違反とされる内容との間にまったく因果関係がないときは、保険金や給付金は支払われます。
　また、保険契約を解除した場合、解約返戻金があれば払い戻されます。
　なお、次の場合には、保険会社は解除できないことになっています（解除権

第6章　生命保険の手続とそのポイント

消滅)。

① 契約が契約日（または復活日）から2年を超えて有効に継続した場合
② 保険会社が解除の原因を知った日から1ヵ月以内に解除を行わなかった場合

ところで、告知が正しくされたかどうかは、加入後、保険証券とともに送られてくる告知書の写しで必ず内容の確認をすることが大切です。もし間違いがあれば、直ちに保険会社へ連絡しなければなりません。

●ポイント

　告知義務者（契約者または被保険者）が、故意または重大な過失によって重要な事実について告知しなかったり、事実と違うことを告げていた場合には、告知義務に違反したことになります。
　告知義務違反を契約確認などによって保険会社が知った場合は、保険会社はその契約を解除することができることになっています。

5 契約者・受取人を変更したいときは

設問

契約者や保険金受取人を変更したいときは、どうすればよいのでしょうか。

いずれも被保険者の同意が必要なので注意してください

1 契約者の変更

契約者は契約上の一切の権利義務を第三者に変更することができます。変更にあたっては、被保険者および保険会社の同意が必要です。ただし、契約者の死亡による契約者変更の場合で、相続人が複数いるときは、このほかに相続人の中から選んだ代表者と連帯保証人の同意が必要です。

2 保険金受取人の変更

契約者は原則として、保険期間中であれば保険金受取人を変更することができます。ただし、死亡保険金の支払事由が発生したあとなどは、変更できません。変更にあたっては、被保険者の同意が必要です。なお、保険金受取人は2人以上を指定することもできますが、受取割合を指定することが必要です。

●ポイント

契約者については、被保険者および保険会社の同意を得て変更することができます。

また、保険金受取人については、被保険者の同意を得て変更することができます。いずれの場合も、保険会社に申し出て所定の手続きをとることが必要です。

6 保険料を払い込むのが遅れてしまったときは

> **設問**
> 顧客が保険料を払い込むのが遅れてしまいました。保険はすぐに失効してしまうのでしょうか。

失効を防ぐために猶予期間という制度があります

　保険料は定められた期間内に契約者が払い込むことになっていますが、なんらかの都合で払込みが間に合わなくなることも考えられます。この場合、契約はすぐに効力を失うことはなく、一定期間内に払込みがあればよいことになっています。

　この期間を「猶予期間」といい、月払の場合は、払込期月（契約応当日の属する月）の翌月初日から末日まで、半年払・年払の場合は、払込期月の翌月初日から翌々月の月単位の契約応当日まで（ただし、契約応当日が2月、6月、11月の各末日の場合には、それぞれ4月、8月、1月の各末日まで）となっています。

　猶予期間中に起きた保険事故については、契約は有効であるため、当然、保険金は支払われますが、入院給付金のように少額で、未払込保険料の方が額が大きい場合があります。その際は、猶予期間内に未払込保険料が支払われた場合に限って給付金等が支払われます。

図表 6-4　猶予期間と失効の関係

（月払の場合）

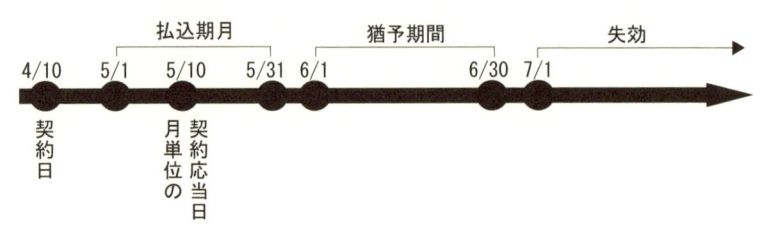

```
        払込期月      猶予期間        失効
4/10  5/1  5/10  5/31  6/1      6/30  7/1
 ●    ●   ●    ●    ●       ●   ●
契約日    月単位の契約応当日
```

（年払・半年払の場合）

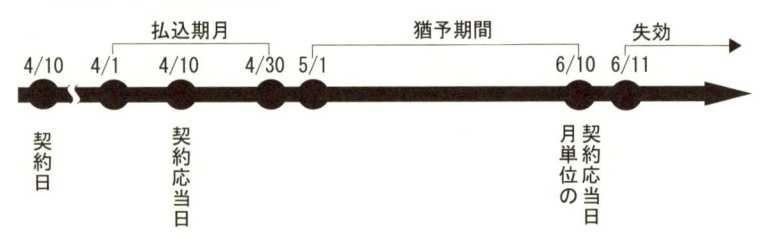

```
            払込期月       猶予期間         失効
4/10  4/1  4/10  4/30  5/1         6/10  6/11
 ●   ●    ●    ●    ●           ●    ●
契約日    契約応当日            月単位の契約応当日
```

（注）月単位の契約応当日とは、契約後ちょうど1ヵ月目、2ヵ月目、3ヵ月目などにあたる日のことをいいます。

● ポイント

　保険料の払込期月が過ぎても一定の猶予期間を設けています。猶予期間中に死亡事故が起きた場合は、死亡保険金から未払込保険料を差し引いた金額が支払われます。
　もし、猶予期間内に保険料を払い込めなかった場合、保険は失効するか自動振替貸付制度が適用されます。

7 失効した保険は元に戻せるか

> **設問**
> 失効した保険は元の状態に戻すことができるのでしょうか。

3年以内ならば元に戻すこと（復活）ができます

「失効」とは、猶予期間を過ぎても保険料の払込みがなく、保険料の自動振替貸付が不可能な場合に、契約が効力を失うことをいいます。

いったん失効した契約は失効してから3年以内に、被保険者の健康状態に異常がないことを前提に、保険会社承認のうえで元の状態に戻すことができます。これを復活といいます。

その場合、滞っている保険料をまとめて払い込むことになりますが、復活後の保険料は当初の契約時と変わらず、また有配当保険の場合は配当も継続されるので、新しく契約し直すよりも有利になっています。

●ポイント

復活するためには、告知書（保険種類、失効期間、保険金額などにより診査を必要とする場合もある）を提出し、保険会社の承諾を得るとともに未払込保険料を払い込むことが必要です。

8 一時的に保険料の払い込みが困難になったときは

> 設問
>
> 顧客が一時的に保険料の払い込みが困難になったときは、どのような方法がありますか。

> 保険料の自動振替貸付（保険料の立て替え）を利用します

　保険料の払込みがないまま猶予期間が過ぎると、契約は失効しますが、その契約の解約返戻金が払い込むべき保険料とその利息の合計より多いときは、保険会社が自動的に保険料を立て替えて払い込み、契約が有効に継続される制度が、「自動振替貸付制度」です。

　この制度を利用できるのは、養老保険や終身保険などのように解約返戻金のある保険に限られており、掛捨てである定期保険には利用できません。また、立て替えられた保険料には所定の利息（複利）がつきます。

　なお、未返済のまま満期を迎えたり被保険者が死亡したときは、それぞれ満期保険金・死亡保険金からその元金と利息が差し引かれます。

●ポイント

　一時的に保険料の払込みが困難になった場合は、解約返戻金の範囲内で保険料を自動的に保険会社が立て替え、契約を有効に継続させる自動振替貸付制度を利用することができます。

第6章 生命保険の手続とそのポイント

9 途中から保険料を支払わずに契約を有効に続けたいときは

設問
顧客が途中から保険料を支払わずに契約を有効に続けたいときは、どのような方法があるのでしょうか。

払済保険や延長（定期）保険を利用します

1 払済保険とは

「払済保険」は、保険料払込期間の途中で保険料の払込みを中止し、そのときの解約返戻金をもとに、保険期間をそのままにした保障額の少ない保険（同じ種類の保険または養老保険）に変更する方法です。

また、変更前の保険種類が個人年金保険の場合は、払済年金保険への変更となります。

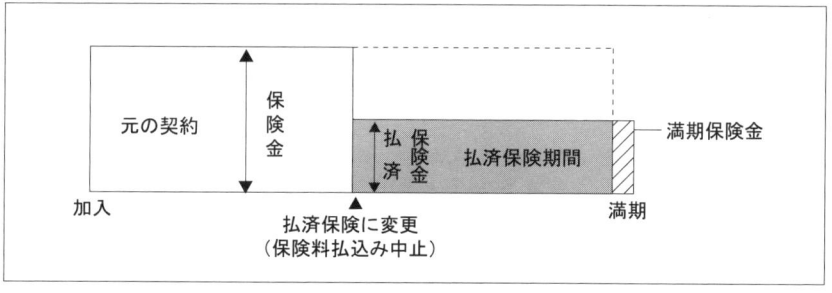

図表6-5 一時払の養老保険に切り換えた場合

（注）保険種類によっては取扱いが異なる場合があります。

2 延長（定期）保険とは

「延長（定期）保険」は、保険料払込期間の途中で保険料の払込みを中止し、そのときの解約返戻金をもとに、元の契約の保険金を変えないで保険期間を定

め、死亡または高度障害になったときのみ保険金が支払われる一時払いの定期保険に変更する方法です。

延長保険期間（保障期間）は、長くとも残余の保険期間とし、もしその期間を超える場合はそこで契約は満期とされ、そのときに残っている解約返戻金が生存保険金として契約者に支払われます。

図表6-6　延長（定期）保険期間が元の契約の保険期間より短くなる場合
（元の契約が養老保険の場合）

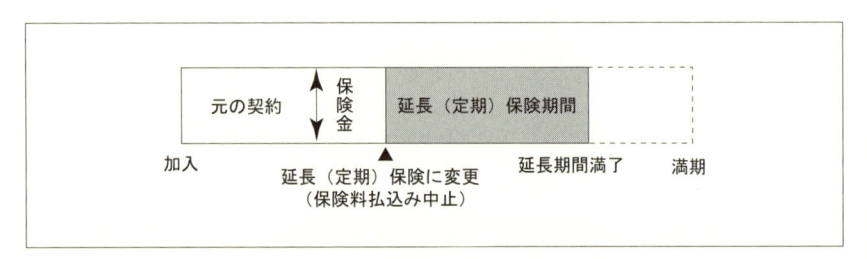

```
┌─────────────────────────────────────────────────┐
│           ↑保                                     │
│   元の契約 険  延長（定期）保険期間                │
│           ↓金                                     │
│  加入    ▲              延長期間満了    満期      │
│       延長（定期）保険に変更                      │
│       （保険料払込み中止）                         │
└─────────────────────────────────────────────────┘
```

（注）保険期間が元の契約の保険期間より短くなる場合には、その期間満了をもって契約は消滅し、満了日まで生存したときでも保険金は支払われません。なお、保険種類により取り扱いが異なる場合があります。

図表6-7　延長（定期）保険期間が元の契約の満期まで続く場合
（元の契約が養老保険の場合）

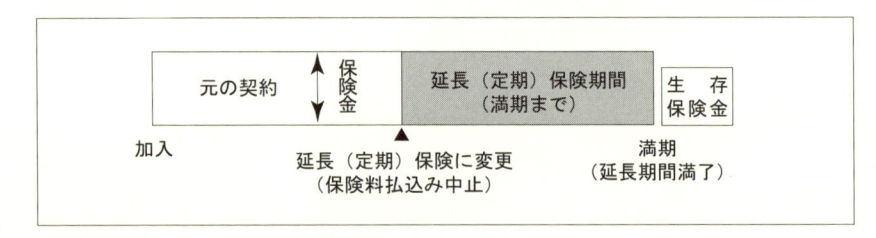

```
┌─────────────────────────────────────────────────┐
│           ↑保                         │生 存│    │
│   元の契約 険  延長（定期）保険期間    │保険金│   │
│           ↓金      （満期まで）       │     │    │
│  加入    ▲                    満期               │
│       延長（定期）保険に変更    （延長期間満了）   │
│       （保険料払込み中止）                         │
└─────────────────────────────────────────────────┘
```

（注）保険期間が元の契約の保険期間を超える場合には元の契約の保険期間にとどめ、その満了日まで生存したときは満了日に生存保険金が支払われます。この場合には、生存保険金は元の契約の満期保険金よりも小さくなります。なお、保険種類により取り扱いが異なる場合があります。

第6章　生命保険の手続とそのポイント

●ポイント

　途中から保険料を払い込まずに、契約を有効に続けたいときは、払済保険や延長（定期）保険を利用することができます。

　払済保険へ変更すると、保険金は一般的に元の契約より小さくなります。また、延長（定期）保険へ変更すると、死亡保険金は元の保険と同額ですが保険期間が短くなることがあります。

　なお、払済保険、延長（定期）保険とも、変更後は前契約についていた各種特約は消滅するので注意が必要です。

10　保険料の負担を軽くしたいときは

> **設 問**
> 顧客が保険料の負担を軽くしたいときは、どのような方法があるのでしょうか。
>
> 保険金額を減額します

　保険金額の減額は、保険料負担を軽減するために、期の途中から保険金額を減らす制度です。たとえば、保険金額が1,000万円の保険契約について、保険期間の途中で500万円に減額することにより、保険料を比例的に減少させることができます。減額部分は、解約されたものとして取り扱われ、解約返戻金があれば払い戻されます。

　また、各種特約の保障額が同時に減額される場合もあります。さらに、保険金額の減額をしたあとでも、所定の期間内であれば元の保険金額に戻すこと（復旧）ができます。ただし、復旧に際しては、医師の診査または告知と減額期間中の差額保険料（責任準備金の不足額）を払い込む必要があります。なお、減額後の保険金額には最低制限があります。

第6章　生命保険の手続とそのポイント

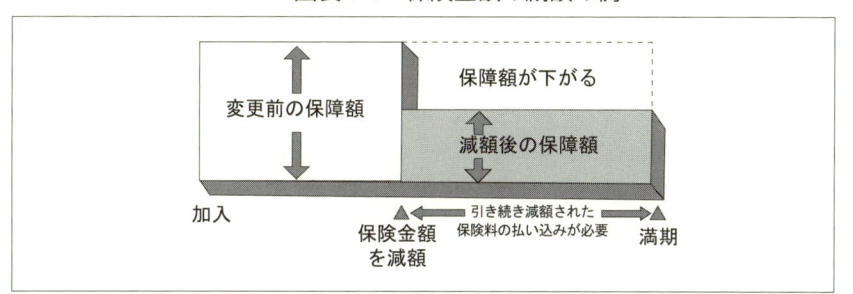

図表6-8　保険金額の減額の例

```
変更前の保障額
          保障額が下がる
          減額後の保障額
加入    保険金額    引き続き減額された    満期
        を減額      保険料の払い込みが必要
```

●ポイント

　保険料の負担を軽くしたい場合は、保険金額の減額があります。減額は、これまで契約してきた保険金額を減額する分だけ、それ以降の保険料の負担を軽くする方法です。減額した分の保険金額は解約したものとして取り扱われるので、解約返戻金があれば払い戻されます。

11 現金が一時的に必要になったときは

設 問

顧客が途中で一時的にお金が必要になった場合、保険でお金を借りることができるのでしょうか。

契約者貸付や配当金の引出しを利用できます

1 契約者貸付

「契約者貸付」とは、保険期間の途中で一時的に現金が必要となったときに、解約返戻金の一定範囲内で保険会社から融資を受けられる制度です。返済が終了しないうちに満期になったり、死亡した場合には、満期保険金または死亡保険金から残りの元金と利息が差し引かれて支払われます。

保険会社が資産運用の一環として適正な利息で貸付を行う制度ですから、貸付を受けた契約でも貸付を受けていない契約と同様の配当金が支払われます。しかし、保険種類などによっては、利用できない場合があります。

2 配当金の引出し

配当金の引出しとは、配当金の受取方法を積立（配当金に利息をつけて契約者から請求があるまで保険会社に積み立てておく方法）にしている場合に、積み立てた配当金の全部または一部を途中で引き出して使えることをいいます。

配当金の受取方法は加入時に決めますが、保険種類によってあらかじめ決められている場合もあり、また途中で変更できる場合もあります。

●ポイント

契約者貸付で借り入れた元金と利息は、その全額ないし一部をいつでも返済することができます。毎年利息が元金に繰り入れられるため、利息だけでも返済しておく方がよいでしょう。

12 契約転換制度とは

> **設問**
> 契約転換識度について教えてください。

> 古い保険を「下取り」に出して、新たな保険に加入する制度です

　契約転換制度とは、現在加入している生命保険の蓄積部分や配当金を新しい保険の一部に充当し、新規に加入する保険の保険料負担を軽減する制度です。

　現在の契約の責任準備金、積立配当金、保険料前納金などを合計した金額を転換価格といいます。この転換価格を新しい契約の一部に充てます。それによって、新しい保険の保障額は、保険料払込部分と、転換価格を充当した転換部分（下取部分）に分かれます。

　転換には、転換価格を転換後契約の主契約にあたる終身保険部分のみに充当する基本転換と、転換価格を転換後契約の主契約（終身保険）の部分と定期保険特約部分の両方に充当する比例転換、さらに転換価格を転換後契約の定期保険特約部分のみに充当する定特転換の3つの方法があります。ただし、この3つすべてを扱っている会社と、1つもしくは2つしか扱っていない会社があります。

　契約転換制度のメリットは、新規加入の保険の保険料を安くできるほか、いままで加入していた保険の特別配当の権利が、新しい保険に引き継がれることなどです。

　また、いままでの保障内容を現在のニーズに合ったものに変更できる点もメリットといえます。たとえば、現在加入している養老保険を、一生涯保障の続く終身保険に変更するといった、全く違った種類の保険への変更も可能です。

　なお、転換できるのは同じ保険会社の保険に限られ、転換できる種類や一度に転換できる件数は保険会社により異なります。また、転換に際しては、告知または医師の診査が必要です。さらに、加入してから一定期間（2年、3年など）

経過していること、満期まで一定年数を残していることが必要です。

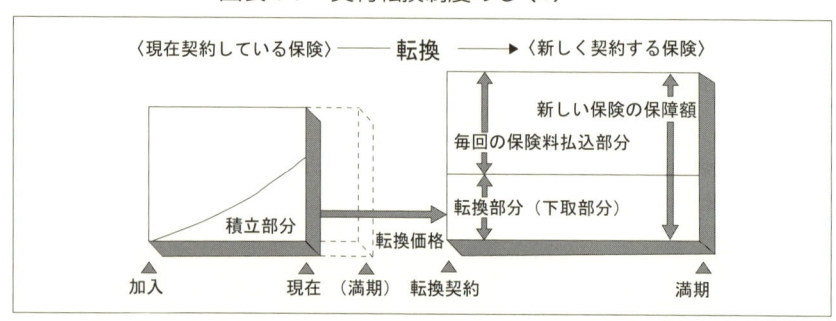

図表6-9　契約転換制度のしくみ

〈現在契約している保険〉　──転換──▶　〈新しく契約する保険〉

新しい保険の保障額
毎回の保険料払込部分
転換部分（下取部分）

積立部分　　転換価格

加入　　現在（満期）　転換契約　　　　　満期

> ●ポイント

　契約転換制度のメリットとしては、所得や家族構成の変化などに合わせて、現在加入している契約を活かして保障額を増額したり、必要とする新しい保険種類に変えることができることがあげられます。しかし、転換時の年齢で保険料を計算し直すので、契約年齢が上がって保険料が高くなるなどのデメリットもあります。
　このように保障内容を充実できる反面、契約内容によって保険料が高くなる場合があるので、この制度を利用するときは十分内容をチェックする必要があります。なお、転換契約の募集に際しては、以下の法令上の規制が設けられていますので、遵守する必要があります。
① 転換契約の募集にあたっては、保険契約者に対し、転換前と転換後の契約に関する重要な事項を対比して記載した書面を交付し説明すること。
② 上記の書面の交付に関して、保険契約者から書面を受領した旨の確認（たとえば受領印等）を得ること。

13　中途増額制度とは

> **設問**
> 中途増額制度とは、どういうことですか。
>
> 保険期間の中途で保険金額を増額する制度です

　中途増額制度とは、現在加入している生命保険に定期保険を特約として付け加え、死亡時の保障を増額する制度です。

　増額部分の満期日は、現在加入している保険と同一で、増額部分の保険料は中途増額時の年齢で計算されます。中途増額の場合は、現在加入している保険の証券に、増額した旨の裏書がされます。

　なお、現在加入している保険の保障額はそのままで、不慮の事故や病気などの備えを追加する方法が特約の中途付加制度です。この場合、特約保険料は中途付加時の年齢で計算され、中途付加した旨が証券に裏書されます。

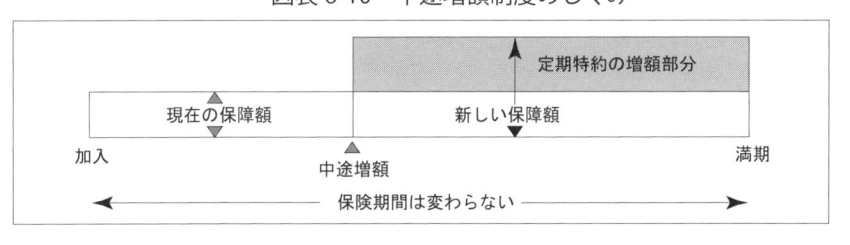

図表6-10　中途増額制度のしくみ

●ポイント

　中途増額は、一般には、契約後または更新後2年以上経過した契約について取り扱われます。また、増額する際には告知または医師による診査が必要です。なお、中途増額や特約の中途付加を取り扱わない保険会社もあります。

14　定期保険特約の更新型とは

> **設問**
> 定期保険特約の更新型とは、どういうことですか。

定期保険特約付終身保険などの定期保険特約のなかで、10年および15年ごとなどに自動更新するタイプをいいます

　「更新型」は、契約から10年・15年などを当初の特約保険期間として、特約・保険期間が満了するごとに、終身保険などの払込期間満了までを限度として更新していきます。
　更新型の保険料は、更新時におけるその時点の被保険者の年齢で再計算して継続することになっているので契約時の保険料より通常高くなります。これに対し、加入から払込終了まで保険料が変わらないタイプのものを全期型といいます。
　更新型の特徴は、収入の少ない若いときには保険料を低くおさえて、家計に余裕ができる年齢になったときに更新して保険料が高くなるように設定できることと、更新時に終身保険などと定期保険特約の割合を変更したり、定期保険特約を減らしたりできることにあります。
　さらに、保険商品によっては、定期保険特約を他の保険種類（終身保険、養老保険など）に変更することもできます。
　また、健康状態のいかんにかかわらず無条件で更新することができます。
　なお、はじめから更新時に保障を変更する意思がない場合には、払い込み期間全体で支払う保険料の総額は、更新時に保険料の高くなる更新型より全期型の方が少なくなります。

第6章　生命保険の手続とそのポイント

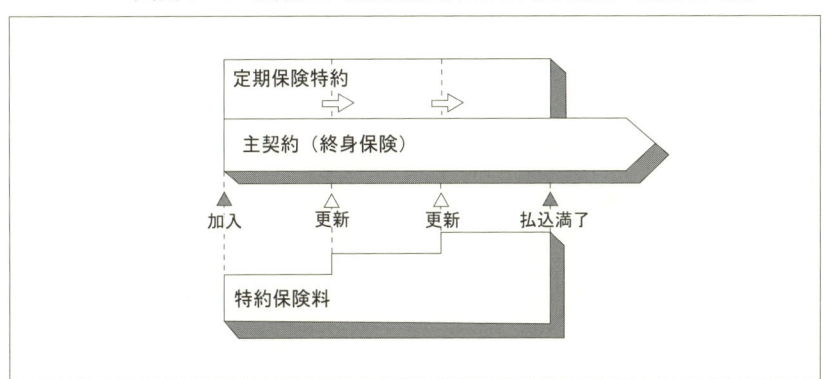

図表6-11　更新型（定期保険特約を終身保険に付加した例）

> ●ポイント

　更新の際、更新時の年齢、保険料率によって保険料が再計算されるので、保険料は通常高くなります。
　更新型に加入する前に、更新時にいくら値上りするのか、全期型と比べてどうかは事前に十分チェックする必要があります。

15 解約すると解約返戻金はどうなるか

> **設問**
> 解約すると、解約返戻金を受け取ることができるのでしょうか。

解約返戻金を受け取れますが、通常は払い込んだ保険科総額より少なくなります

　解約すると、契約はその時点で消滅し保険会社は返還すべき金額があればこれを解約返戻金として契約者に払い戻しますが、通常の場合、その金額は払い込んだ保険料合計額より少なくなります。
　これは、払い込んだ保険料の一部が死亡した人への保険金として支払われたり、また、会社が契約を維持するための費用などにあてられるからです。
　解約返戻金は、保険種類、性別、契約年齢、払込方法（回数）、経過年数、保険期間、保険金額などによってそれぞれ異なります。
　とくに、契約して間もない場合や、定期保険、医療保険などのように保障に重点をおいている保険では、解約返戻金は全くないか、あってもごくわずかとなります。

> **●ポイント**

　解約すると、保障がなくなるだけでなく、その後新たに契約する場合は、以前より契約年齢が高くなっているので保険料が高くなったり、新たに契約するときの健康状態によっては、加入できない場合がでてくるなど、契約者にとって利益になることはありません。契約をどうしても続けられない場合には、保険金額の減額、払済保険や延長（定期）保険への変更など、契約者にとって不利にならない方法を検討してアドバイスすることがポイントになります。

16 配当金の割当と受取方法にはどのようなものがあるか

設問

配当金の割当と受取方法にはどのようなものがあるのでしょうか。

受取方法には、積立（据置）方法・保険金買増方法・相殺方法・現金受取方法の4つがあります

1 配当金の割当方法

有配当保険の配当金は、死差益、利差益、費差益の各利源別に個々の契約に割当が決められます。このうち、利差益のみが配当金として個々の契約に割り当てられるものが、利差配当付保険です。

配当金は、保険種類、性別、契約年齢、払込方法（回数）、経過年数、保険期間、保険金額などによって異なり、契約者間の公平を期しています。

また、通常の配当金[注1]のほか、長期継続契約については特別配当[注2]が割り当てられることがあります。

（注1）配当金には、通常配当と特別配当の2つがありますが、通常配当とは、毎年配当タイプの保険では、通常、契約後3年目の契約応当日から毎年、5年ごと利差配当付保険では契約後6年目の契約応当日から5年ごとに分配される配当金をいいます。
（注2）特別配当とは、一定期間以上の長期継続契約に対して支払われる配当金をいい、死亡や満期などにより保険契約が消滅するときなどに支払われます。

2 配当金の受取方法

有配当保険の配当金は、通常、契約後3年目から支払われます。その理由は、配当金は毎年度末の決算日に、契約してから1年を超えている契約に対して割り当てられ、原則として、その後に到来する契約応当日に支払われるからです。

また、利差配当付保険の配当金は、有配当保険と同様に配当金は割り当てられますが、受け取りを通常、契約後6年目から5年ごととしたものが5年ごと利差配当です。

　たとえば、2013年7月に成立した年払の契約の場合、第1回目の配当金は2015年3月に割り当てられ、第3回目の契約応当日の2015年7月に支払われることになります。

　このように、払込回数と配当回数は2回ずつずれるので、最後のずれた2回分の配当金は契約の満期時に支払われます。

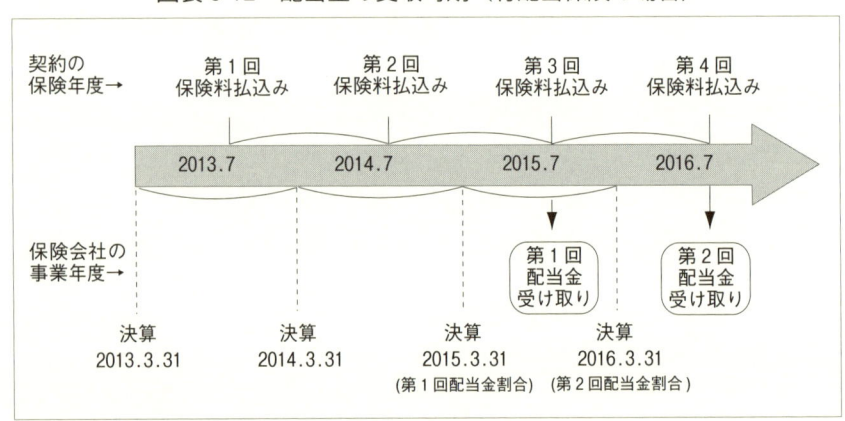

図表6-12　配当金の受取時期（有配当保険の場合）

契約の保険年度→	第1回保険料払込み 2013.7	第2回保険料払込み 2014.7	第3回保険料払込み 2015.7	第4回保険料払込み 2016.7
保険会社の事業年度→			第1回配当金受け取り	第2回配当金受け取り
	決算 2013.3.31	決算 2014.3.31	決算 2015.3.31 (第1回配当金割合)	決算 2016.3.31 (第2回配当金割合)

　配当金の受取方法には次のようなものがありますが、どの方法で配当金を受け取るかは契約時に決めます。

　ただし、保険種類によっては受取方法があらかじめ決められており、選択できない場合もあります。

第6章 生命保険の手続とそのポイント

図表6-13　配当金の受取方法

①積立（据置）方法	配当金に所定の利息（複利）をつけて保険会社に積み立てておき、元利合計額を保険金（満期または死亡）と一緒に受け取る方法。途中で配当金を引き出すこともできる。
②保険金買増方法	配当金を毎年自動的に保険金の買増にあてる方法。死亡・満期時の保険金を増やすことができる。
③相殺方法	配当金の分だけ、保険料から差し引く方法
④現金受取方法	配当金を毎年現金で受け取る方法

●ポイント

配当金は、通常、契約後3年目から支払われます。配当金の受取方法は加入時に決めますが、途中で変更することができる場合もあります。

ただし、保険種類によっては受取方法があらかじめ決められており、選択できない場合があります。

17 保障の見直しのポイントは

> **設問**
> 顧客が現在の加入契約について見直しを考えていますが、そのポイントを教えてください。
>
> 見直しのポイントは、保険種類、保障額、保障期間、保険料払込期間、特約の内容などです

　年齢や環境の変化とともに、保障ニーズが変化し、保障の見直しが必要になることがあります。個人のライフサイクルに照らし、現在の加入契約を保険種類、保障額、保障期間、保険料払込期間、特約の内容などの観点から見直しを行うことが大切です。

　保障の見直しのポイントは、次のとおりです。

① 今後のライフサイクルに照らし、自分のニーズに合った保険種類であるかどうか
② 万一の保障額は十分か（家族の生活資金、配偶者の生活資金、子供の教育・結婚資金など、必要保障額に照らしてどれだけ不足しているか）
③ ライフサイクルに合わせて責任の重い時期をカバーしているか（定年前に保障が切れないか。子供の在学中に保障が切れないか）
④ 保険料払込期間は収入のあるうちに終了するか
⑤ 特約の内容・期間は自分のニーズに合っているか

　以上の見直しを行った結果、各々のニーズに応じて転換、中途増額、あるいは追加契約などを検討していきます。

●ポイント

保障の見直しは、保障の増額・減額や保険種類の変更など、いくつかの方法があるので、自分のニーズや事情にあった最適な方法を選択することが重要で

す。
　なお、契約者に保障の見直しを勧める際は、まずは、保障の見直しに関する諸制度それぞれのしくみと特長などを説明します。さらに、説明を十分に行ったうえで、「契約転換制度」による保障の見直しを取り扱う場合は、「契約転換制度」の利点と合わせて「契約転換制度」の注意点を契約者に説明することが必要です。

18　保険証券を紛失したときは

> **設問**
> 顧客が保険証券を紛失してしまいました。手続きはどうすればよいのでしょうか。

> 印鑑証明書を提出して所定の手続きにより再交付されます

　保険証券を紛失したり、盗難にあったときには、すぐに保険会社に申し出る必要があります。契約者の印鑑証明書の提出など、所定の手続きにより再交付されます。
　保険証券は、保険契約の成立および契約内容を証するために、保険会社から保険契約者に交付される重要な書類です。保険料領収証とともに、保管しておくことが大切です。
　なお、再発行された場合は旧証券は無効となり、後に発見された場合も旧証券を用いて請求することはできなくなるので注意してください。

●ポイント

　万一紛失したときに備えて、証券番号を控えておくことをお勧めします。
　もし証券番号がわからないときでも、契約者の氏名・生年月日がわかれば、保険会社は契約内容を検索することができます。

19 被保険者が死亡したときの保険金の請求方法は

> **設問**
> 被保険者が死亡しました。保険金の請求はどうすればよいでしょうか。

> 万一の際にはまず保険会社に連絡し所定の請求手続きを行います

　被保険者が亡くなっても、保険金受取人から連絡がないかぎり、保険会社はその事実を知ることができません。できるだけ早く保険会社に連絡してください。

　連絡する際に知らせるポイントは次のとおりです。
① 証券番号
② 被保険者の氏名
③ 契約年月日と死亡日
④ 保険金額
⑤ 病死か事故死か、など

　保険会社は連絡を受けると、請求に必要な書類の案内を保険金受取人に送付するので、その案内にしたがって手続きをしてください。

　請求に必要な書類とは、保険会社所定の請求書、保険証券、保険会社所定の死亡診断書、除籍謄（抄）本、印鑑証明書などです。

　所定の手続きを終了すると、特別の事情がない限り、保険会社の本社に請求書類が到着してから1週間ぐらいで保険金が支払われます。

　しかし、契約（あるいは復活）後2年以内の病気による死亡の場合は、死亡の原因が告知義務に違反していないか、また、事故による死亡の場合は原因が故意あるいは重大な過失によるものでないかどうかを確認するため支払いが若干遅れることがあります。

●ポイント

　保険金は受取人の請求によってはじめて受け取れます。被保険者が亡くなったときは、すみやかに保険会社に連絡する必要があります。

　なお、満期保険金については、満期日が近くなると、保険会社から「満期のお知らせ」と共に請求に必要な書類を知らせてくるので、それにしたがって提出期日までに手続きをしてください。

20 生命保険会社が経営破綻したら契約はどうなるか

設問

もし生命保険会社が経営破綻したら契約はどうなりますか。

救済保険会社または生命保険契約者保護機構、もしくは同保護機構の子会社として設立される承継保険会社^(注)に移転され、契約は継続できます

　生命保険会社の経営が破綻した場合、契約者を保護するしくみとして、生命保険契約者保護機構が創設されました(1998年(平成10年)12月1日発足)。

1　保険契約者保護機構の主な業務

　保険契約者保護機構においては、保険業法(第265条の28)に基づき、次に掲げる業務を行います。

① 　保険管理人または保険管理人代理の業務
② 　会員が拠出する負担金の収納および管理
③ 　保険契約の移転等、保険契約の承継、保険契約の再承継および保険契約の再移転における資金援助
④ 　承継保険会社の経営管理その他保険契約の承継に係る業務
⑤ 　破綻保険会社に係る保険契約の引受け並びに当該保険契約の引受けに係る保険契約の管理および処分
⑥ 　補償対象保険金の支払に係る資金援助
⑦ 　保険金請求権等の買取り
⑧ 　「金融機関等の更生手続の特例等に関する法律」の規定による保険契約者表の提出その他これらの規定による業務
⑨ 　会員保険会社に対する資金の貸付け
⑩ 　破綻保険会社の保険契約者等に対する資金の貸付け

⑪ 清算保険会社の資産の買取り

(注)「承継保険会社」とは、保険契約の移転または合併により破綻保険会社の保険業務を引き継ぎ、かつ当該保険契約の管理および処分を行うことを主たる目的とする保険会社で、保険契約者保護機構の子会社として設立されたものをいいます。

2 補償の内容

保険契約の移転等における補償対象契約は、国内における元受保険契約で、その補償限度は、高予定利率契約（破綻時に過去5年間で常に予定利率が基準利率を超えていた契約）を除き、破綻時点の責任準備金等の90％とすることが保険業法等で定められています。

なお、保険契約の移転等の際には、責任準備金等の額の削減に加え、保険契約を引続き適正・安全に維持するために契約条件の算定基礎とする基礎率（予定利率、予定死亡率、予定事業費率）の変更を行う可能性があります。

●ポイント

生命保険契約者保護機構による補償対象契約は国内における元受保険契約で、原則として破綻時点の責任準備金等の90％までが補償されます。ただし、高予定利率の契約は責任準備金等の90％を下回る場合もあります。

また、保険契約移転の際、加入契約の予定利率が引き下げられることもありますが、予定利率が引き下げられれば、終身保険、個人年金保険などの保険金、年金が減額されることになります。

さらに、保険契約移転後も一定期間は早期解約控除が設定され、解約すると解約返戻金が削減されることがあります。

なお、生命保険契約者保護機構と同時に損害保険契約者保護機構が設立されました（損害保険契約者保護機構については第7章を参照）。

第6章 生命保険の手続とそのポイント

図表6-14 生命保険契約者保護機構のしくみ

〈例1〉 破綻した生命保険会社の保険契約を引き継ぐ
救済保険会社が現れた場合
(救済保険会社が保険契約を引き継ぎ、保護機構は法令等にしたがい資金援助を行う)

【イメージ図】

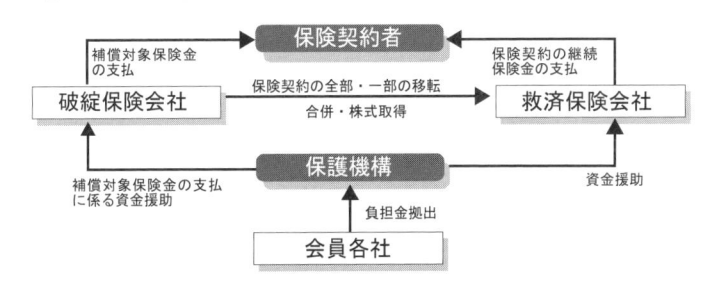

〈例2〉 破綻した生命保険会社の保険契約を引き継ぐ
救済保険会社が現れなかった場合
(救済保険会社が現われなかった場合には、①保護機構の子会社として設立される承継保険会社、もしくは、②保護機構自らが保険契約を引き継ぐ)

【イメージ図】①承継保険会社による保険契約を引き継ぐ

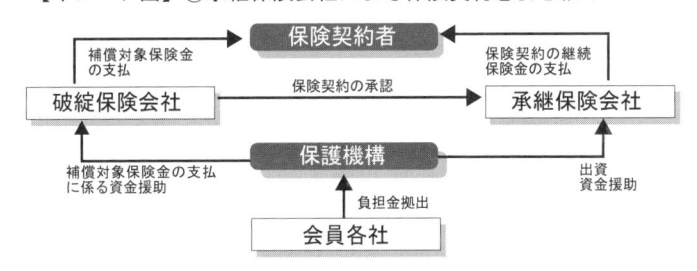

【イメージ図】②保護機構による保険契約の引受け

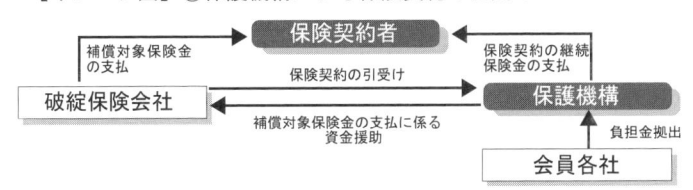

出所：生命保険契約者保護機構編「生命保険会社の保険契約者の保護制度」
(生命保険契約者保護機構、2006年)

1 損害保険にはどんなものがあるか

> **設 問**
> 損害保険には、どのような種類があるのですか。
>
> 家計分野の保険と事業分野の保険に大別されています

1 家計分野の損害保険

ライフプランが「その人のライフサイクルに基づいた生活設計、およびそれを実現するための資金計画」とすれば、ライフプランニングにあたっては、資金形成に加えて、万一の経済的損害も考えて資産を減らさない工夫（リスク管理）が必要となります。

個人が家庭生活を営むうえで、一生涯の間に多くの出来事があり、さまざまなリスクに遭遇することになります。このリスクに対応するものが損害保険ですが、損害保険をリスクの面から大別すれば、

① 住まいの保険
② クルマの保険
③ 身体（からだ）の保険
④ スポーツ・レジャーの保険

の4つに分けることができます。

(1) 住まいの保険

住まいの保険は、建物や家財の火災・爆発事故から、風災・水災・雪災や地震といった自然災害を補償し、事故・災害時に発生する臨時費用や残存物の取り片づけ費用・失火見舞い費用・地震火災費用なども補償する保険です。

補償タイプの保険の主な商品としては、「住宅火災保険」「住宅総合保険」「団地保険」があり、積立タイプの保険には、「長期総合保険」「積立生活総合保険」などがあります。

これらの火災保険にセットして加入する「地震保険」は、最近脚光を浴び

第7章 損害保険のしくみとアドバイスのポイント

ており、住居に使用される建物および家財を対象とし、火災保険の保険金額の30～50％に相当する額の範囲内で保険契約者が任意に選択した額（他の地震保険契約を含めて建物5,000万円、家財1,000万円が限度）を地震保険金額とする内容になっています。

(2) クルマの保険

クルマの保険は、自動車損害賠償保障法の規定によってすべての車に加入が義務づけられている強制保険「自賠責保険（自動車損害賠償責任保険）」と任意保険に分けられます。

「任意保険」は、補償する危険によって、①対人賠償保険、②自損事故保険、③無保険車傷害保険、④対物賠償保険、⑤搭乗者傷害保険、⑥車両保険の6つに分けられます。

また、従来の自動車保険と異なり、担保危険にもとづき、料率、約款および販売方法につきリスク区分を細分化する柔軟性を有するリスク細分型自動車保険が販売されています。

さらに、契約した自動車または他の自動車に乗車中や歩行中に自動車事故で死傷したり後遺障害を被った場合に、自己の過失部分を含めて示談の成立を待たずに、その損害額が保険金額が限度として支払われる人身傷害補償保険（または人身傷害補償特約）も販売されています。その他、保険期間中に無事故あるいは事故が少ない場合に、保険料の一部が返還される、キャッシュバック型（無事故給付型）も販売されています。

(3) 身体（からだ）の保険

日常生活のさまざまな危険に備える傷害保険には、たくさんの種類がありますが、①日常生活上のケガを補償するもの（普通傷害保険など）、②交通事故によるケガを補償するもの（交通事故傷害保険など）、③旅行中のケガを補償するもの（海外旅行傷害保険など）、④老後に備えるもの（年金払積立傷害保険）に分けることができます。

また、補償の対象も、⑤家族全員のためのもの（家族傷害保険など）、⑥女性のためのもの（積立女性保険など）、⑦子どものためのもの（こども総合保険など）、⑧夫婦のためのもの（夫婦ペア総合保険など）とさまざまな種類が

あり、また、住まいの保険などと同様に補償タイプと積立タイプがあります。

傷害保険以外にも、寝たきり・認知症による介護費用を補償する介護費用保険や、ケガ、病気等による所得喪失を補償する所得補償保険などがあります。

(4) スポーツ・レジャーの保険

家計分野の損害保険として急速に普及してきたものの1つがスポーツ・レジャー関連の損害保険です。

スポーツやレジャーの際のケガや、スポーツ・レジャー用品の損害、他人に対する対人・対物賠償などを補償するもので、ゴルファー保険、テニス保険、つり保険、スキー・スケート総合保険、ヨット・モーターボート総合保険、ハンター保険（狩猟保険）など個別のテーマに絞り込んだかたちで用意されています。

2 事業分野の損害保険

企業には、経営上のいわゆる投機的なリスクとは別に、財物や人名を脅かされるなどさまざまなリスクがつきまといます。

企業が継続事業体として安定した事業を発展させていくためには、種々のリスクによる事故の発生防止や、発生する損害の軽減に努めるとともに、万一の事故による経済的負担への備えが肝要です。

企業を取り巻くリスクは、財産（建物・設備・動産）・費用に関するリスク、従業員を取り巻くリスク、第三者への賠償責任のリスクなどに分類することができますが、各々のリスクに対応する損害保険が用意されています。

(1) 財産・費用に関するリスクの保険

工場や作業所では年間約4,000件もの火災や爆発が発生しています。これらの火災・爆発等の事故による直接損害に対応する保険として火災保険があり、生産用の機械・設備類や、ボイラー、受配電設備の破損・故障、電気的な事故による損害を補償する機械保険があります。

直接損害以外に、休業によって被る営業利益の喪失や事故の有無にかかわらず要する固定費の無駄な支出が、間接的な損害となってあらわれます。このような間接損害に対応する保険として利益保険、店舗休業保険、営業継続費用保

第7章 損害保険のしくみとアドバイスのポイント

図表7-1 家庭を取り巻くリスクと主な損害保険

〈傷害の保険〉
- 普通傷害保険
- 積立ファミリー交通傷害保険
- 国内・海外旅行傷害保険
- 所得補償保険

- 日常生活のケガ
- 交通事故によるケガ
- 旅行中のケガ
- 病気やケガによる就業不能など

〈住まいの保険〉
- 火災、落雷、破裂・爆発
- 水災
- 地震・噴火、津波
- 騒じょう・破壊、盗難

- 住宅火災保険
- 住宅総合保険
- 地震保険
- 長期総合保険

〈レジャー・賠償責任の保険〉
- スポーツ・レジャー中の事故によるケガ
- スポーツ・レジャー中の事故による賠償責任
- スポーツ・レジャー用品の損害
- 日常生活の賠償責任

- ゴルファー保険
- スポーツ賠償責任保険
- 個人賠償責任保険

家庭

〈クルマの保険〉
- マイカーの損害など
- 交通事故による賠償責任
- クルマに搭乗中の傷害

- 車両保険
- 対人・対物賠償責任保険
- 搭乗者傷害保険
- リスク細分型自動車保険

□はリスク、■は主な損害保険商品。

出所:赤堀勝彦『損害保険の基礎』(経済法令研究会、1995年)他

険や企業費用・利益総合保険があります。

(2) 従業員を取り巻くリスクに対する保険

労働災害による死傷者は年間約50万人を数え、労働災害により従業員が負傷した場合に事業主は過失の有無にかかわらず、被災者の療養補償、休業補償、損害補償の責任を負い死亡時には遺族等への補償責任を負うことになります。

政府労災による補償では十分でない場合や対応できない場合のリスクに備える保険として、労働災害総合保険や積立労働災害総合保険があり、この保険は法定外補償保険と使用者賠償責任保険の2つの保険から構成されています。

また、従業員各人が保険料を負担する傷害保険の団体契約や、火災保険、自動車保険、積立保険など、給料からチェックオフする団体扱いの制度も広く利用されています。

(3) 第三者への賠償責任のリスクと保険

一般社会の賠償意識の高まりや賠償額の上昇により、賠償事故発生時の経済的負担が増大しており、企業のリスクマネジメントはますます重要となってきています。

企業対象の賠償責任保険は、各種の事業活動を遂行するうえで、不測の事態の発生により他人に損害を与え、法律上の損害賠償責任を負った場合に、損害賠償金や訴訟費用等、企業が被る損害に対して保険金が支払われる保険です。

　企業活動のリスクに対応する賠償責任保険には、施設所有（管理）者賠償責任保険、昇降機賠償責任保険、請負業者賠償責任保険、生産物賠償責任保険（PL保険）、会社役員賠償責任保険（D&O保険）、受託者賠償責任保険、環境汚染賠償責任保険（EIL保険）、企業包括賠償責任保険（アンブレラ保険）、その他特定の事業者を対象にする賠償責任保険など、所有する施設、業務の種類、事故の態様に応じてさまざまな保険があります。

　これらの事業活動分野の保険は、個人生活の保険と比べるとオーダーメード的な性格が強く、リスクの実状に応じて保険を備える必要があります。

●ポイント

　損害保険は、家庭のリスクをカバーする損害保険と、企業のリスクをカバーする損害保険に大別されます。また、家庭のリスクをカバーする損害保険には、「住まいの保険」「クルマの保険」「身体（からだ）の保険」「スポーツ・レジャーの保険」の４つに分けることができます。

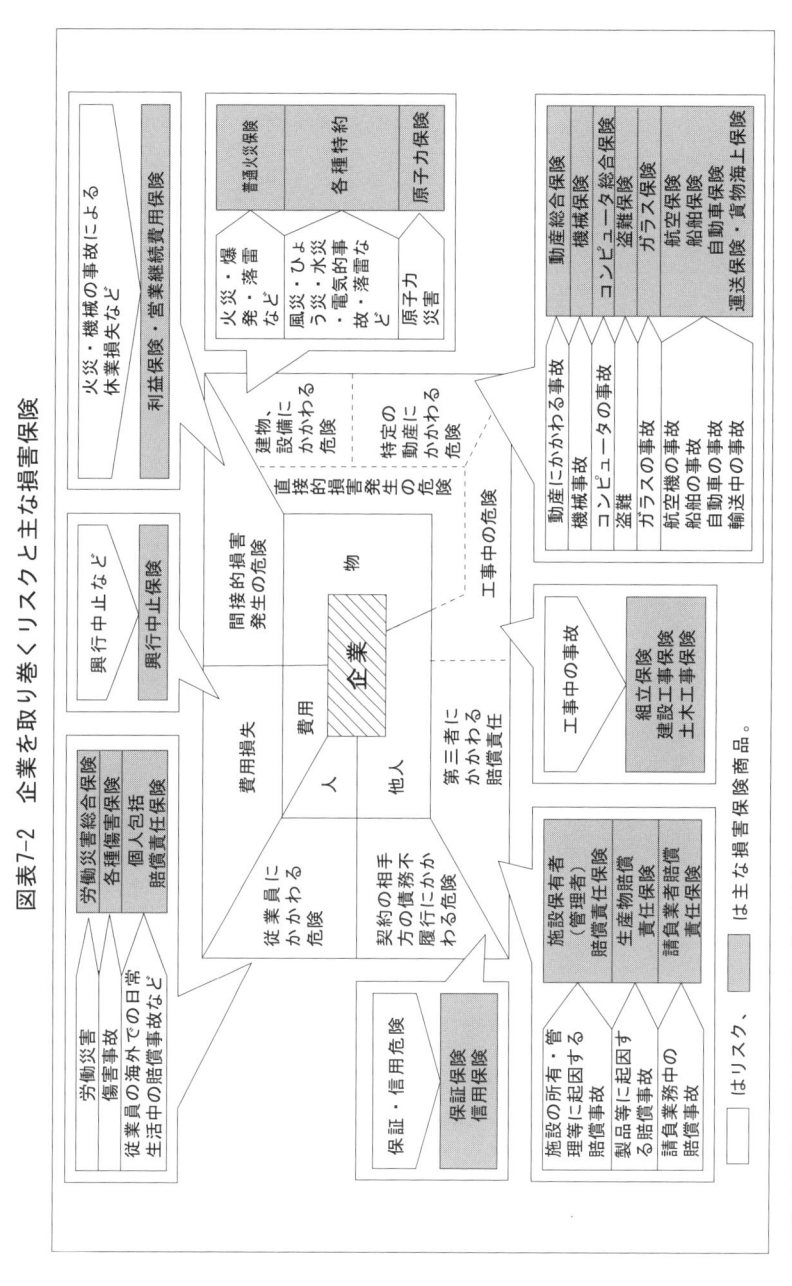

第7章 損害保険のしくみとアドバイスのポイント

図表7-2 企業を取り巻くリスクと主な損害保険

出所：赤堀勝彦『損害保険の基礎』（経済法令研究会、1995年）他

— 201 —

2 火災保険とは

> **設問**
> 火災保険のしくみと種類について教えてください。

建物や家財などの火災・爆発事故から風災・水災・雪災などの自然災害を補償します

1 住まいの火災保険

(1) 住宅火災保険

　住居のみに使用される建物およびそれに収容される家財を対象とする火災保険で、火災、落雷、破裂・爆発、消防活動による水濡れ、風・ひょう・雪災による損害のほか、臨時費用・残存物取り片づけ費用・失火見舞費用・地震火災費用などが保険金として支払われます。

　この「地震火災費用」とは、地震、噴火、津波による火災で建物が半焼以上の被害を受けた場合、あるいは、家財が全焼または家財を収容する建物が半焼以上となった場合に限り、火災保険金額の5％（最高300万円まで）が支払われるというものです。

　ただし、地震などにより建物や家財に直接生じた損害は補償されません。これを補償してもらうためには、地震保険に加入する必要があります。

(2) 住宅総合保険

　住居のみに使用される建物、およびそれに収容される家財を対象として、これにかかる危険を総合的に補償する保険です。

　住宅火災保険と同じ損害を補償するほかに、外来物の落下・衝突、水濡れ、騒じょう・労働争議、盗難、水災などによって生じた損害、持出家財の損害に対して保険金が支払われます。

　なお、台風や集中豪雨などによって発生した洪水、高潮、土砂崩れ、河川の氾濫などの水災事故で建物や家財が損害を被った場合、住宅火災保険や普通火

災保険では保険金が支払われないので・住宅総合保険など総合保険に加入する必要がありますが、保険金支払いについては図表7-3のとおり一定の制限があります。

図表7-3　水災による損害保険金の支払方法

建物・家財	1 保険価額の30％以上の損害の場合	保険金額 × 損害額／保険価額（時価） ×70％	（価額協定保険特約が付帯されている場合は、損害額または保険金額のいずれが低い額×70％）	
	2 1以外で床上浸水を被った場合	保険価額の15％～30％未満の損害	イ．保険金額×10％（1事故・1構内200万円限度）	
		保険価額の15％未満の損害	ロ．保険金額×5％（1事故・1構内100万円限度）	

（注）イ、ロの保険金を合わせて1回の事故について200万円が限度です。また、床上浸水とは、居住の用に供する部分の床（畳敷または板張等のものをいい、土間、たたきの類を除く）を超える浸水をいいます。

(3) 新型火災保険

　財産総合保険や火災総合保険などと称されているもので、保険会社により補償する範囲等が異なることがあります。

　補償内容としては、従来型の保険では充分に補償しきれなかった水災や風・ひょう・雪災害等の実損害を補償し、不測な事態による建物や家財の破損等を新たに補償に加えるものから、補償対象となる災害を従来型の保険商品よりも任意で絞り込むことで保険料を割安に設定できるものなどさまざまなものがあります。（住まいの火災保険の主な補償内容の比較は図表7-4参照）。

(4) 団地保険

　鉄筋コンクリート造りの団地・マンションを対象とした保険で、住宅総合保険と同じ損害（水害を除く）と費用（傷害費用を除く）のほか、修理費用、交通傷害、団地構内での傷害、賠償責任の負担による損害に対して保険金が支払われます。

　つまり、物保険（火災、落雷、破裂・爆発など）、費用保険（臨時費用、残存物取り片づけ費用、失火見舞費用など）、傷害保険、賠償責任保険の4つを

セットした保険で、団地やマンション内で生じる危険を総合的にカバーする内容になっているものです。

なお、通貨や預貯金証書は、保険の目的には含まれませんが、保険証券記載の「住宅」内における盗難損害のときに限り保険の目的になります。

(5) 価額協定保険（特約）

住宅火災保険・住宅総合保険・普通火災保険・店舗総合保険・団地保険に付帯して引き受けられる特約で、建物については再調達価額、家財は再調達価額または時価額で保険金額を設定し、保険金額を限度として実際の保険金が支払われます。なお、この特約は主契約の保険期間が5年を超える長期の保険に付帯して引き受けることはできません。

また、この特約の保険期間は必ず主契約と一致させることになっているため、主契約の保険期間の中途でこの特約を付帯することはできません。

さらに、全損（全焼、全壊）のときは支払われる損害保険金の10％（ただし、1構内（敷地内）での同一事故による保険金を合算して200万円が限度となる）が特別費用保険金としてプラスされるなど、万一の際の再建、復旧に強力な後楯になります。

(6) 長期総合保険

建物・家財等について、住宅総合保険、店舗総合保険と同様の補償内容をもち、家族の交通傷害等も補償する積立保険で、保険期間は3年・5年・10年の3種類があり、満期時には、保険金額の10％に相当する額が満期返戻金として支払われます。ただし、1回の事故で保険金額の80％を超える保険金の支払いがあった場合は、満期返戻金は支払われません。

なお、保険金額が保険価額（時価）の80％以上の場合は、保険金額を限度に実際の損害額が支払われます。また、保険金額が保険価額（時価）の80％未満の場合、次の算式で算出された額が支払われます（ただし、保険金額が限度となります）。

$$保険金 = 損害額 \times \frac{保険金額}{保険価額（時価） \times 80\%}$$

(7) 積立生活総合保険

住居専用・店舗兼住宅などの建物およびその収容家財について、家庭生活に伴う火災、傷害、賠償責任の各危険を包括的に補償する積立保険です。

住宅総合保険に家族傷害保険を付けたような補償内容となっています。

なお、保険金額が保険価額（時価）の70％以上の場合は、保険金額を限度に実際の損害額が支払われます。また、保険金額が保険価額（時価）の70％未満の場合、次の算式で算出された額が支払われます（ただし、保険金額が限度となります）。

$$保険金 = 損害額 \times \frac{保険金額}{保険価額（時価） \times 70\%}$$

(8) 積立マンション保険

分譲マンション向けの積立型火災保険で、マンション管理組合が修繕積立金を保険料の原資として共有部分にこの保険を付け、火災等の事故に備えるとともに、満期返戻金を施設の修繕費用などに充てます。

名称は、積立マンション総合保険、積立マンションライフ総合保険など損害保険会社によって一部異なるが、住宅総合保険等と同様、火災に追加危険を加えた比較的幅広い補償範囲となっています。

図表7-4　住まいの火災保険の主な補償内容の比較

主な損害	火災・落雷・破裂・爆発	風災・ひょう災・雪災	水災	建物の外からの落下・飛来・衝突など	水漏れ	騒じょう・破壊	盗難	持ち出し家財の損害※	日常の突発的な汚損・破損
住宅火災保険	○	△	×	×	×	×	×	×	×
住宅総合保険	○	△	△	○	○	○	△	△	×
新型火災保険（各社の独自商品で、現在の主力商品）	○	○	○	○	○	○	△	△	△

(注) 上記補償内容は一般的な場合です。○は補償されます。△は原則として一定の期限付きで補償されます。×は補償の対象外です。※は家財が対象の保険契約で補償されますが、建物だけの契約では補償されません。

出所：日本損害保険協会の資料を基に作成。

2　事業活動のための火災保険
(1) 普通火災保険

住宅および一定条件の店舗兼住宅を除く、店舗、倉庫、工場などの建物およびその建物に収容されている動産を対象とする火災保険で、一般物件用、工場物件用、倉庫物件用の3種類があります。

① 一般物件用

店舗や店舗兼住宅などの建物および動産などについて、火災、落雷、破裂・爆発、風・ひょう・雪災によって生じた損害のほか、臨時費用、残存物取り片づけ費用（清掃費用などの後片づけ費用）、失火見舞費用、傷害費用、地震火災費用、修理付帯費用、損害防止費用に対して保険金が支払われます。補償内容は住宅火災保険とほぼ同じです。

② 工場物件用

工場などの建物および動産などについて、火災、落雷、破裂・爆発、風・ひょう・雪災、航空機の墜落、車両の衝突、騒じょう・労働争議、給排水・スプリンクラー設備の事故に伴う漏水・放水・溢水によって生じた損害のほか、臨時費用、残存物取り片づけ費用（清掃費用などの後片づけ費用）、失火見舞費用、地震火災費用、修理付帯費用、損害防止費用に対して保険金が支払われます。

③ 倉庫物件用

営業用倉庫などの建物および動産などについて、火災、落雷、破裂・爆発によって生じた損害のほか、臨時費用、残存物取り片づけ費用（清掃費用などの後片づけ費用）、損害防止費用に対して保険金が支払われます。

以上のとおり3種類ありますが、火災保険の拡張担保として、工場物件などの普通火災保険に地震危険担保特約(地震危険補償特約)を付すことにより、地震によって生じた火災およびその延焼の損害、ならびに地震の衝撃によって生じた損壊、埋没等の損害に対して保険金が支払われます。

ただし、ここでいう地震危険担保特約(地震危険補償特約)の補償範囲・保険料等は、家計物件を対象とする地震保険の補償範囲・保険料とは異なります。

また、この特約方式による引受けには、地震保険の場合と異なり、国家再保険は行われません。

（2）店舗総合保険

店舗や店舗兼住宅などの建物とその収容動産^(注)について、住宅総合保険とほぼ同様の損害と費用のほか、修理付帯費用に対して保険金が支払われます。

(注) 工場物件構内にある寄宿舎、寮、合宿所ならびにこれらの収容動産も引受けの対象となります。ただし、屋外設備・装置、野積の動産、電車その他の車両などは店舗総合保険で引き受けることができません。

（3）利益保険（特約）

中規模以上の企業を対象にし、火災等の直接損害による休業の結果生じた利益減少、およびその期間の経常費^(注1)を補償する保険です。利益保険（特約）は、主契約に付帯する必要はなく、独立して引き受けられます（保険の目的には火災保険が付保されていなくてもかまいません）。

この保険では、営業利益と営業費用のうち、固定費を保険の対象とします。収益減少を軽減するために支出した費用も、収益減少防止費用^(注2)として支払われます。

なお、1日当りの粗利益額が100万円以下の中小小売、サービス、卸売業等には店舗休業保険が適しています。

(注1) 人件費・家賃・広告費等のように火災などがあってもなくても常に必要な経費（固定費）のことをいいます。
(注2) たとえば、仮店舗費用など、営業収益の減少を防止・軽減するために必要かつ有益な費用のうち、通常要する費用を超える額をいいます。

（4）店舗休業保険

小売、卸売、サービス業などの店舗や製造業の作業場が、火災などの事故により店舗の営業が休止または阻害されたために生じた粗利益の損失を補償する保険です。

また、建物や地下街の被保険者が占有していない部分が物損害を受けた結果、および電気、ガス、水道等の公共施設が被災した結果営業が阻止された場合にも、損失した粗利益が補償されます。

補償の対象となる危険は、店舗総合保険とほぼ同じになっており、店舗総合

保険と店舗休業保険とを付保しておくことにより、火災をはじめさまざまな危険による直接・間接の損害のほとんど全てを回復することができ、営業活動の維持に役立ちます。

(5) 営業継続費用保険（特約）

　火災等の事故により生じた、営業活動継続のために必要かつ有益な追加費用を補償する保険です。利益保険（特約）と同様、主契約に付帯する必要はなく、独立して引き受けられます。

　店舗などが火災や爆発などの損害を受けた場合、事故が発生したにもかかわらず、事故発生前と同様のサービスを行うため、緊急の対策を講じて営業を継続する必要のある企業があります。営業継続費用保険（特約）は、このような罹災後の緊急費用を補償する保険です。

(6) 企業費用・利益総合保険

　企業の施設・設備が偶然の事故により損害を受けた場合、および不測かつ突発的な原因により構外からの水道・電気・ガス等の供給が中断した場合に被る休業損失、ならびに営業継続費用損失を補償する保険です。

　利益保険（特約）および営業継続費用保険（特約）と類似していますが、補償内容がオール・リスク担保（すべての偶然の事故による損失補償）などで、より充実したものとなっています。

●ポイント

　火災保険は住まいの火災保険と事業活動のための火災保険に分類できます。住まいの火災保険は、建物や家財の火災・爆発事故から、風災・水災・雪災など自然災害まで補償し、事故・災害時に発生する臨時費用や、残存物の取り片づけ費用・失火見舞い費用・地震火災費用なども補償する保険です。

　また事業活動のための火災保険は、工場などの火災・爆発等の事故による直接損害だけでなく、休業によって被る営業利益の喪失などの間接損害も補償する保険です。なお、近年、各保険会社は独自に補償内容を定め、契約者の選択の幅を広げるような新型火災保険商品を販売しており、保険会社により補償内容が異なります。

第7章　損害保険のしくみとアドバイスのポイント

3　銀行窓販専用火災保険とは

> **設問**
> 銀行等による保険窓販の専用火災保険のしくみについて教えてください。

保険期間最長36年（原則として住宅ローンの融資期間と同一）にわたり、保険金額まで実際の損害額を新築価額基準で補償します

1　銀行窓販専用火災保険「すまいの総合保険」の補償内容

　補償の内容は次のとおりですが取扱いは保険会社により異なります。火災、破裂・爆発、風・ひょう・雪災、盗難などの従来の火災保険の補償に加え、破損・汚損等の偶然な事故まで幅広い補償内容となっています。さらに、建替え費用、バルコニー修繕養用、仮すまい費用、建物機能回復費用（防犯装置設置費用・バリアフリー改造費用）などが保険金として支払われます。

2　「すまいの総合保険」の特徴

　主な特徴としては、これまでの火災補償のみならず、「保険金が支払われない場合」（たとえば、保険契約者の故意・重大な過失、戦争・内乱、地震・噴火・津波、原子力危険など）を除いたすべての偶然な事故が補償の対象となります。いわゆるオールリスク補償です。損害の支払いは、時価ではなく、新価基準の実損払（全保険期間にわたる損害額の全額の支払い）です。
　また、建替え費用など、従来の火災保険で対象外の費用が補償されます。

図表7-5 銀行窓販専用火災保険「すまいの総合保険」と「住宅総合保険」「住宅火災保険」の比較

	補償される危険および費用		すまいの総合保険	住宅総合保険	住宅火災保険
損害保険金	火災、落雷、破裂・爆発		○	○(20万円以上の損害のみ)	○
	風災、ひょう災、雪災		○(建物は20万円以上の損害のみ家財は損害額によらず補償)	○(20万円以上の損害のみ)	○(住総に同じ)
	物体の飛来		○	○	×
	水漏れ		○	○	×
	騒じょう		○	○	×
	盗難		○	○	×
	通貨、預貯金証書の盗難		○(5万円限度)	×	×
	小切手、乗車券の盗難			×	×
	水災	損害率30%以上	損害額100%(保険金額限度)	○保険金額×損害割合×70%	×
		床上浸水		○保険金額×10%(200万円限度) ○保険金額×5%(100万円限度)	
	不測かつ突発的な事故		○(他の建物内のみ補償)	○(他の建物内のみ補償)	×
	持ち出し家財(家財)		○	○	×
	電気的、機械的事故(家財)		○	×	×
費用保険金	臨時費用		○	○	○
	残存物取片付け費用		○	○	○
	失火見舞費用		○(50万円×被災世帯数)	○(20万円×被災世帯数)	○(住総に同じ)
	地震火災費用		○	○	○
	仮すまい費用保険金		○	×	×
	水道管修理費用		○	×	×
	障害費用		×	×	×
	修理付帯費用		○	×	×
	特別費用		○	×	×
	ドアロック交換費用		○	×	×
	構内構築物修繕費用(戸建)		○	×	×
	建替え費用(戸建)		○	×	×
	バルコニー等修繕費用(マンション室)		○	×	×
	建物機能回復費用		○	×	×

○……損害が補償される。 ×……損害が補償されない。

第7章　損害保険のしくみとアドバイスのポイント

●ポイント

　銀行窓販専用火災保険は、保険期間最長 36 年にわたる長期火災保険です。ただし、取扱いは保険会社により異なります。たとえば、金融機関集団扱いの「すまいの総合保険」では、全保険期間にわたり、保険金額まで実際の損害額が新築価額基準で支払われます。従来の火災保険では新築価額基準での保険金の支払いは保険期間 5 年までに限られていましたが、この保険では保険期間最長 36 年まで対象としています。

4　地震保険とは

> **設問**
> 地震保険のしくみについて教えてください。

地震、噴火またはこれらによる津波を原因とする火災などの損害を補償します

1　保険の対象

　住居のみに使用される建物およびそれに収容される家財（ただし自動車、30万円を超える貴金属、美術品などは対象外）を対象にして、地震・噴火・津波によって全損、半損または一部損となったときに保険金が支払われます。地震保険は単独では引き受けられないので、専用住宅または併用住宅の建物および家財を目的とする火災保険に付帯して契約します。

　なお、地震保険は、地震発生時の被災者の生活安定に寄与することを目的とした「地震保険に関する法律」の施行（1966年）に基づき実施されています。

2　保険金額の決め方と保険金の支払方法

　地震保険の保険金額は、基本契約である住まいの火災保険の保険金額の30～50％の範囲内で任意に決めます。ただし、他の地震保険の保険金額と合算して、建物5,000万円、家財1,000万円が限度となります。

　損害の程度によって支払われる場合、限度額が図表7-6のように決められています。

　また、1回の事故による損害保険会社全社の支払い保険金の総額が6.2兆円を超える場合には、次の算式により計算した金額に削減されます。

〈算式〉

$$支払保険金 = 全損、半損または一部損の算出保険金 \times \frac{6.2兆円}{算出保険金の総額}$$

第7章　損害保険のしくみとアドバイスのポイント

図表7-6　地震保険金の支払方法

損害の程度	建物に対する保険金支払限度額	家財に対する保険金支払限度額	支払条件
全損	建物の地震保険金額(契約金額)の全額	〈損害割合80%以上〉家財の地震保険金額(契約金額)の全額	保険価額(時価)が限度
半損	建物の地震保険金額(契約金額)の50%	〈損害割合30%以上80%未満〉家財の地震保険金額(契約金額)の50%	保険価額(時価)の50%が限度
一部損	建物の地震保険金額(契約金額)の5%	〈損害割合10%以上30%未満〉家財の地震保険金額(契約金額)の5%	保険価額(時価)の5%が限度

3　地震保険料の割引制度

　地震保険の割引制度は図表7-7のように4種類ありますが、重複適用できないと同時にあくまで地震保険料部分が割引されます。

図表7-7　地震保険料の各種割引制度

種類	割引き率	適用要件
建築年割引	10%	1981年（昭和56年）6月1日以降に新築された建物である場合
耐震等級割引	10・20・30%	「住宅の品質確保の促進等に関する法律」に基づく耐震等級を有している場合
免震建築物割引	30%	「住宅の品質確保の促進等に関する法律」に基づく免震建築物である場合
耐震診断割引	10%	地方公共団体等による耐震診断または耐震改修の結果、改正建築基準法（1981年6月1日施行）における耐震基準を満たす場合

（注）保険開始期が2014年7月1日以降の地震保険について、耐震等級割引は10%・30%・50%に、免震建築物割引は50%に各々割引率が拡大されます。
出所：日本損害保険協会編『日本の損害保険ファクトブック2013』（日本損害保険協会）

●ポイント

　火災保険では、地震、噴火またはこれらによる津波を原因とする火災などの損害は補償されません。これらの災害に備えるためには、火災保険に地震保険をセットして契約する必要があります。

　なお、地震保険の保険金額（契約金額）は火災保険の保険金額の30％～50％（建物5,000万円、家財1,000万円が限度）の範囲で任意に決めます。

　ただし、現在では地震保険に特約を付帯することで、５０％補償を限度とせずに、１００％補償も可能になる場合もあります（地震危険等の上乗せ補償特約のしくみについては、保険会社により異なることがあります）。

　また、地震保険は、政府も保険金の支払い義務を負う公的な側面を持つことから、補償内容・保険料について保険会社間で差異はありません。

5 自動車保険とは

> **設問**
> 自動車保険のしくみと種類について教えてください。

強制保険である自賠責保険（自動車損害賠償責任保険）と、任意保険である自動車保険に大別されます

1 自賠責保険（自動車損害賠償責任保険）

　自賠法（自動車損害賠償保障法）によってすべての車（4輪車だけでなく、2輪車・3輪車、原動機付自転車も含む）に加入が義務づけられている強制保険で、自動車の保有者・運転者が運行によって他人の身体・生命を害した場合に、法律上の損害賠償を負担することによって生じた損害に対して保険金が支払われます。

　つまり、死傷事故の被害者を救済[注]し、加害者に賠償義務を果たさせるための保険です。

　なお、自賠責保険をつけずに自動車および原動機付自転車を運転すると、罰則を受けます。

　ただし、JA（農協）・全労済が行っている自賠責共済契約（補償内容は自賠責保険と同じ）を付している自動車は、自賠責保険をつけなくても運行できます。また、保険金支払いの限度額となる保険金額は、自賠法および同法施行令で定められています。

　死亡については3,000万円、後遺障害については4,000万円（2002年4月より常に介護を要する重度後遺障害に対する保険金額の上限が4,000万円に引き上げられた）、傷害については120万円です。

（注）ひき逃げにあったり無保険車にひかれた被害者を救済するために、政府は自動車損害賠償保障事業を行っているので、被害者は直接政府の保障事業に請求す

れば、補償を受けられます。受付窓口は、保険会社（外国保険会社を除く）で、支払限度額は自賠責保険と同じで、社会保険から給付がある場合はその分は控除して支払われます。なお、政府は被害者に支払ったあと、加害者に求償します。

2　自動車保険（任意保険）

近年は、賠償金額が高額化し、3億円を超えるような賠償判決が出るのも珍しくはない時代です。

自賠責保険だけでは、決して十分な賠償資力とはいえません。任意保険は、自賠責保険では補償されない広範囲のリスクを担い、自動車保険の役割をいっそう高めようとするものです。

(1) 任意保険の補償内容

任意の自動車保険は、補償する危険によって次のように分けられます。

① 対人賠償保険

自動車事故によって他人を死傷させ、法律上の損害賠償責任を負担した場合、自賠責保険で支払われる金額を超える部分に対して保険金が支払われます。

② 自損事故保険

自賠責保険では保険金が支払われない自損事故により、保有者・運転者・その他の搭乗者が死傷した場合に保険金が支払われます。死亡したとき被保険者1名につき1,500万円が支払われます。

また、後遺障害が生じたとき、被保険者1名につき、後遺障害の程度に応じ50～1,500万円が支払われます。

③ 無保険車傷害保険

対人賠償をつけていないなど、賠償資力が十分でない他の車に衝突されて死亡または後遺障害を負った場合に保険金が支払われます。

④ 対物賠償保険

自動車事故によって他人の財産に損害を与え、法律上の損害賠償責任を負担した場合、その損害に対して保険金が支払われます。

⑤ 搭乗者傷害保険

自動車事故で、契約の自動車に乗車中の運転者および同乗者が死亡したり、

第7章 損害保険のしくみとアドバイスのポイント

後遺障害またはケガを被った場合、自賠責保険とは関係なく保険金が支払われます。

⑥ 車両保険

契約の自動車が、衝突、接触、火災、爆発、盗難、台風、洪水、高潮など偶然な事故によって損害を被った場合に保険金が支払われます。

図表7-8 車両保険で保険金が支払われる例（○）と支払われない例（×）

例	判定
①被保険自動車から取り外して車庫の中にあったカーステレオが盗まれてしまった。	×自動車から取り外している付属品の損害は支払いの対象にならない。
②被保険自動車を長い間駐車しておいたところ、バッテリーがあがってしまった。	×自然の消耗による損害は支払いの対象にならない。
③道路に駐車中の被保険自動車が、台風で吹き飛ばされた看板によって破損した。	○物の飛来・落下による損害なので支払いの対象になる。
④道路に駐車中の被保険自動車が、地震によるブロック塀の倒壊で破損した。	×地震による損害は支払いの対象にならない。

(2) 任意保険の最近の傾向

任意の自動車保険は、かつては各保険会社が「自動車保険料率算定会」が決めた保険料を一律に適用し、また全社で同じ補償内容の商品を販売していました。しかし、規制緩和の流れのなかで、各社が独自に補償内容や保険料を設定できるようになったことから、さまざまな内容の自動車保険商品が販売されるようになってきました。

●ポイント

　自動車保険は、強制保険である自賠責保険と任意保険である自動車保険に分けられます。自賠責保険は、自賠法によって保険加入が義務づけられています。
　自動車対人事故に関しては、この自賠責保険と自動車保険のなかの対人賠償保険との2本建て制度となっており、被害者に対する損害賠償額に対して、まず強制保険である自賠責保険でその支払限度額まで支払い、まだ損害賠償額が残っていれば、その自賠責保険の額を超過する額について対人賠償保険の保険金が支払われます。
　この両者の関係から、対人賠償保険は自賠責保険の上乗せ保険であるといわれます。

6 リスク細分型自動車保険とは

> **設問**
> リスク細分型自動車保険のしくみについて教えてください。

担保危険にもとづき、料率、約款および販売方法につきリスク区分を細分化する柔軟性を有する自動車保険です

1 リスク細分型自動車保険とは

　1996年（平成8年）12月の日米保険協議の合意により、大蔵省（現財務省）は、日本の消費者利益をさらに高めることを指向しつつ、担保危険に基づき、料率、約款および販売方法につきリスク区分を細分化する柔軟性を有する自動車保険（通信販売を含む）の申請を、1997年（平成9年）9月1日から認可することになりました。現在、外資系保険会社だけでなく、日本の保険会社でも販売されています。

2 担保危険に基づくリスク区分の細分化とは

　運転者の年齢、性別、運転歴、使用目的、使用類型、地域、車種、車の安全装備、車の複数所有など9つの危険要因に基づく範囲料率を超えた料率のリスク区分の細分化を意味します（図表7-9）。

3 自動車保険の通信販売

　自動車保険の通信販売は、欧米を中心に諸外国で急速に普及した販売方法ですが、それ自体がリスク区分の細分化を意味するものではありません。
　その多くは代理店や保険仲立人（ブローカー）を経由しない保険会社の直販という方法により、リスク区分の細分化料率を使用して低価格の保険料を消費者に提供します。とくにイギリスなどでは、保険会社の直販が一定の市場占有率を獲得しています。

図表 7-9　「リスク細分型自動車保険」の取扱いに関する
大蔵省（現財務省）のガイドライン（事務連絡）

項目（危険要因）	リスク・グループ間の料率格差等
① 年齢	・年齢は「運転者年齢」とする。 ・年齢階層の刻みは自由とする。 ・（最も高い階層と低い階層の）料率格差は、3倍以内とする。
② 性別	・料率格差は男女で1.5倍以内とする。
③ 運転歴	・「運転者の自動車事故の有無、運転経験年数」等を基準とする。
④ 使用目的	・たとえば、「商業用」「個人用」「レジャー用」「通勤・通学用」等、自動車の使用目的・用途を基準とする。
⑤ 使用類型	・たとえば、自動車の「年間走行距離」等を基準とする。
⑥ 地域	・地域は最大で「北海道」「東北」「関東・甲信越」「北陸・東海」「近畿・中国」「四国」「九州（沖縄を含む）」の7つとする。 ・料率格差は、地域間で1.5倍以内とする。 ・ただし、沖縄県は別途許可を受けている沖縄県料率の使用も可。
⑦ 車種	・「自動車の種別（道路運送車両法第3条等）」を基準とする。
⑧ 安全装置	・「エアバック」「ABS（アンチロック・ブレーキ・システム）」等の安全装備の有無を基準として、料率の割引等を行う。
⑨ 複数所有	・自動車の「複数所有・付保」等を基準として、料率の割引等を行う。

（注）上記ガイドライン（事務連絡）は1998年6月8日に廃止されましたが、その趣旨は保険業法施行規則第12条等に盛り込まれています。

●ポイント

　リスク細分型自動車保険は従来の自動車保険と異なり、担保危険にもとづき、料率、約款および販売方法につきリスク区分を細分化する柔軟性を有するもので、外資系保険会社だけでなく日本の保険会社でも販売されています。
　契約者のリスクの大小によって、保険料は従来の保険より安くなるケースと高くなるケースがあります。

第7章　損害保険のしくみとアドバイスのポイント

7　傷害保険とは

> **設問**
> 傷害保険のしくみと種類について教えてください。

「急激かつ偶然な外来の事故」によるケガを補償する保険です

1　傷害保険の特徴

　人間の身体の健全さを損なう原因を大別すれば、「病気」と「ケガ」に分類することができますが、そのうち「ケガの部分」を対象とするのが傷害保険です。

　交通事故をはじめとして、日常生活ではさまざまな原因で大ケガをしたり、命を失うことがあります。これらのリスクによる「遺族の生活保障」「後遺障害による損害」「入院や通院時の休業補償」「治療費などの補償」機能を有する保険が傷害保険です。

　ただし、ケガであればすべてが対象となるわけではなく、「急激かつ偶然な外来の事故」が原因のケガに限定されています。ここでいう「急激な」事故とは、自動車の衝突事故などのように突発的なものをいい、「偶然な」事故とは、事故の発生が偶然で予知できない事故をいい、「外来の」事故とは、身体の外部からの作用による事故をいいます。また、傷害保険で支払われる保険金には、死亡保険金、後遺障害保険金、入院保険金、手術保険金、通院保険金があります。

　傷害保険の保険金は、火災保険や自動車保険などの損害保険のように、実際に生じる損害額に応じて支払保険金が変化する「実損払」ではなく、生命保険と同様に、あらかじめ定められた金額が、事由に沿って支払われる「定額払」です（ただし、たとえば、海外旅行傷害保険の治療費については、定額ではなく実費が支払われます）。そのために、たとえば、ケガで入院した場合に健康保険などから給付金が出たり、加害者から損害賠償金が支払われたりしていても、これらと無関係に傷害保険からは約定された保険金が支払われます。

2　傷害保険の種類

(1) 普通傷害保険・積立普通傷害保険

　国内外を問わず、家庭内、職場内、通勤途上、旅行中など日常生活の中で起こるさまざまなケガが補償されます。

　支払われる保険金には、死亡保険金・後遺障害保険金および入院保険金・通院保険金・手術保険金があります。また、特約により、家族が国内で日常生活において負担する賠償責任が補償されます。

　なお、毒物による中毒（細菌性食物中毒は除く）も、急激・偶然・外来の要件を満たせば保険金支払いの対象となります。

　積立普通傷害保険は、普通傷害保険に満期返戻金、保険料の振替貸付、契約者貸付など積立にかかわる機能をもたせる内容の積立型基本特約をセットし、保険期間を3年から20年（整数年）と長期に設定するものです。

(2) 家族傷害保険・積立家族傷害保険

　1つの保険証券で家族全員を被保険者とし、家庭内はもちろん、職場内、通勤・通学途上など、さまざまなケガについて保険金が支払われるもので、いわば普通傷害保険の家庭版です。

　この保険は、普通傷害保険と補償内容は共通ですが、普通傷害保険が個人を補償の対象とするのに対し家族全員を補償の対象とするものです。

　そのほか、特約により本人およびその家族が国内で日常生活において負担する賠償責任を補償すること、また、被保険者の範囲を夫婦のみに限定することができます。

　積立にかかわる機能は積立普通傷害保険の場合と同じです。

(3) こども総合保険・積立こども総合保険

　満23歳未満の子どもを対象にして、子どもが日常生活で被るケガのほか、扶養者がケガにより死亡した場合等の育英費用、賠償損害に対して保険金が支払われる子ども専用の保険です。積立にかかわる機能は積立普通傷害保険の場合と同じです。

(4) 夫婦ペア総合保険・積立夫婦ペア総合保険

　夫婦を対象として、1つの保険金額（死亡・後遺障害）を共有し、本人およ

び配偶者が日本国内または国外において被ったケガ、賠償責任、携行品損害のほか、生計維持者死亡、家事労働費用に対して保険金が支払われる夫婦専用の保険です。

積立にかかわる機能は、積立普通傷害保険の場合と同じです。新婚夫婦を対象とし、複産児の誕生や新生児のケガによる入院に備える特約もあります。

(5) 青年アクティブライフ総合保険・積立青年アクティブライフ総合保険

被保険者が日常生活において被ったケガのほか、レンタル業者に対する賠償損害、旅行やコンサートなどのキャンセル費用等に対して保険金が支払われます。

また、日本国内・国外を問わず携行品に損害が生じた場合、その修繕費または時価額が保険金として支払われます。さらに、就業中にケガを被った場合には、傷害保険金を2倍にして支払われる点に特徴があります。

積立にかかわる機能は、積立普通傷害保険の場合と同じです。

(6) 交通事故傷害保険

国内外を問わず、交通事故および建物や交通乗用具の火災によってケガをし、そのケガによって入院したり、後遺障害が生じたり、死亡した場合に保険金が支払われる保険です。

そのほか、特約によって、ケガによる通院や日常生活に起因する賠償責任も補償されます。

(7) ファミリー交通傷害保険・積立ファミリー交通傷害保険

1つの保険証券で家族全員を被保険者として、交通事故および建物や交通乗用具の火災によるケガ（交通事故傷害保険で補償されるケガ）に対して保険金が支払われる保険です。

そのほか、特約によって、ケガによる通院や日常生活に起因する賠償責任も補償されます。

積立ファミリー交通傷害保険は、積立にかかわる機能（満期返戻金、保険料の振替貸付、契約者貸付等）を持たせ、保険期間を長期に設定したものです。

(8) 積立女性保険

主婦、OLなどすべての女性を対象とした女性専用の積立保険で、被保険者

である女性が国内・海外旅行中や軽スポーツ中を含め、日常生活において被るケガ・賠償損害・携行品の損害に対して包括的に補償されます。

さらに、特約により、ケガを被り入院し家事ができなくなった場合のホームヘルパー雇入れの費用も補償されます。

(9) 利率保証型積立傷害保険（確定拠出年金積立傷害保険）

確定拠出金制度向けの積立傷害保険で、毎月の拠出金に対して設定した予定利率を、一定期間（5年、10年）保証する商品です。

保証期間終了後は、継続保険料に対し新たな予定利率が適用され、次の保証期間中はその予定利率が保証されます。

傷害保険であるため、ケガによる死亡時には資産残高に一定額を上乗せした保険金が支払われます。

(10) 国内旅行傷害保険

観光・商用などの国内旅行のために、住居を出発してから帰宅するまでの間に被ったケガに対して保険金が支払われる保険です（ただし、病気は対象外）。支払われる保険金には、死亡保険金、後遺障害保険金、入院保険金、手術保険金、通院保険金があり、特約により賠償事故や携行品の損害、捜索救助費用などが補償されます。

補償内容は、普通傷害保険と基本的に同じです。ただし、細菌性食物中毒は、保険金支払いの対象になります。

(11) 海外旅行傷害保険

被保険者が海外旅行のために住居を出発してから帰宅するまでの間に被ったケガに対して、保険金が支払われる保険です。ケガによる死亡・後遺障害に対する保険金の支払方法は普通傷害保険と同じですが、ケガにより医師の治療を受けた場合は、治療費用保険金として、定額ではなく治療に要した実費が支払われます。

海外旅行傷害保険は、特約により、病気および賠償責任、旅行携行品の損害、被保険者が傷害事故・遭難により被保険者等が支出を余儀なくされた費用・損害などを1つの保険証券でカバーできる保険です。

また、この保険ではガス中毒等の急性中毒と細菌性食物中毒は対象になりま

第7章　損害保険のしくみとアドバイスのポイント

す。さらに、地震、津波、噴火によるケガは特約なしで補償されます。

　なお、山岳登はん、リュージュ、ボブスレー、スカイダイビング、ハンググライダー搭乗などの危険な運動等を行っている間に被ったケガについては、保険契約者が割増保険料を支払っていない場合、普通傷害保険では免責となるのに対し、この保険では死亡保険金・後遺障害保険金または治療費用保険金が削減して支払われます。

　また、最近は「海外旅行保険」の商品名で各種のリスクを総合的に補償する商品のほか必要な補償だけ選んで契約する、いわゆるバラ売りの商品も販売されています。

　海外旅行傷害保険の正しいつけ方のアドバイスは次のとおりです。

① 　一般に海外に出かける場合、万一、飛行機が墜落した場合どうするかということで、死亡時の保険金額（契約金額）が注目されがちですが、実際の支払の実態をみると、ケガや病気による治療費用に対する補償が大いに役立っていることがわかります。
　　したがって、加入の際には死亡保険金額の大きさだけではなく、ケガや病気の治療費用に対する補償も十分にしておく必要があります。

② 　たとえば旅行先で重体になり日本に緊急移送する際などには、高額な費用が必要になるので、救援者費用の保険金額を十分に設定しておくことも必要です。

③ 　万一、事故が発生したときは、事故の日時、場所、被害者名、事故状況、保険証券番号などをただちにクレーム・エージェント、保険会社または代理店に連絡します。事故の日から30日以内に連絡がないと、保険金が支払われない場合があるので注意が必要です。

●ポイント

　傷害保険は、偶然な事故によるケガで死亡・後遺障害などを負った場合に減少を余儀なくされる収入、不時の支出および得ることができなかった収入を補う機能を持っています。近年目覚ましく普及し、火災保険および自動車保険とともに最も大衆に密着した保険となっています。

8 所得補償保険とは

> **設問**
> 所得補償保険のしくみについて教えてください。
>
> 病気やケガで就業不能となった場合の所得喪失を補償する保険です

　国内外を問わず、病気やケガで就業不能となった場合に被保険者が喪失した所得を補償する保険です。

　特約をセットすることにより、ケガによる死亡・後遺障害についても保険金が支払われます。特徴はケガだけでなく病気も補償されることであり、各種の社会保険等による休業補償制度を補完して、休業時の補償の完全化を図るという機能を果たしています。

　なお、保険期間中、無事故であれば、満期時に保険料（傷害特約の保険料を含み、賠償責任危険担保特約保険料を除く）の所定の割合（20％）が契約者に返戻されます（無事故戻し(注)）。

（注）保険期間を2年以上の長期間に設定するための特約をつけた長期所得補償保険には、保険期間満了時において、保険期間中無事故の場合に支払われる無事故戻し返戻金制度はありません。

　また、積立所得補償保険は、所得補償保険に積立型基本特約を付帯した保険で、保険金が支払われる事故の対象は所得補償保険と同じですが、保険期間は3～10年で、満期時に満期返戻金と契約者配当金が支払われます。

> **●ポイント**
> 　所得補償保険は、国内・海外を問わず、日常生活から業務従事中までほとんどの病気・ケガを補償します。また、特約によりケガによる死亡・後遺障害も併せて補償します。

9 債務返済支援保険とは

> **設 問**
> 債務返済支援保険のしくみについて教えてください。

ローン債務者が病気やケガで就業不能となった場合のローン返済を支援する保険です

1 債務返済支援保険の概要

　債務返済支援保険は、ローン債務者が病気やケガで就業不能となり、長期間にわたって所得が減少した場合に、重い負担となるローン返済を支援するため、一定年数または完済日まで、ローン債務者に月々のローン返済相当額が保険金として支払われる保険です。
　支払われる保険金の算出方法は次のとおりです。

支払われる保険金＝保険金の額×業務に全く従事できない月数
（てん補期間を限度）

図表7-10　債務返済支援保険のしくみ（例）

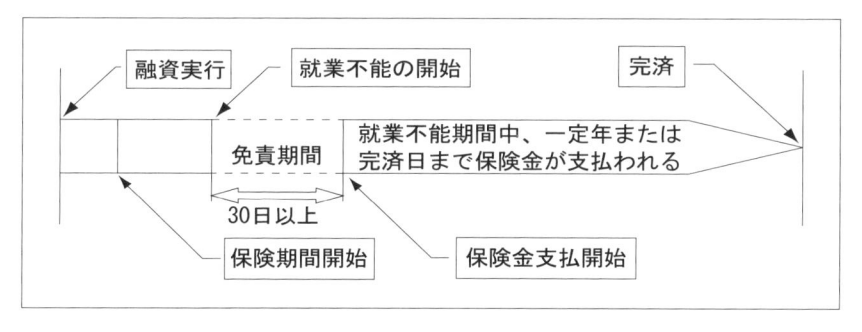

```
┌─────────────────────────────────────────────────┐
│  融資実行    就業不能の開始              完済      │
│     ↓           ↓                        ↓        │
│           ┌──免責期間──┬─就業不能期間中、一定年または─┐
│           │            │  完済日まで保険金が支払われる │
│           └────────────┴───────────────────────────┘
│             ←30日以上→                             │
│           保険期間開始    保険金支払開始            │
└─────────────────────────────────────────────────┘
```

2 債務返済支援保険の契約形態等

契約形態および補償内容等を表にまとめると、図表 7-11 のとおりです。

図表 7-11 債務返済支援保険の契約形態等 (注)

保険契約者	金融機関等
被保険者	ローン利用者
保険料負担者	ローン利用者本人または金融機関等
保険金受取人	ローン利用者（受取人指定・保険金請求権の質権設定は不可）
加入資格	満 20 歳以上満〇〇歳以下で、勤労所得のある健康な者（新規加入は満 60 歳まで）
加入資格の喪失	以下の事由に該当する場合は本保険の加入資格を喪失する。 ①債務が完済されたとき（被保険者が、死亡または高度障害により、団体信用生命保険金による弁済を受けた場合を含む） ②金銭消費貸借契約が取消または解除されたとき ③満 71 歳に達したとき ④勤労所得を喪失したとき（被保険者が保険金支払いを受けるべき就業障害となり、これを直接原因として勤労所得を喪失した場合を除く） ⑤任意に脱退したとき（被保険者死亡時を含む）
健康状態の告知	加入に際しては、各被保険者から健康状態に関する告知書を提出してもらい、その内容によって加入の諾否を決定する
保険期間	1 年間（毎年更改手続を行う）。なお、個々の被保険者単位には加入資格を喪失するまでの間、自動継続となる。
てん補期間	返済期間の範囲内で一定期間または完済時までのいずれか選択
保険金額	ローンの年間返済額の 1/12 を限度として設定する

（注）上記の内容は、保険会社により条件等も含めて異なることがあります。

3 債務返済支援保険の特徴

本保険は、金融機関等の信用供与機関もしくは信用保証機関またはその事業者団体を契約者とするローン利用者向けの専用商品であり、それ以外の人の個別加入はできません。

金融機関等およびローン利用者のメリットを整理すると、以下のようになります。

第7章　損害保険のしくみとアドバイスのポイント

〈金融機関等のメリット〉
① 団体信用生命保険による死亡・高度障害への補償に、ケガ・病気による長期就業障害への補償を加えて、ローン利用者の返済資力を高め債権保全に役立つこと（ただし保険金請求権への質権設定はできない）
② ローンの付加価値を拡充し、多様化する顧客ニーズへの対応力を強化すること

〈ローン利用者のメリット〉
① 団体信用生命保険による死亡・高度障害への補償に、ケガ・病気による長期就業障害への補償が加えられることで、万一のときにもローン返済が補償されるため安心して生活設計ができること
② 加入時にはローン利用者（被保険者）本人の健康状態につき簡単な告知書をとりつけるだけで、医師の診断は不要であること

4　団体信用生命保険との比較

　債務返済支援保険は、債務完済前に債務者である被保険者がケガ・病気で一定の日数を超える就業不能となった場合に、再び就業可能になるまで、一定期間または債務完済まで月間返済額に相当する金額を保険金額として支払われます（図表7-12参照）。
　一方、団体信用生命保険は、債務完済前に債務者である被保険者が死亡、所定の高度障害になったとき残債額に相当する金額を保険金額として支払われます（図表7-13参照）。

図表 7-12　債務返済支援保険の場合

図表 7-13　団体信用生命保険の場合

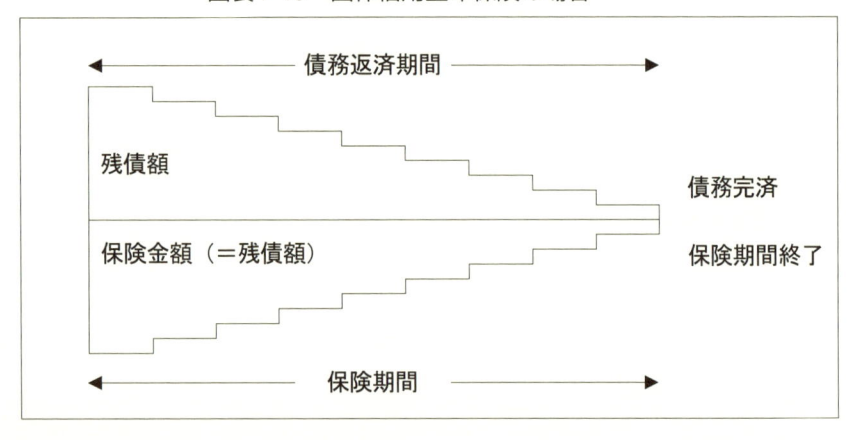

●ポイント

　債務返済支援保険は、病気やケガによる就業障害（入院または医師の指示による自宅療養を含む）が免責期間を超えて継続した場合に、てん補期間の範囲内で保険金が支払われる保険です。

　この保険は金融機関等の信用供与機関もしくは信用保証機関またはその事業者団体を契約者とするローン利用者向けの専用商品であり、それ以外の者の個別加入はできません。

第7章　損害保険のしくみとアドバイスのポイント

10　医療費用保険とは

> **設問**
> 医療費用保険のしくみについて教えてください。

ケガや病気で入院した場合に自己負担した治療費用や入院の諸費用を補償する保険です

　被保険者が、日本国内でケガや病気により入院した場合、入院中に要した費用のうち、公的医療保険制度等のもとで支払われない実際の損害部分を、一定の範囲で補償する保険です。健康保険や国民健康保険等の公的医療保険制度を利用して入院した場合に要した費用のうち、被保険者が一部負担すべき額（一部負担金）および差額ベッド代、付添者の雇入費用、高度先進医療費に対して保険金が支払われます。ただし、これらは実損てん補であるため、他の制度から給付がなされる場合には、その給付額が控除されます。
　この保険に加入できる者は、公的医療保険制度の被保険者、組合員およびこれらの者の被扶養者です。

●ポイント

　医療費用保険は、ケガや病気により日本国内の病院または診療所に入院した場合に、公的医療保険制度では給付されない一部負担金や標準負担額、差額ベッド料、高度先進医療のための費用などに備える保険です。
　なお、第三分野の自由化により、最近は医療費用保険の代わりにさまざまなタイプの医療保険を販売する損害保険会社が増えています。

11 介護費用保険とは

> **設問**
> 介護費用保険のしくみについて教えてください。

「寝たきり」または「認知症」により介護が必要になった場合の諸費用を補償する保険です

　被保険者が老齢・病気または事故などを原因とする寝たきりまたは認知症によって介護が必要な状態（要介護状態）であるとの医師の診断を受け、その日から継続して要介護状態にある期間が180日（保険会社によっては、90日あるいは30日）を超えた場合に、180日（保険会社によっては、90日あるいは30日）の待機期間も含めて費用を負担したことにより被った損害が支払対象です。

　支払われる保険金は、①医療費用・介護施設費用保険金（療養のため、病院・診療所または介護施設に支払った費用に対する保険金）、②介護諸費用保険金（在宅介護、有料老人ホームでの介護、病院・診療所での入院による介護および介護施設での8日以上の入所による介護の各形態に応じて支払う保険金）、③臨時費用保険金（介護用車椅子、ベッド、ポータブル浴槽などの購入、住宅の改築などの費用に対する保険金）の3種類があります。保険期間は終身です。

　「寝たきりのみ担保特約」あるいは「認知症のみ担保特約」をつけることにより、寝たきりのみ、認知症のみを補償の対象とすることができます。

　さらに、被保険者が要介護状態となり、保険金の支払対象となった場合には、保険料の払込免除制度があります。

　また、要介護状態ではなく、保険契約が解除された場合や被保険者の死亡により保険契約が終了した場合において、被保険者の満年齢が満75歳に達していなかったときは、所定の方法により計算した返戻金が支払われます。

　なお、積立介護費用保険は、介護費用保険に積立型基本特約を付帯して、積

第7章　損害保険のしくみとアドバイスのポイント

立期間満了時には返戻金が支払われる保険です。

> ●ポイント
>
> 　介護費用保険は、「寝たきり」または「認知症」により介護が必要な状態であるとの医師の診断を受け、その日から介護が必要な状態が一定期間を超えて継続した場合の介護に要した諸費用に備える保険です。
> 　また、契約の際には医師の診断は不要（健康状態告知書の提出は必要）です。
> 　なお、第三分野の自由化、その他の影響から、2007年度以降、介護費用保険を販売中止とするところが相次いでいます。最近は、保険金支払の対象となる要介護状態の範囲を拡大したり、特約を付加した新しい介護保険商品が一部の損害保険会社から発売されています。

12　年金払積立傷害保険とは

> **設問**
> 年金払積立傷害保険のしくみについて教えてください。

積立保険のしくみを用いた損保型個人年金商品で、保険期間中のケガによる死亡・後遺障害を補償する保険です

1　年金払積立傷害保険の概要

　2013年4月より厚生年金と共済年金の報酬比例部分相当の支給年齢引き上げが始まりました。1961年4月2日以降に生まれた男性は60歳の退職後、65歳まで年金は受給できません。雇用延長で働く人は多いですが、働けない場合もあります。5年の空白期間を乗り切る手段の一つとして注目されているのが、年金払積立傷害保険です。

　年金払積立傷害保険は、日本国内・国外を問わず、保険期間中のケガによる死亡・後遺障害を補償するとともに、保険期間中の中途から毎年、あらかじめ決められている金額の年金（給付金）が支払われる積立タイプの傷害保険です。

　被保険者は働き盛りの間に保険金を積み立てて、老後に給付金を年金払いで受け取る損保型個人年金商品です。

　なお、保険期間は保険料払込期間に据置期間および給付金支払期間を加えた期間から1年を減じた年数となります。

2　契約タイプ

　契約タイプは、給付金支払期間中、被保険者の生死にかかわらず給付金が支払われる「確定型」と、給付金支払期間を保証期間と非保証期間とに分け、保証期間中については被保険者の生死にかかわらず給付金が支払われ、非保障期間中については、被保険者が生存し保険契約が有効である場合に限り給付金が支払われる「保証期間付有期型」の2種類があります。

　ただし、いずれのタイプでも、同一年度内に死亡・後遺障害保険金額の全額

を支払う事故が発生した場合には、保険契約は終了し、以後の給付金は支払われません。また、給付金の受取方法には定額型と逓増型があり、逓増型は年金受取開始時の基本給付金額の5％の額が、毎年前年の基本給付金額に上乗せされるタイプです。

3 年金払積立傷害保険の特徴
(1) 将来の資金準備に最適な積立タイプの保険
　働き盛りの間に保険料を積み立てて、老後に給付金として年金払で受け取る損保型個人年金商品です。さらに運用が予定利回りを超えた場合、配当金（増額給付金・加算給付金）を上乗せして受け取れます。
(2) 万一の場合のワイドな死亡・後遺障害補償
　契約時から給付受け取り終了までの間に、交通事故や火災などの不慮の事故に遭い、死亡したり後遺障害を被った場合に保険金が支払われます。
(3) 加入時の医師の診断は不要
　加入の際、医師の診断も健康状態の告知も不要です。

●ポイント
　年金払積立傷害保険は、一定期間保険料を払い込んだ後、約定した給付金が年金払の形で支払われるとともに、保険期間満了までの間、ケガによる死亡・後遺障害に備える保険です。
　給付金の支払条件により「確定型」と「保証期間付有期型」の2つのタイプがあります（ただし、現在販売されている商品のほとんどは「確定型」です）。

13 スポーツ・レジャー保険とは

> **設問**
> スポーツ・レジャー保険のしくみと種類について教えてください。

スポーツやレジャーの際のケガや用品の損害、賠償事故を補償の対象とする保険です

1 スポーツ・レジャー保険の特徴

週休2日制の定着や大型連休の増加にともなって、スポーツやレジャーは年々多様化し、新たなリスクを生み出しています。スポーツやレジャーによるリスクは死亡事故や後遺障害、ケガによる入院・通院といった傷害事故のほかに、他人への損害賠償、スポーツ・レジャー用品の破損・損傷による損害などがあります。

こうしたリスクに対して特定のスポーツやレジャーについて総合的に備えるのが各種のスポーツ・レジャー保険です。スポーツ・レジャー関係の保険は、一言でいうと、傷害保険と賠償責任保険を組み合わせて、スポーツ・レジャー中に起こる自分自身のケガや他人への賠償責任を補償の対象とする保険です。

2 スポーツ・レジャー保険の種類

スポーツ・レジャー保険には、ゴルファー保険、テニス保険、ハンター保険(狩猟保険)、つり保険、ヨット・モーターボート総合保険、スキー・スケート総合保険、ホリデー・レジャー総合保険、スポーツ賠償責任保険などがあります。

(1) ゴルファー保険

国内外でゴルフの練習・競技または指導中に起こした事故によって負担する賠償損害を補償する保険で、特約をセットにすることにより、ゴルフ場内でのケガ、用品の盗難・破曲損、ホールインワン・アルバトロス費用(国内の場合のみ)が保険金として支払われます。

また日常生活でのケガも補償し満期返戻金が受け取れる積立ゴルファー保険もあります。

(2) テニス保険

日本国内のテニス施設内において行うテニスの練習・競技もしくは指導中に起こした事故によって負担する賠償責任、本人のケガ、テニス用品の盗難およびラケットの折損または曲損を総合的に補償する保険です。

(3) ハンター保険（狩猟保険）

日本国内において、ハンターが狩猟中等に起こした事故によって負担する賠償損害を補償する保険です。また、特約をセットすることにより、ケガ、銃器等の盗難・破曲損、猟犬の死亡に対して保険金が支払われます。

(4) つり保険

魚釣りの目的で自宅から出てから帰宅するまでの間に生じたケガ、漁具損害、賠償責任、捜索救助費用を一括して補償する保険です。

ただし、法令で禁じられている地区・期間のつり、外国でのつり、釣り堀におけるつりおよび職業的つりはこの保険の対象とはなりません。

(5) ヨット・モーターボート総合保険

日本国内におけるレジャー用のヨットやモーターボートを対象として、船体の損害に賠償責任を補償する保険です。また、特約をセットすることにより、搭乗者傷害、捜索救助費用に対し保険金が支払われます。

(6) スキー・スケート総合保険

日本国内においてスキー・スノーボード等の雪上滑走スポーツ全般、およびスケートの練習・競技または指導中に起こした事故によって負担する賠償損害を補償する保険で、特約をセットすることにより、ケガ、用品の盗難・破損等に対して保険金が支払われます。

なお、契約タイプとしては、スキーヤー用のスキーのみ補償タイプ（スキー保険）、スキー＋スケートの総合補償タイプ、それとスノーボーダー用の雪上滑走スポーツ（スキー含む）補償タイプ（スノーボード保険）、雪上滑走スポーツ＋スケートの総合補償タイプなどがあります。

(7) ホリデー・レジャー総合保険

休日およびレジャーを目的とした国内・外での宿泊をともなう旅行中に生じたケガ、賠償損害、携行品損害等を補償するレジャー専用の保険です。

(8) スポーツ賠償責任保険

日本国内において、特定のスポーツの練習・競技または指導中に起こした事故によって負担する賠償損害を補償する保険です。

●ポイント

スポーツ・レジャー関係の保険は、ケガや賠償事故を補償するだけではありません。

たとえば、テニスではプレー中にラケットを折ってしまったなどの用品の損害、ゴルフでは用品の損害はもちろんホールインワンやアルバトロスの達成による思わぬ出費を補償する保険もあります。

なお、損害保険各社は加入件数が少ない保険商品や特約の付帯により複雑化した商品の販売停止や統廃合を進めている現状にあります。

14 個人の賠償責任保険とは

> **設 問**
> 個人賠償責任保険のしくみについて教えてください。

特定のスポーツ・レジャーに限定せず、日常生活におけるあらゆる対人・対物の賠償事故の損害を補償する保険です

1 保険の対象

その名のとおり、個人が日常生活において生じた偶然な事故により他人の身体・生命を害し、または他人の財物に損害を与えた場合に、法律上の賠償責任を負担することによって被る損害に対して支払われる保険で、家族全員が被保険者となります。

支払われる保険金は賠償金のほか、訴訟費用や弁護士費用、応急手当や護送費用などを含みますが、賠償金額の決定については事前に保険会社の同意が必要です。

なお、職務遂行上の賠償事故、自動車による賠償事故、預かっている物(たとえば、知人から借用したカメラ)に対する賠償責任については補償の対象になりません。

2 保険金支払い対象となる事故

(1) **被保険者が居住する証券記載の住宅(敷地内の動産、不動産含む)の所有、使用、または管理に起因する偶然な事故**

たとえば、次のような事故です。
① 家の屋根瓦が飛んで、通行人にケガをさせてしまった。
② 庭に設置していた滑り台が腐食していたため、遊びにきた近所の子どもがケガをした。

(2) **被保険者の日常生活に起因する偶然な事故**

たとえば、次のような事故です。
① キャッチボールをしていて、子どもが隣の窓ガラスを割ってしまった。
② ペットの犬が近所の子どもに噛みついてケガをさせた。
③ デパートで買物中、誤って商品を壊してしまった。
④ 料理で客が食中毒を起こしてしまった。
⑤ 自転車で買物や通勤・通学途上に通行人に衝突し、ケガをさせてしまった。

●ポイント

この保険の対象となるのは、私生活としての日常に伴って生じる損害賠償責任であるため、職務上または職業上の損害賠償責任は免責となります（自転車で商品を運搬中の事故などは対象外）。職務遂行であるか否かの判断については、政府労災保険（労働者災害補償保険）上の「業務上」の解釈が一つの目安となっています。

15 積立保険とは

> **設問**
> 積立保険のしくみについて教えてください。

保険本来の補償機能に加え、満期時には満期返戻金等が支払われるという貯蓄機能も併せもった保険です

1 積立保険の特徴

　積立保険は、その貯蓄機能がいわゆる"掛捨て"を嫌うわが国の国民性にマッチしたことに加え、多様なニーズに応えて新商品の開発や既存商品の改善を重ねてきたため、損害保険における主力商品のひとつとして利用されてきました。

　ポイントは、次の5点です。

① 満期時に満期返戻金および契約者配当金（積立保険料の運用が予定利回りを超えた場合）が支払われること
② 保険期間が2年以上（ただし、積立介護費用保険の保険期間は終身）の長期であること
③ 補償内容が、ケガの補償・子どもの補償・老後の補償など、バラエティーに富んでいること
④ 急な資金需要が生じた契約者のための貸付制度（キャッシング・サービス）があること
⑤ 払込方法が多様化されていること（一時払、年払、半年払、月払）

図表7-14　積立保険のしくみ

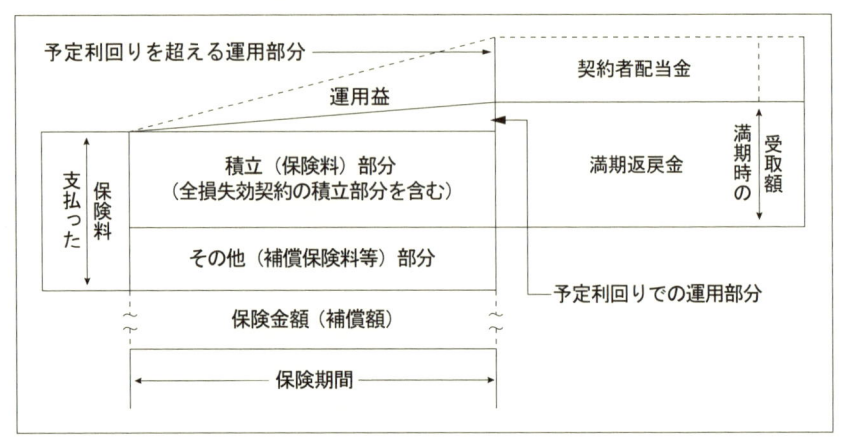

2　主な積立保険の種類

火災分野・傷害分野において品ぞろえも豊富です。主なものを挙げれば、次のとおりです。

① 火災分野

長期総合保険・積立団地保険・積立生活総合保険・積立マンション保険・満期戻総合保険など

② 傷害分野

積立普通傷害保険・積立家族傷害保険・積立ファミリー交通傷害保険・積立夫婦ペア総合保険・積立こども総合保険・積立女性保険・積立所得補償保険・年金払積立傷害保険・財形貯蓄傷害保険・財形年金傷害保険・財形住宅傷害保険など

③ その他の分野

積立介護費用保険・積立動産総合保険・積立労働災害総合保険など

第7章 損害保険のしくみとアドバイスのポイント

>●ポイント

　積立保険では、全損事故（たとえば、長期総合保険では、保険金額の80％超 の支払いがあった場合に全損事故となる）があれば保険金が支払われますが、その時点で契約は失効するため、満期返戻金などは支払われません。

　ただし、それ以外の場合は、保険金の支払いが何回あっても保険金額は減額されず、契約は満期日まで有効です。

16 生産物賠償責任保険（PL保険）とは

> **設問**
> 生産物賠償責任保険（PL保険）のしくみについて教えてください。

各種の商品・製品の欠陥などによる賠償責任、あるいは作業の結果に起因する賠償責任を対象とする保険です

1 PLとは

　PL（Product Liability：製造物責任）とは、製品の欠陥により、消費者等の第三者に身体上の障害または財産上の損害を負わせた場合に、その製品の製造業者等が被害者に対して負うべき法律上の損害賠償責任をいいます。

　製品の安全性をめぐり企業に厳しい責任を課すPLは、特に1960年代よりアメリカで発展し、わが国でも大きな注目を集めています。わが国では、1995年（平成7年）7月1日に製造物責任法（PL法）が施行され、それ以降の製品化からこの法律が適用になり、最近では、日本企業にとってPLはもっとも重要な法律問題の一つとしてクローズアップされてきました。

　従来の一般不法行為法（民法第709条）では、製品事故の被害者が損害賠償を受けるためには製造業者等の「過失」を立証する必要がありますが、PL法では製品の「欠陥」の立証のみでよいとされ、これにより損害賠償請求が起こしやすくなると考えられます。

2 生産物賠償責任保険の対象

　この保険が対象としているのは「法律上の賠償責任」ですから、製造物責任法上の責任だけでなく、民法上の責任も対象となります。生産物賠償責任保険では、被害者に支払うべき損害賠償金のほか、弁護士費用等も補償されます。補償の限度額は保険契約時に設定した限度額です。

　具体的には、対人事故につき被害者1名当りと1事故当りの限度額を設定

し、対物事故につき1事故当りの限度額を設定します。なお、それぞれ1事故当りの限度額が保険期間中の総支払限度額となります（対人事故、対物事故共通の限度額を設定することも可能です）。

ただし、リコール等に伴う費用や欠陥品の修理費用等は保険金支払いの対象にはなりません（別途、生産物回収費用保険で補償されます）。

3　保険金支払い対象となる事故

主な事故例は、次のとおりです。
① 家庭用カビとり剤を使用していた主婦が、使用直後に急性気管支炎になった。
② カラーテレビの欠陥により失火事故が発生して自宅が全焼し、家人が焼死した。
③ 石油ファンヒーターの設計に欠陥があり、一酸化炭素中毒が発生し、中毒死した。
④ 健康食品に不純物が混入していたため、摂取した消費者が死亡した。

ただし、いずれのケースも、被保険者（製造業者等）に損害賠償責任が発生することが前提となります。

●ポイント

保険の対象となる製品の範囲は、被保険者が製造・販売または提供し、日本国内において使用される製品です。

被保険者が取り扱う全製品とするのが一般的で、この保険の契約以前に製造・販売した製品についても対象となります。ただし、輸出品は対象外となり、別の輸出PL保険でカバーされます。

17 会社役員賠償責任保険 （D＆O保険）とは

> **設問**
>
> 会社役員賠償責任保険（D＆O保険）のしくみについて教えてください。

役員がその地位に基づいて行った業務の結果、会社または第三者に損害を発生させた場合に役員個人が負うリスクを対象とする保険です

1 会社役員賠償責任保険とは

　会社の役員としての業務につき行った行為に起因して、保険期間中に損害賠償請求がなされたことにより役員が被る法律上の損害賠償金および争訟費用（弁護士費用等）に対して、保険金が支払われる保険で、D&O 保険（Directors and Officers Liability Insurance）とも呼ばれています。

2 会社役員賠償責任保険の特徴

　次のような特徴を備えています。
　① 保険契約者は通常は会社で、被保険者として対象となる役員の範囲は広く、加入する会社の全役員が対象となるほか、子会社（海外子会社も含む）の役員を対象に含めることも可能です。
　② 海外の株主、取引先、従業員等からの損害賠償請求も対象となるなど、保険の適用地域は原則として全世界に及びます。
　③ 損害賠償金ばかりでなく、弁護士費用等の争訟費用についても保険金が支払われます。
　④ 保険料は、企業会計上は他の損害保険と同様に損害処理ができます。

　特にアメリカにおいては、株主、取引先、従業員などから会社役員個人の責任を追及する訴訟が多発しており、この保険の契約がない場合には役員のなり手がないという状況です。そのため、アメリカにおいては、会社が役員のためにD&O 保険を手配することがほぼ常識となっており、アメリカのワイアット

社の D&O 調査レポートによれば、80％以上の会社が D&O 保険を手配しているとのことです。

わが国の企業においても、外国人株主が増加していることや、1993 年（平成 5 年）10 月に施行された改正商法により、株主代表訴訟に必要な手数料が請求額に関係なく一律に 8,200 円となったことで、株主代表訴訟が増加し、現在、脚光を浴びている保険です。

3　保険金の支払方法

会社役員賠償責任保険の保険金の支払いについては、通常縮小てん補割合（95％以下）が設定されているため、保険金は、保険の支払対象となる損害額から免責金額を差し引いたものに縮小てん補割合を掛けたものが支払われます（ただし、損害てん補限度額とする）。

なお、役員がたとえば取締役の承認を経ずに会社と利益相反取引を行った場合や、職務に関して不正の請託を受けて利益の供与を受けた場合、その他犯罪行為である場合、法令に違反することを認識しながら行った行為である場合などに対しては、保険金は支払われません。

●ポイント

1993 年 10 月 1 日に施行された改正商法により、株主代表訴訟に関する訴訟手数料が一律 8,200 円に改定され、株主代表訴訟の提起が容易となりました。企業経営のリスクとして会社役員賠償責任リスクを認識する必要があります。このリスクに対応する保険が会社役員賠償責任保険（D&O 保険）です。

18　海上保険とは

> **設問**
> 海上保険のしくみについて教えてください。

船舶・貨物等が沈没・座礁・火災・衝突等の海上危険によって被る損害を補償する保険です

　海上保険は、船舶を対象とする「船舶保険」と、貨物を対象とする「貨物保険」に大別されます。
　たとえば、貨物を積載した船舶が航海中に座礁して、船舶や貨物が滅失・損傷すれば、船舶や貨物の所有者は損害を被ります。そして、損害はこの船舶や貨物自体の物的損害にとどまらず、船舶所有者（船主）は、座礁のために荷物の運送が完了しなければ貨物の所有者（荷主）に運送費を請求できず、その結果、その航海のために支出した燃料、食料等の船費も回収できないことになります。さらに、修繕中は船舶が稼働できないために、経済的損失を被ります。荷主もまた、貨物が無事目的地に到着したならば得られたはずの希望利益を失うことになります。
　このほか、海上危険が発生すれば、船主や荷主は救助費用や損害の防止・軽減のための損害防止費用を支出しなければなりません。船主は自船が他船に衝突し、相手船とその貨物に損害を与えれば、衝突損害賠償責任を負担することになります。
　このように、海上危険の発生によって生じる各種の損害に対して保険金が支払われるのが海上保険です。

第 7 章 損害保険のしくみとアドバイスのポイント

図表 7-15 海上保険の分類

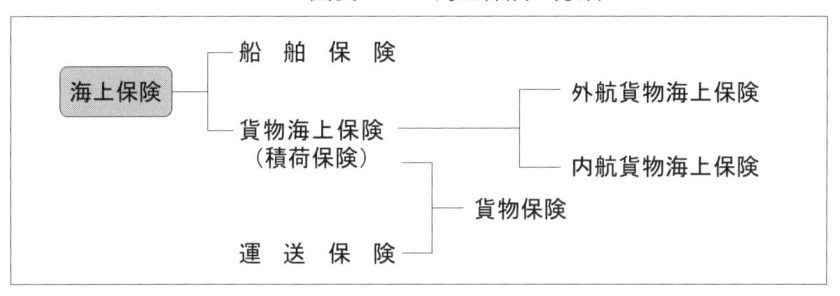

```
                  ┌─ 船 舶 保 険
                  │                      ┌─ 外航貨物海上保険
  海上保険 ───────┼─ 貨物海上保険 ──────┤
                  │   （積荷保険）       └─ 内航貨物海上保険
                  │                 └─ 貨物保険
                  └─ 運 送 保 険
```

●ポイント

　海上保険は船舶保険でも貨物保険でも、火災保険、自動車保険、傷害保険などとは違って、私たちの日常の生活のなかで利用する機会の少ない保険です。船舶保険をつけるのは海運業者であり、貨物保険をつけるのは貿易商社がほとんどです。海上保険は商人の保険といわれており、また代表的な企業保険の一つです。

19　地震保険料控除とは

> **設問**
> 個人が損害保険の保険料を支払った場合、所得税の負担が軽減される制度について、その具体的な内容を教えてください。

地震保険料控除として、最高 50,000 円が控除されます

1　損害保険料控除の改組

2006 年（平成 18 年）度税制改正において、2007 年（平成 19 年）1 月 1 日から地震保険料控除が創設され、2006 年 12 月 31 日をもって損害保険料控除が廃止されることになりました。

2　地震保険料控除の創設

(1)　地震保険料控除の対象となる契約

火災保険（積立型を含みます）に付帯される居住用家屋または生活用動産を保険の目的とする地震保険契約の保険料が控除対象となります。

(2)　控除の対象となる限度額

地震保険料控除の限度額は、所得税の場合、地震保険料の全額について最高 50,000 円、住民税の場合は、地震保険料の 2 分の 1 について最高 25,000 円です。

上記の改定は 2007 年 1 月 1 日以後の所得税について適用されることとなりました。また、住民税については 2007 年の所得をベースに 2008 年（平成 20 年）に納付する住民税から適用されます。

なお、損害保険契約に適用される生命保険料控除の対象となる所得補償保険、医療費用保険、介護費用保険等については変更ありません。

第7章　損害保険のしくみとアドバイスのポイント

図表 7-16　地震保険料控除の対象額等

種類	控除対象額	適用時期
所得税	地震保険契約にかかる保険料の全額（最高 50,000 円）	2007 年分以降の所得税について適用（注）
住民税	地震保険契約にかかる保険料の 2 分の 1 に相当する額（最高 25,000 円）	2008 年度分以降の個人住民税について適用（注）

（注）所得税・住民税いずれの場合も、2007 年 1 月 1 日以後の支払い保険料が対象になります。

(3) 経過措置

　2006 年 12 月 31 日までに締結された長期損害保険契約（保険期間 10 年以上の満期返戻金付契約）については、従前の損害保険料控除（所得税 15,000 円限度、住民税 10,000 円限度）が適用されます。この場合、経過措置による長期損害保険契約の控除額と地震保険料控除額を合計した控除限度額は、所得税で 50,000 円、住民税で 25,000 円となります。

図表 7-17　控除対象額の限度

	控除対象となる契約	所得税	住民税
①	地震保険料控除の対象契約	50,000 円	25,000 円
②	経過措置として損害保険料控除の対象となる契約	15,000 円	10,000 円
③	①と②が適用される場合	50,000 円	25,000 円

●ポイント

　2006 年度税制改正により、従来の損害保険料控除が改組され、地震保険料控除が創設されました。ただし、経過措置により、一定の条件を満たす長期損害保険契約等については、従来の損害保険料控除が適用されます。控除額は、地震保険料控除と長期損害保険料控除を合算して、所得税は 50,000 円、住民税は 25,000 円が限度となります。

　所得補償保険、医療費用保険、介護費用保険等の保険料は生命保険料控除の対象となり、損害保険料控除の対象外です。

20 損害保険の保険金を受け取ったときはどのような税金がかかるか

> **設問**
> 個人が損害保険金を受け取った場合は保険金に対する課税はどうなっているのでしょうか。

火災保険金などのように非課税となる場合と、死亡保険金のように何らかの課税対象になる場合があります

1 火災保険の保険金

家屋や家財が、火災、爆発などによる損害を受けたために受け取った保険金は「非課税」です。家屋や家財の損害額が保険金を上回った場合は、雑損控除の対象になります。

2 自動車保険の保険金

(1) 賠償保険金

被保険者に支払われる保険金は、所得が生じないので課税されません。また、個人が取得した損害賠償金・見舞金は人身事故・物損事故のいずれによるものであっても非課税です。

(2) 車両保険金

車両事故により被保険者に支払われる保険金は課税されません。

(3) 搭乗者傷害保険金

① 死亡保険金の取扱い

(イ) 搭乗者が保険料を負担しているとき

搭乗者の相続人が受け取った保険金には、相続税が課税されます。

(ロ) 保険金受取人が保険料を負担しているとき

保険金を受け取った者の一時所得として所得税が課税されます。

(ハ) 第三者が保険料を負担しているとき

保険金を受け取った者は、第三者から贈与を受けたものとみなされて、贈与税が課税されます。
(二) 法人・個人事業主が保険料を負担しているとき
　死亡した役員や従業員の相続人が受け取った保険金には、相続税が課税されます。
② 後遺障害保険金・医療保険金の取扱い
　保険料の負担が誰であるかを問わず、被保険者が受け取る医療保険金・後遺障害保険金は非課税です。
(4) 自損事故保険金
　前記搭乗者障害保険金と同様の取扱いになります。
(5) 無保険車傷害保険金
　被保険者や被保険者の父母、配偶者、子が受け取る無保険車傷害保険の保険金は、賠償保険の保険金と同様に扱われ課税されません。

3　傷害保険の保険金
(1) 死亡保険金
　個人契約の傷害保険または積立傷害保険で、保険事故の発生に伴い受け取る死亡保険金は契約形態により次のようになります。

図表7-18　死亡保険金を受け取ったときの課税関係

契約形態	契約者 (保険料負担者)	被保険者	死亡保険金受取人	課税関係
1	個人	個人 (契約者)	個人の相続人	相続税 (みなし相続財産)
2	個人	個人 (契約者)	第三者	相続税 (みなし遺贈)
3	個人	第三者	個人 (契約者)	所得税(一時所得) ・住民税
4	個人	第三者	第三者の相続人 (契約者以外の者)	贈与税 (みなし贈与財産)

(2) 後遺障害保険金・入院保険金・通院保険金

本人または家族の身体傷害によりこれらの保険金を受け取ったときは、保険料負担者に関係なく非課税です。

4　所得補償保険の保険金

所得補償保険の保険金を受け取ったときは非課税です。

5　介護費用保険の保険金

介護費用保険の保険金を受け取ったときは非課税です。

●ポイント

所得税法では、「損害保険契約に基づく保険金および損害賠償金で、心身に加えられた損害または突発的な事故により資産に加えられた損害に起因して支払われるものは非課税（死亡事故は除く）」と規定しています。したがって、個人が受け取る火災保険金、自動車保険金および傷害保険金等は死亡保険金を除き、原則として非課税です。

21 満期返戻金・契約者配当金等を受け取ったときはどのような税金がかかるか

> **設問**
> 個人が積立保険の満期返戻金や契約者配当金などを受け取った場合の課税関係はどうなっているのですか。

受取人が契約者かそれ以外かで、所得税・住民税か贈与税がかかります

1 満期返戻金等の一時所得の計算

(1) 積立火災保険・積立傷害保険・積立新種保険の場合

積立保険の満期返戻金と契約者配当金は契約者（保険料負担者）と受取人が同一人の場合、「一時所得」として所得税・住民税の課税の対象になります。

この場合の一時所得の計算方法は、次のとおりです。

課税対象額＝

〔（満期返戻金＋契約者配当金－払込保険料総額）－特別控除額（50万円）〕×$\frac{1}{2}$

---

(2) 積立介護費用保険の場合

積立介護費用保険の積立期間が満了した場合の満了時返戻金に対する一時所得を計算する場合は、上記の「払込保険料総額」に相当する金額は、下記の計算式で求められます。

課税対象額＝

〔（満期返戻金＋契約者配当金）－控除対象保険料(注)－特別控除額（50万円）〕×$\frac{1}{2}$

（注）控除対象保険料は、次の計算式で計算します。

$$控除対象保険料 = \{(支払った積立介護費用保険の保険料総額) - (補償部分の保険料総額)\} \times \left(1 - \frac{積立期間の年数}{被保険者の契約時または転換時の余命年数^{(注)}}\right)$$

（注）余命年数は、所得税法施行令別表「余命年数表」によります。

$\frac{積立期間の年数}{被保険者の契約時または転換時の余命年数} > 1$ となる場合は「1」として計算します。

図表7-19 満期返戻金等を受け取ったときの課税関係

契約者	被保険者	満期返戻金等を受け取る人	税務上の取扱い
夫	誰でもよい	夫	一時所得として所得税・住民税が課税される。ただし、他の一時所得と合算した額から特別控除額50万円を差引いた金額の2分の1が所得に算入される。
夫	誰でもよい	契約者以外の者（妻子等）	保険金受取人に贈与税が課税される。ただし、基礎控除として110万円が控除される。

2 源泉分離課税の対象となる場合

次の3つの要件にすべて合致する契約に限り、他の所得と区分して、20.315％（所得税15％、復興特別所得税0.315％、住民税5％）の源泉分離だけで課税関係は完了します。

① 保険料の払込期間が一時払のものであること
② 保険期間が5年以下（5年を超える契約でも5年以内に解約されたものを含む）のものであること
③ 補償倍率（満期返戻金に対する保険金額の倍率）が5倍未満のものであること

3 雑所得の計算

年金払積立傷害保険の給付金については雑所得扱いとなり、他の所得と合算のうえ、総合課税されます。雑所得の計算式は、次のとおりです。

雑所得金額＝（基本給付金＋増額給付金＋加算給付金）－必要経費

なお、必要経費は以下の算式で求められます。

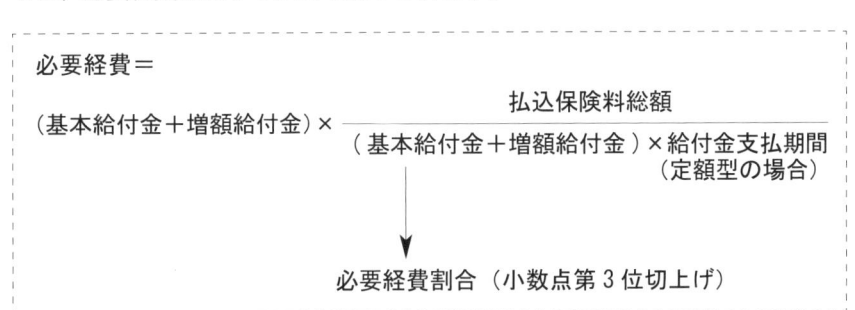

必要経費＝

（基本給付金＋増額給付金）× $\dfrac{払込保険料総額}{（基本給付金＋増額給付金）×給付金支払期間}$ （定額型の場合）

↓

必要経費割合（小数点第3位切上げ）

また、保証期間付有期型の給付金支払期間は、次の①、②のいずれか短い期間を適用します。

① 保証期間と余命年数(注)のいずれか長い期間

（注）余命年数は、所得税法施行令別表「余命年数表」によります。

② 給付金支払期間

また、個人契約者が受け取る解約返戻金は一時所得扱いとなり、他の所得と合算のうえ総合課税されます。

●ポイント

契約者自身（保険料負担者）が保険期間満了時に受け取る満期返戻金・契約者配当金等は一時所得として扱われ、他の一時所得と合算して課税額が計算されます。なお、一定の要件に合致した場合には源泉分離課税の対象となり、他の所得と区分して取り扱われます。

さらに、満期返戻金（配当は含まず）等の支払額が100万円を超えると保険会社から所轄税務署へ支払調書が提出されます。

22　損害保険会社が経営破綻したら契約はどうなるか

設問

もし損害保険会社が経営破綻したら契約はどうなりますか。

救済保険会社または損害保険契約者保護機構、もしくは同保護機構の子会社として設立される承継保険会社に移転され、契約は継続できます

　保険会社の経営が破綻した場合、契約者を保護するしくみとして、生命保険契約者保護機構と同時に損害保険契約者保護機構が設立されました（1998年（平成10年）12月1日発足）。また、保険会社の経営破綻を未然に防ぐために早期是正措置が導入されました。

1　損害保険契約者保護機構のしくみ

　万が一損害保険会社が破綻したときには、保険業法に基づき設立された損害保険契約者保護機構が、補償対象契約について、破綻保険会社の保険契約の移転や保険金支払いに関する資金援助を行うこと等により契約者の保護が図られます（図表7-20）。

第7章　損害保険のしくみとアドバイスのポイント

図表7-20　損害保険契約者保護機構のしくみ

〈例〉　破綻した損害保険会社の保険契約を引き継ぐ救済保険会社が現れた場合

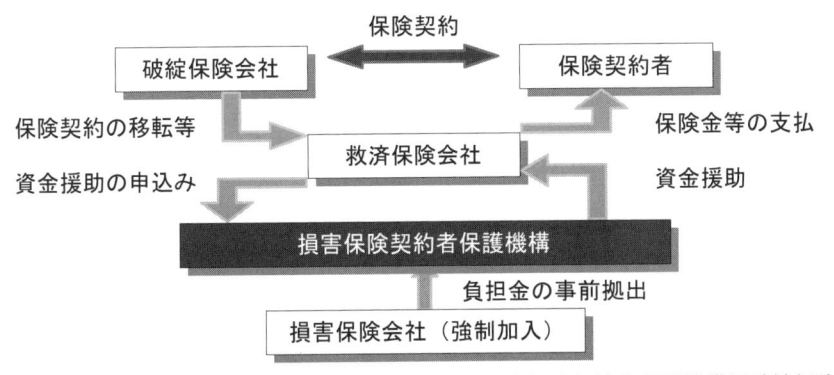

```
                    保険契約
   ┌─────────┐ ←─────→ ┌─────────┐
   │破綻保険会社│           │保険契約者│
   └─────────┘           └─────────┘
  保険契約の移転等  ↓   ↑              保険金等の支払
                  ┌─────────┐
                  │救済保険会社│
  資金援助の申込み  └─────────┘           資金援助
                     ↓   ↑
            ┌──────────────────┐
            │損害保険契約者保護機構│
            └──────────────────┘
                      ↑ 負担金の事前拠出
            ┌──────────────────┐
            │損害保険会社（強制加入）│
            └──────────────────┘
```

(注)　救済保険会社が現れなかった場合には、損害保険契約者保護機構が破綻保険会社の保険契約を引き継ぎ、保険契約の継続を図ります（すべての保険契約が引き継ぎの対象となります）。また、損害保険契約者保護機構により子会社として設立された承継保険会社が破綻保険会社の保険契約を引き継ぐ方法もあります。

出所：日本損害保険協会編『日本の損害保険ファクトブック2013』（日本損害保険協会）

2　補償の内容

損害保険契約者保護機構による補償の対象となる契約は図表7-21のとおりです。

図表7-21　損害保険契約者保護機構による補償の対象となる契約

> (1) 保険契約者が、個人・小規模法人（常時勤務する職員数が20人以下の日本法人等）・マンション管理組合である場合、損害保険契約者保護機構による補償の対象となります。
> (2) 下表中、★印のない保険（「火災保険」と「その他の損害保険」以外の保険）は、保険契約者を問わず補償の対象となります。

補償割合は、保険契約ごとに異なります。		保険金支払	解約返戻金満期返戻金など
損害保険（下記以外）	自賠責保険、家計地震保険	補償割合（100％）	
	自動車保険	破綻後3ヵ月間は保険金を全額支払（補償割合100％） 3ヵ月経過後は補償割合80％	補償割合80％
	火災保険（★）		
	その他の損害保険（★） 賠償責任保険、動産総合保険、海上保険、運送保険、信用保険、労働者災害補償責任保険など		
疾病・傷害に関する保険	短期傷害（注1） 特定海旅（注2）	補償割合90％（注4）	
	年金払型積立傷害保険（注3） 財産形成貯蓄傷害保険 確定拠出年金傷害保険		補償割合90％（注4）
	その他の疾病・傷害保険 上記以外の傷害保険、所得補償保険、医療・介護（費用）保険　など		補償割合90％（注4） 積立型保険の場合、積立部分は80％となります。

（注1）短期傷害とは、いわゆる傷害保険で保険期間1年以内の保険契約が該当します。

（注2）特定海旅とは、いわゆる海外旅行傷害保険が該当します。

（注3）年金払型積立傷害保険とは、いわゆる年金払積立傷害保険のほとんどが該当します。

（注4）高予定利率契約に該当する場合は、補償割合が90％から追加で引き下げられます。高予定利率契約とは、その保険料・責任準備金の算出の基礎となる予定利率が、破綻時から遡って過去5年間、基準利率（2013年7月時点では3％）を常に超えていた保険契約をいいます（保険期間が5年を超えるもの、あるいは契約内容が同条件のまま5年を超えて自動継続されているものが対象となります）。

出所：日本損害保険協会編「日本の損害保険ファクトブック2013」（日本損害保険協会）を基に作成。

3 早期是正措置

　保険会社の経営破綻を未然に防ぐための行政による監督手法で、保険契約者の保護を図ることを目的としています。

　保険会社のソルベンシー・マージン比率が200％を下回った場合に、金融庁長官によって早期に経営の健全性の回復を図るため、早期是正措置がとられます。

　なお、金融商品取引法の改正によって、2012年3月31日から保険持株会社および保険会社を頂点とする子会社などを含むすべての保険グループ（銀行・証券会社等の金融子会社を除く）を対象とする「連結ソルベンシー・マージン比率」が導入されることになりました。新基準においては、ソルベンシーリスク計測の厳格化が行われ、従来の基準に比べソルベンシー・マージン比率が低下する場合もありますが、従来の制度と同様、その数値が200％以上であれば「保険金等の支払能力の充実の状況が適当である」とされています。

$$\text{ソルベンシー・マージン比率（\%）} = \frac{\text{資本金・準備金等の支払余力}}{\text{通常の予測を超える危険} \times 1/2} \times 100$$

図表7-22　早期是正措置の主な内容

保険金等の支払能力の充実の状況に係る区分	ソルベンシー・マージン比率	措置の内容
非対象区分	200％以上	なし
第一区分	100％以上 200％未満	● 経営の健全性を確保するための改善計画の提出・実行
第二区分	0％以上 100％未満	● 保険金支払能力を充実させる計画の提出・実行 ● 配当、役員賞与の禁止または抑制 ● 営業所、事務所などの業務の縮小など
第三区分	0％未満	● 業務停止命令（全業務または一部の業務）

●ポイント

　損害保険契約者保護機構は、生命保険契約者保護機構と基本的には同様のしくみですが、補償については生命保険が一部契約を除いて、原則として責任準備金等の90％まで補償されるのに対して損害保険は次のように契約の種類により異なります。

1　保険金が100％補償される契約
　自賠責保険（自動車損害賠償責任保険）、家計地震保険
2　破綻後3ヵ月間は保険金が100％補償（その後80％補償）される契約
　自動車保険、個人契約等の火災保険、保険期間1年以内の傷害保険、個人契約等の賠償責任保険・動産総合保険等
3　保険金が90％（積立型保険の場合の積立部分は80％）補償される契約
　保険期間1年超の傷害保険、年金払積立傷害保険、財形・確定拠出年金傷害保険、所得補償保険、医療・介護（費用）保険などの疾病・傷害関係保険

1 損害保険に加入するときのアドバイスのポイント

> **設問**
> 顧客が損害保険に加入するときはどのようなことに注意すればよいのでしょうか。アドバイスのポイントを教えてください。

まず、保険金が支払われる要件を確認してください

　契約するときに、保険会社または取扱代理店からどのような場合に保険金が支払われるのか、または支払われないのかなど、詳しい説明を受けることが大切です。
　そして、申込書に必要事項を記入する際にはよく確認しながら正確に記入する必要があります。
　たとえば、「火災保険」では、建物の所在地・構造・他の保険契約の有無など、「自動車保険」では車名・登録番号・運転者の年齢条件・他の保険契約の有無など、「傷害保険」では職業・職種・他の保険契約の有無などです。

●ポイント

　申込書に記入する際には重要な事項を申告しなければならず、また不実を告げてはならないという約束事があります。これを告知義務といい、これを怠ると万一事故が起きても保険金が支払われないこともあるので注意が必要です。

2 住まいの火災保険のつけ方のアドバイスのポイント

> **設問**
>
> 顧客が住まいの火災保険に加入するときは、どのようなことに注意すればよいでしょうか。アドバイスのポイントを教えてください。

保険金額は保険価額（時価）いっぱいに決めておくことがポイントです

住まいの火災保険を利用する場合のポイントは以下のとおりです。

1 保険金額は保険価額（時価）いっぱいに決めておく

住まいの火災保険で支払われる保険金は、契約時の保険金額が原則として保険価額（時価）の80%以上であれば、実際の損害額が保険金額を限度として支払われます（特約火災保険と積立生活総合保険の場合は保険価額（時価）の70%）。しかし、保険価額（時価）の80%を下回った契約では、損害額全額は補償されません。そのためにも、保険金額を保険価額（時価）いっぱいに設定しておくのが基本です。

つまり、保険金額が保険価額（時価）の80%よりも少ないときは、保険金額を限度に次の算式で保険金が計算されます。

$$保険金 = 損害額 \times \frac{保険金額}{保険価額（時価） \times 80\%}$$

たとえば、保険価額（時価）2,000万円の建物に保険金額を1,000万円しかつけておらず、半焼（損害額1,000万円）した場合は、

第8章　損害保険の選び方とアドバイスのポイント

$$保険金 = 1,000万円 \times \frac{1,000万円}{2,000万円 \times 80\%} = 625万円$$

となり、保険金は625万円しか支払われません。

2　インフレ等には価額協定保険（特約）で対応する

　保険金額を保険価額（時価）いっぱいにかけていても、建築費などインフレ等で目減りして、実際の損害額が支払われないケースも考えられます。

　価額協定保険特約は、契約時に再調達価額を決めておき、その金額を限度として、実際の損害額に対して保険金が支払われるもので、住まいの火災保険（5年を超える長期保険を除きます）に特約として設定できます。

　この保険では、全損事故の場合は保険金に10％（1事故・1構内200万円限度）が、特別費用保険金として上乗せして支払われます。

3　地震による損害には地震保険で備える

　住まいの火災保険では、地震、噴火、津波を原因とする損害は補償されません。地震等による損害には地震保険で備えることがポイントです。

　ただし、地震火災による損害が一定割合以上（保険の目的が建物のときはその建物が半焼以上、家財のときはその家財を収容する建物が半焼以上、またはその家財が全焼）となった場合には、地震火災費用保険金として保険金額の5％（300万円限度）が支払われますが、これは地震等により建物や家財に直接生じた損害を補償するものではありません。

●ポイント

　保険は"契約"、つまり約束事で成り立っています。万一の災害に対して保険金を請求しようとしたときに、"こんなはずではなかった"といわれることのないように、契約者に対して住まいの火災保険の約束事をきちんとアドバイスしておくことが大切です。

3 自動車保険に加入する際のアドバイスのポイント

> **設問**
> 顧客が自動車保険に加入するときは、どのようなことに注意すればよいですか。アドバイスのポイントを教えてください。

十分な賠償資力を備えておくことがポイントです

　自動車保険はドライバーの必需品です。自動車保険を利用する場合のポイントは以下のとおりです。

1　十分な賠償資力を備えておく

　現在の自賠責保険（共済）は、あくまでも交通事故の被害者救済を目的とした強制保険であり、その対象は対人賠償に限られます。支払い限度額も被害者一人につき死亡の場合最高3,000万円、後遺障害の場合で最高4,000万円まで、ケガの場合で最高120万円までとなっています。

　しかし、最近では、自賠責保険ではまかなえない額の人身事故の判決例も珍しくありません。

　したがって、それを超える部分の賠償金を準備しておくためには、任意の自動車保険に入り、それも対人賠償の場合には無制限の契約をしておく必要があります。

2　契約方式・契約条件を的確に選択する

　車種によっては、運転者の年齢別に契約条件を選んで契約することもできます（ただし、取扱いは保険会社により異なることがあります）。

①　運転者の年齢を問わず補償される契約
②　事故を起こした運転者が21歳未満の場合は保険金が支払われない契約
③　事故を起こした運転者が26歳未満の場合は保険金が支払われない契約

第8章　損害保険の選び方とアドバイスのポイント

④　事故を起こした運転者が30歳未満の場合は保険金が支払われない契約

という4種類の契約方式のいずれかを選択します。保険料は①が最も高く、④が最も安くなっています。

　もちろん契約条件にあてはまらない人が起こした事故については保険金が支払われないので注意が必要です。

　したがって、任意保険に加入する際には、運転者の年齢をよく考えた上で契約することが大切です。

3　自分に合った保険料の割引を選択する

　自動車保険には、特約、運転者の事故歴や車の安全装置の有無に応じた各種・割引、そして免責金額の設定等による保険料割引があります（ただし、取扱いは保険会社により異なることがあります）。

① 運転者年齢条件特約

　自動車保険の引受条件として、運転する人の年齢を限定する特約です。具体的には、①21歳未満不担保特約、②26歳未満不担保特約、そして③30歳未満不担保特約があります。

② 運転者家族限定特約

　自動車保険の引受条件として、運転する人の範囲を、記名被保険者（保険証券上に記載された被保険者）とその家族に限定する特約です。

　ただし、家族以外の人が運転しているときに起こった事故による損害は補償されないので注意が必要です。

③ 無事故割引

　自動車保険では、事故を起こしたことがある人と無事故の人の保険料を公平にするために、前契約の有無や前契約の事故の有無によって保険料が増減するという、等級制度が採用されています。

　なお、等級制度のしくみは、損害保険会社により最近多様化しているので、詳細については損害保険会社または代理店に問い合わせてください。

④ 安全装置割引

（イ）エアバッグ割引

エアバッグを装備している車は、搭乗者傷害保険の保険料が割引になります。
（ロ）ABS割引
　ABS（アンチロック・ブレーキ・システム）を装備している車には、対人賠償・対物賠償・搭乗者傷害保険の保険料が割引になります。

●ポイント
　前契約における自動車事故の有無による保険料に割増・割引がある場合、満期日から一定期間内に更改の手続きをしないと、優良契約者の場合には割引を継承できなくなり、新たな契約と同じ扱いになります。更改の手続きを忘れないよう注意することが大切です。

4 傷害保険のつけ方の
アドバイスのポイント

設問

顧客が傷害保険に加入するときは、どのようなことに注意すればよいですか。アドバイスのポイントを教えてください。

保険の組み合わせで補償を大きくすることが大きなポイントです

傷害保険を利用する場合のポイントは、以下のとおりです。

1 保険の組み合わせで補償を大きくする

　日常生活の備えとして、補償範囲のワイドな普通傷害保険や家族傷害保険を年間契約しておきます。海外旅行や観光旅行に出かけるときなど危険度が高くなるときに、海外旅行傷害保険や国内旅行傷害保険などをつけ増しすれば補償はいっそう大きくなります。

2 補償額が適正な金額になるようにする

　傷害保険は、生命保険などとの重複加入であっても保険金は支払われるので問題はありませんが、死亡保険金や入院保険金など補償額がトータルとして適正な金額になるように、保険料負担も考慮することが大切です。

3 補償タイプか積立タイプかのどちらかを選ぶ

　傷害保険にも火災保険などと同じように補償タイプの保険と積立タイプの保険があり、このどちらを選ぶかも大きなポイントです。
　積立タイプは満期時に満期返戻金が支払われ、さらに積立保険料部分の運用利回りが予定利率を超えた場合には、契約者配当金がプラスして支払われます。また、満期返戻金等の分割受け取りもあります。
　保険期間は保険の種類によって異なりますが、5年・10年などと長期のため、

生活設計にあわせて保険期間を選ぶことができます。

4 免責事由を確認しておく

　傷害保険の場合、故意にケガをしたり死亡したりした場合、ケンカなどによる場合、あるいは地震や噴火、津波などの自然災害による場合は、免責事由として保険金が支払われません（ただし、海外旅行傷害保険では、地震、噴火、津波によるケガは補償されます）。

　また、酒酔い運転や無免許運転による死亡やケガ、他覚症状のないむちうち症や腰痛なども免責事由となるので、事前に細かく確認しておく必要があります（ただし、地震・噴火・津波によるケガや死亡は、天災補償特約（天災危険担保特約）により補償されます）。

●ポイント

　傷害保険など、身体（からだ）の保険には多種多様なニーズに対応する数多くの商品が用意されています。誰のために、どのような補償が必要か、また将来の生活設計をどうするかなど、傷害保険は目的をよく考えたうえで選ぶことが大切です。

5 交通事故が発生したときの アドバイスのポイント

> **設問**
> 顧客が交通事故を起こしたらどうすればよいのでしょうか。アドバイスのポイントを教えてください。

最初に被害者の救護と警察への届け出を行うことが重要です

1 交通事故を起こしたとき

交通事故を起こしたときは、まず次のことを実行する必要があります。

(1) 被害者の救護と警察への届け出を行う

事故が発生したときは、人身事故、物損事故を問わず、もよりの警察署へただちに届け出なければなりません。これは、道路交通法第72条に規定されているドライバーの義務ですが、保険の利用者としても大切なことです。

ポイントは、次のとおりです。

① 被害者の救護と道路上の危険除去
② 警察への事故の届け出
③ 相手方の住所、氏名、勤務先、電話番号等の確認
④ 目撃者がある場合は、その人の住所、氏名の確認、証言依頼
⑤ 事故状況のメモ作成

(2) 交通事故証明書も忘れないようにする

保険金の請求には原則として自動車安全運転センターの発行する交通事故証明書が必要となります。これは、警察署へ届け出をしておかないと発行してもらえません。

なお、人身事故の場合には、警察署への届け出の際に、人身事故であることを明確に届け出るようにしてください。

(3) 保険会社、取扱代理店へ事故の連絡をする

警察署への届け出が済んだら、事故の大小にかかわらず事故の内容を保険会

社または代理店にただちに連絡する必要があります。
(4) 修理や示談の前に保険会社の同意を得る
　事故に遭った自動車を修理する場合や被害者と示談する場合は、事前に必ず保険会社の同意を得る必要があります。この手続きを行わないと保険金が支払われないことがあります。
(5) 被害者には誠意をつくす
　円満に解決するためには、被害者に対するお見舞やおわび、死亡事故の場合の葬儀参列など、できる限り被害者に対して誠意をつくすことが大切です。

2　交通事故に遭ったとき
(1)　状況・相手の確認を行う
　ポイントは、次のとおりです。
　① 警察への事故届け
　② 相手方の住所、氏名、勤務先、電話番号、雇主の住所、氏名のほか、自動車の登録番号、自賠責保険と任意自動車保険の保険会社名・保険証明書番号等
　③ 目撃者がある場合はその人の住所、氏名の確認、証言依頼
　④ 事故状況のメモ作成
　⑤ 交通事故証明書の取付け
(2) 必ず医師の診断を受ける
　当初は大したことはないと思っても、あとで重傷であることがわかるといった場合もあります。このようなことに備え、必ず医師の診断を受けることが大切です。また、ひき逃げされたり、無保険車や盗難車にひかれた人で賠償金を受け取れない場合は、政府が自動車損害賠償保障事業を行って被害者の救済を図っています。この保障事業への請求は、国（国土交通省）から法律に基づいて、業務の委託を受けた損害保険会社等で受け付けています。

第8章　損害保険の選び方とアドバイスのポイント

┌──●ポイント─────────────────────────┐
└──────────────────────────────────┘

　賠償事故、特に対人事故では、お見舞や葬儀の参列など誠意をもって行うことが大切です。誠意ある行為は円満な示談交渉に欠かすことができません。
　対物事故でも、保険金請求のときに交通事故証明書が必要です。警察への届け出を忘れずにアドバイスしましょう。
　また、車両事故のときは、保険会社の指示があるまで修理をしないようにアドバイスしましょう。勝手に修理したりすると、保険金が支払われないことがあります。

1 かんぽ生命の生命保険にはどんなものがあるか

> **設問**
> かんぽ生命の生命保険には、どのようなものがあるのでしょうか。しくみと種類について教えてください。

養老保険、終身保険、定期保険、学資保険、定期年金保険などがあります

1 保険の種類

保険の種類には、普通養老保険、特別養老保険、定額型終身保険、学資保険、普通定期保険などがあります。

主な商品の種類としくみは、図表9-1のとおりです。

加入できる保険金額は一定条件の下で1,300万円が限度となりますが、死亡保障は保険金の倍額支払や特約保険金を加えると最高3,600万円になります。

2 年金保険（定期年金保険）

年金受取人が、年金支払開始から10年間、生存している場合に限って一定額の年金を受け取ることができます。

定期年金保険の払込種類は、加入から年金の受取りまで保険料の払込みが必要な分割払いと、一時払いがあります。一時払いには、加入と同時に年金を受け取ることができる即時型と、一定の据置期間後に年金を受け取ることができる据置型とがあります。

基本年金額の最低限度は18万円、最高限度は90万円です。

第9章　かんぽ生命の生命保険のしくみとアドバイスのポイント

●ポイント

　かんぽ生命の生命保険には、一般の生命保険と同様に保険と年金保険があります。保険の加入は0歳から75歳までで健康な人であれば誰でも加入できます。また、年金保険には45歳から70歳まで加入できます。ただし、加入年齢は保険の種類により異なります。

図表 9-1　かんぽ生命の生命保険の主な商品の種類としくみ

種類	しくみ	その他
終身保険 　普通終身保険 ・定額型終身保険 　（新ながいきくん（定額型）） ・2倍型終身保険 　（新ながいきくん（ばらんす型2倍）） ・5倍型終身保険 　（新ながいきくん（ばらんす型5倍）） 　特別終身保険 　（新ながいきくん（おたのしみ型））	終身間の死亡保障 ・死亡保険金のみの支払 ・死亡保険金のみの支払 ・死亡保険金のみの支払 生存保険金付き	 保険料は60、65、70、75歳払込済 保険料は60、65、70歳払込済で、死亡保険金は、保険料払込期間満了後は1/2 保険料は60、65歳払込済で、死亡保険金は、保険料払込期間満了後は1/5 保険料は60、65、70、75歳払込済
定期保険 　普通定期保険	一定期間の死亡保障 死亡保険金のみの支払	保険期間10年
養老保険 　普通養老保険 　（新フリープラン） 　特別養老保険 　（新フリープラン＜2、5、10倍保障型＞） 　特定養老保険 　（新一病壮健プラン）	死亡保障と満期保障 死亡と満期の同額保障 死亡は満期の 2、5、10倍保障 糖尿病り患者等向け	10～85歳満期 25～75歳満期（2倍保障型） 25～70歳満期（5倍保障型） 25～65歳満期（10倍保障型） 10年満期
学資保険 　学資保険 　（新学資保険）	学資金積立用 生存保険金付もあり	15、18、22歳満期、契約者死亡後は保険料払込免除
育英年金付学資保険 (新育英学資)	学資金積立用 生存保険金付もあり 育英年金付き	15、18、22歳満期。契約者死亡後は保険料払込免除および、育英年金支払開始
財形貯蓄保険 　財形積立貯蓄保険 　財形住宅貯蓄保険	勤労者の財産形成 　一般の貯蓄用 住宅取得専用	災害死亡保障と満期保障 5、7、10年満期。満期保険金の使途は自由 5、7、10年満期。満期保険金の使途は住宅取得に限定。非課税
定期年金保険 　即時定期年金保険 　据置定期年金保険	10年の年金 契約と同時に年金支払 契約の一定期間後年金支払	55～70歳年金支払開始 保険料一時払は同上。保険料分割払は55、60、65歳年金支払開始

出所：かんぽ生命保険編『保険ラインナップ』（2012年）等を基に作成。

2 かんぽ生命の生命保険にはいくらから加入できるか

設問

かんぽ生命の生命保険には、いくらから加入できるのでしょうか。保険種類別に教えてください。

学資保険は50万円、定額型終身保険は100万円、普通定期保険は200万円から加入できます

　かんぽ生命の生命保険の契約者・被保険者の加入年齢および加入最低額・加入限度額等は図表9-2にまとめましたのでこれを参照してください。

●ポイント

　かんぽ生命の生命保険の加入最低額は保険の種類により異なります。たとえば、学資保険は50万円、定額型終身保険や普通養老保険は100万円、特別養老保険（2・5・10倍保障型）や普通定期保険は200万円です。
　また、年金保険の基本年金額の最低限度は、18万円となっています。

図表 9-2
かんぽ生命の生命保険の契約者・被保険者の加入年齢および加入最低額・加入限度額

保険種類		契約者の年齢	被保険者の年齢	加入最低額	加入限度額
特別養老保険（新フリープラン）〔2倍保障型〕		—	15～65歳	200万円	1,000万円（15歳は700万円まで）
特別養老保険（新フリープラン）〔5倍保障型〕		—	15～60歳	200万円	1,000万円（15歳は700万円まで）
特別養老保険（新フリープラン）〔10倍保障型〕		—	15～55歳	200万円	1,000万円（15歳は700万円まで）
定額型終身保険（新ながいきくん・定額型）・特別終身保険（新ながいきくん・おたのしみ型）		—	20～65歳	100万円	1,000万円
2倍型終身保険（新ながいきくん・ばらんす型2倍）		—	20～60歳	100万円	1,000万円
5倍型終身保険（新ながいきくん・ばらんす型5倍）		—	20～55歳	100万円	1,000万円
育英年金付学資保険（新育英学資）	15歳満期	18歳（男性）16歳（女性）～65歳	0～10歳	100万円	500万円
	18歳満期		0～12歳	100万円	500万円
	生存保険金付18歳満期		0～9歳	100万円	500万円
	生存保険金付22歳満期		0～12歳	100万円	500万円
学資保険（新学費保険）	15歳満期	18歳（男性）16歳（女性）～65歳	0～10歳	50万円	500万円
	18歳満期		0～12歳	50万円	500万円
	生存保険金付18歳満期		0～9歳	50万円	500万円
	生存保険金付22歳満期		0～12歳	50万円	500万円
普通定期保険		—	15～50歳	200万円	1,000万円（15歳は700万円まで）
普通養老保険（フリープラン）		—	0～75歳	100万円	1,000万円（15歳は700万円まで）
特定養老保険（一病壮健プラン）		—	40～65歳	100万円	500万円

（注）保険の被保険者1人当たりの加入限度額は、年齢15歳以下の被保険者は700万円、年齢16歳以上の被保険者は1,000万円（年齢55歳以上の被保険者については、特別養老保険（新フリープラン）〔2・5・10倍保障型〕に加入する場合は加入している普通定期保険と合計して800万円）です。ただし、20歳以上55歳以下の者で、加入後4年以上経過した保険契約がある場合、その保険金額と通算して最高1,300万円まで加入できます。

出所：かんぽ生命保険編『保険ラインナップ』（2012年）を基に作成。

3 かんぽ生命の生命保険の特約にはどんなものがあるか

設問

かんぽ生命の生命保険の特約には、どのようなものがあるのですか。

災害特約、無配当傷害入院特約、無配当疾病傷害入院特約の 3 種類の特約があります

　かんぽ生命の生命保険の特約は以下のように 3 種類があり、基本契約に付加することにより、ケガによる死亡・身体障害、病気やケガによる入院・手術・長期入院等について保障するものです。

　なお、特約は、基本契約の申込みと同時に付加することができるほか、一定の条件の下に中途付加することもできます。

　特約には、災害特約、無配当傷害入院特約、無配当疾病傷害入院特約があります。

①災害特約

　災害特約は、被保険者が保険期間中に不慮の事故により傷害を受けたときに、その傷害を直接の原因とする死亡または一定の身体障害に対し、保険金を支払うものです。

②無配当傷害入院特約

　無配当傷害入院特約は、被保険者が保険期間中に不慮の事故により傷害を受けたときに、その傷害を直接の原因とする入院、手術、長期入院に対し保険金を支払うものです。

③無配当疾病傷害入院特約

　無配当疾病傷害入院特約は、被保険者がその保険期間中に疾病にかかったとき、または不慮の事故により傷害を受けたときに、その疾病または傷害を直接の原因とする入院、手術、長期入院に対し保険金を支払うものです。

●ポイント

　特約は、かんぽ生命の生命保険の基本契約に付加するもので、病気やケガなどで入院などの際には大きな支えとなります。特約は1つの基本契約に最高3種類まで選択して付加できます。

　災害特約保険金額は、被保険者1人当たり最高1,000万円までとなっており、無配当傷害入院特約と無配当疾病傷害入院特約の特約保険金額はそれとは別枠で最高1,000万円が限度となっています。

　つまり、特約の利用枠は併せて2,000万円までとなっています。

1 JA（農業協同組合）共済にはどんなものがあるか

設問

JA共済には、どのようなものがあるのでしょうか。しくみと種類について教えてください。

生命共済、火災共済、自動車共済、傷害共済、賠償責任共済、年金共済などがあります

1 JA共済の種類

JA共済は、原則としてJAの組合員およびその家族を対象として、農林水産省の監督のもとに事業を運営しています。主な商品の種類としくみは図表10-1のとおりです。

2 年金共済（予定利率変動型年金共済）

2004年（平成16年）3月より、「予定利率変動型年金共済（ライフロード）」が販売されています。これには「終身年金タイプ」と「定期年金タイプ」があります。

(1) 終身年金タイプ

10年または15年の保証期間付終身年金です。掛金払込中に死亡すると払込期間に応じた死亡給付金が、また年金支払開始後に死亡すると保証期間の残りの期間に応じた一時金または年金が遺族に支払われます。

(2) 定期年金タイプ

5年・10年・15年のうちから年金受給期間を定め、期間中、生存している場合に限り年金が支払われます。年金受給開始後に死亡すると、掛金総額からすでに受取った年金の合計額を差引いた残額が遺族に支払われます。

図表 10-1　JA 共済の主な種類としくみ

種類		しくみ
生命共済	養老生命共済	民間生命保険の養老保険に相当し、保障と貯蓄性のある共済である。オプションとして定期特約などの特約を付帯できる。
	終身共済	民間生命保険の終身保険に相当し、オプションとして定期特約や3大疾病前払特約などの特約を付帯できる。
	積立型終身共済	健康上の不安で、共済・保険に加入できなかった者も、一定の範囲で、医師の診断なしの簡単な手続きで、終身共済よりも割安な掛金で加入できる。
	こども共済	大学通学年齢に合わせて学資金の給付をする学資金型と、入学年齢に合わせた入学祝金の給付をする祝金型があり、契約者（親）の死亡、第1級後遺障害の保障に養育年金が支払われるものと養育年金がないものとがある。
	定期生命共済	一定期間の死亡、第1級後遺障害を保障する。共済期間は、5年、10年、15年および80歳満了の4種類で、民間生命保険の定期保険に相当する。
	団体定期生命共済	団体に所属する被共済者10名以上の集団を対象とする共済期間1年の定期共済である。
	医療共済	日帰りから長期の入院（最高365日）まで幅広く保障し、共済期間は、終身（通院保障のある契約の場合、通院保障は80歳まで）である。
	定期医療共済	医療保障の基本といえる入院・手術を一定期間にわたって保障する。病気やケガで入院した場合、入院共済金が日帰り入院を含めて1日目から支払われる。また、手術の種類に応じて、入院共済金日額の10、20、40倍の倍率で手術共済金が支払われる。
	がん共済	上皮内がんを含むあらゆるがん（悪性新生物）および脳腫瘍を対象としている。がん入院共済金は1日目から入院日数無制限で支払われる。また、がん手術共済金、がん退院後療養共済金も回数制限なく支払われる。
火災共済	火災共済	建物、動産を対象として、火災、落雷、破裂・爆発、建物外からの物体の落下・飛来・衝突・倒壊・給排水設備の事故による水濡れ、集団行動・暴力行為、盗難による共済金と、残存物取片付け費用共済金、特別費用共済金、地震火災費用共済金が支払われる。臨時費用担保特約、新価特約も付帯できる。
	団体建物火災共済	上記火災共済とほぼ同じ内容の、団体契約用の火災共済である。
	建物更正共済	満期時に満期共済金と割戻金が支払われる積立型の長期の火災共済である。火災共済金、臨時費用共済金、特別費用共済金、残存物取片付け費用共済金、持出し家財共済金、通貨等盗難共済金、自然災害共済金、傷害共済金、損害防止軽減費用共済金、失火見舞費用共済金が支払われる。
	住宅建築共済	住宅資金を貸し付け、死亡・後遺障害または一定期間生存の際、あるいは火災・自然火災等の際、共済金で資金を返済する。
自動車共済	自賠責共済	自賠法に基づく共済で、民間損害保険の自賠責保険に相当する。
	自動車共済	対人賠償、自損事故、無共済車傷害、家族無共済者傷害、対物賠償、搭乗者
傷害共済		①普通傷害共済②交通事故傷害共済③旅行傷害共済④就業中傷害共済⑤特別傷害共済⑥農作業中傷害共済⑦特定農機具傷害共済⑧陸上交通事故傷害共済⑨臨時作業傷害共済⑩レクリエーション傷害共済⑪学校管理下外傷害共済などがある。
賠償責任共済		住宅の管理または日常生活に起因する個人賠償責任が補償される。特約を付帯して、店舗などの賠償責任事故・借家人の賠償責任、携行品損害なども補償される。

第10章　共済のしくみとアドバイスのポイント

| その他 | 財産形成、貯蓄共済、財産形成給付金付共済、農機具更新共済、農機具損害共済などがある。 |

出所：新日本保険新聞社編『主要共済の仕組みと概況』、JA共済「新しい保障のお知らせ」、「保障・商品一覧　主な共済種類のラインアップ」
（http：//www.ja-kyosai.or.jp/okangae/product）他

● ポイント

　JA共済には、民間生命保険の養老保険および定期保険特約付養老保険に相当する養老生命共済、終身保険および定期保険特約付終身保険に相当する終身共済、定期保険に相当する定期生命共済などがあります。

　また、民間損害保険の住宅火災保険や普通火災保険などに相当する火災共済、長期総合保険に相当する建物更正共済など、自動車保険に相当する自動車共済など、傷害保険に相当する傷害共済などがあります。

　さらに終身年金タイプなどの年金共済があります。

　JA共済は2013年4月の改訂により、介護共済、一時払介護共済、一時払終身共済、一時払養老生命共済等が新設・改訂されました。

　なお、組合員以外の共済制度加入については一定の制限があり、組合単位で組合員以外の利用は加入総数の20％に制限されています。ただし、出資金を払って准組合員になれば組合員と同様に扱われます。

2 労働者共済(全労済の共済)にはどんなものがあるか

設問

労働者共済(全労済の共済)には、どのようなものがあるのでしょうか。しくみと種類について教えてください。

生命共済、火災共済、自動車共済、傷害共済、個人年金共済などがあります

1 労働者共済(全労済の共済)の種類

労働者共済には、産業別に運営するものなどがありますが、代表的なものは全労済(全国労働者共済生活協同組合連合会)です。

「全労済」では、厚生労働省の監督のもと、組合員を対象に各種共済事業を行っています。構成員の主体は組合員ですが出資金を払えば誰でも組合員になれます。共済事業は生損保のほか、慶弔見舞金共済制度を取り扱っています。

主な商品の種類としくみは、図表10-2のとおりです。

2 個人年金共済「ねんきん共済」

全労済の「ねんきん共済」には、保証期間付終身年金と確定年金の2種類があります。年金額は12万円を1口として最低2口(24万円)から最高7.5口(90万円)までとなっています。

年金支払開始年齢は55～65歳で、給付方式には毎年一定額の年金が支給される定額型と、毎年、初年度年金額の5%の額が上乗せして支給される逓増型の2種類があります。

また、「ねんきん共済」には、家重型(家族年金・重度障害年金付帯型)と基本型の2つのタイプがあります。家重型は、掛金払込期間中の保障が厚く、掛金払込期間中に死亡した場合は、基本年金額の2倍の額が10年間支払われます。

第 10 章　共済のしくみとアドバイスのポイント

図表 10-2　全労済の共済の主な種類としくみ

種類		しくみ
生命共済	個人定期生命共済「こくみん共済」	地域住民を対象として、交通事故、交通事故以外の不慮の事故、病気の際に、死亡共済金、障害共済金（病気を除く）、入院・通院共済金が支払われる。現在（2013年1月版）、障害安心タイプ、障害安心Wタイプ、医療安心タイプ、医療安心Hタイプ、がん保障プラス、終身医療5000、総合タイプ、総合2倍タイプ、大型タイプ、生きる安心タイプ、生きる安心Wタイプ、生きる安心Hタイプ、シニア医療タイプ、シニア総合タイプ、シニア傷害安心タイプ、シニア傷害安心Hタイプ、キッズタイプ、キッズワイドタイプ、キッズ満期付きプラン、終身医療総合5000、定期医療総合5000、定期生命300、終身介護サポートなどがある。
	個人長期生命共済 新「せいめい共済」	保障優先タイプ（個人定期型）から満期金付Aタイプ（定期付養老型）、満期金付Bタイプ（養老型）、掛金一律タイプ（積立型）まで種目も多彩である。
	終身生命共済 新「せいめい共済」	自由設計の障害保障である専用の総合医療共済を組み合わせたり、特約で2つのボーナス「ハッピーボーナス」（生存共済金特約）、「いきいきボーナス」（長寿共済金特約）を付加できる。
	個人長期生命共済（疾病・災害医療特約付）新「総合医療共済」	病気やケガによる入院・手術・長期療養および万一の死亡などにそなえる総合保障である〈保障優先タイプ〉〈満期金付タイプ〉などのタイプがある。共済期間は5年または10年である。
	団体定期生命共済「団体生命共済」	民間生命保険の団体定期保険に相当するもので、基本契約では死亡保障最高3,000万円である。傷害特約を付けることにより、事故死亡倍額6,000万円の大型保障になる。ただし、年齢や業種、団体規模等によって制限がある。
火災共済	風水害等給付金付火災共済	組合員の住宅建物と家財を対象として、火災、落雷、破裂、爆発、航空機の墜落、車両の衝突、その他の不慮の人的災害などの場合の火災等共済金と、風水害共済金、持ち出し家財共済金、諸費用共済金、地震見舞金が支払われる。建物、家財とも再取得価額（新価）基準で支払われる。
自動車共済	自動車総合補償共済「マイカー共済」	組合員の自家用自動車を対象として、対人賠償、対物賠償、自損事故、無共済等自動車傷害、搭乗者傷害および家族搭乗者傷害が補償される。なお、自動車共済「マイカー共済」は2002年11月に自動車総合補償共済、新「マイカー共済」にリニューアルされた。自動車以外の他物との衝突等も補償する「オールリスクタイプ」の車両損害補償を新設し、さらに、人身傷害補償と対物賠償補償の最高限度に「無制限」を新設した。
傷害共済	交通災害共済	日本国内で、交通事故（駅構内、道路通行中の事故等を含む）で被害にあったとき、死亡共済金、障害共済金、入院共済金、通院共済金が支払われる。

（注）現在、個人長期生命共済および終身生命共済は、新「せいめい共済」および新「総合医療共済」の一環として販売されています。

出所：新日本保険新聞社編『主要共済の仕組みと概況』、全労済「ご契約のてびきとご契約のしおり」(http：//www.zenrosai.coop/tebiki/) 他

さらに、掛金払込期間中に病気や事故により重度障害状態になった場合、以降の掛金の払込は免除され、年金の支払いが開始するまで契約した基本年金額と同額の重度障害年金が支払われます。

(1) 保証期間付終身年金
終身年金の保証期間は、年金開始年齢によって 10 年から 15 年の範囲で設定されます。保証期間中に被共済者が死亡したときは、残りの保証期間分の年金が遺族に支払われます。

(2) 確定年金
年金開始日以後、契約の年金支払期間中にわたり年金が支払われます。支払期間は、5 年・10 年・15 年のうちから選択します。支払期間中に被共済者が死亡したときはその残りの期間の年金が遺族に支払われます。

●ポイント

全労済の共済には、民間の生命保険と類似するものとして個人長期生命共済、団体定期生命共済、終身生命共済および個人定期生命共済「こくみん共済」などがあります。

個人長期生命共済は民間生命保険の定期保険や定期保険特約付養老保険に相当するしくみのもので、団体定期生命共済は民間生命保険の任意加入の団体定期保険に相当するものです。

「こくみん共済」は 2012 年 5 月の改定により、傷害安心タイプ、シニア傷害安心タイプ、シニア医療タイプ、終身介護サポート等が新設・改訂されました。

加入手続は、全国の取扱金融機関の窓口かまたは全労済本部へ郵送などで申込書類を提出するとともに共済の掛金を払い込みます。

3　県民共済にはどんなものがあるか

> 県民共済には、どのようなものがあるのでしょうか。しくみと種類について教えてください。

> 三世代の保障を揃えた生命共済と住宅や家財を対象とした新型火災共済があります

　県民共済は、厚生労働省の監督のもとに、全国生協連（全国生活協同組合連合会）が行っている共済事業で、全国生協連は加盟している都道府県単位の単位生協から成り立っています。生命保険に相当する商品は、こども型、総合保障型、熟年型など0歳から85歳まで三世代の保障が揃っています。入院保障と死亡保障を備えた総合保障型、熟年型に、2012年10月より入院や手術など医療に特化した入院保障型、熟年入院型が加わり、保障のバリエーションが広がりました。また、損害保険に相当する商品には、住宅や家財を対象とした新型火災共済があります。

　全労済の「こくみん共済」と同様、加入は指定金融機関の窓口で扱っており、告知扱（無診査）で加入することができ、掛金は月々1,000円、2,000円および4,000円などのコースがあります。加入後は口座振替で払い込みます。

　なお、県民共済は各県ごとに「都民共済」（東京）や「道民共済」（北海道）、「府民共済」（大阪・京都）、「全国共済」（神奈川）、「県民共済」（埼玉、その他）などと呼ばれています。

●ポイント

　県民共済は、全国生協連を母体として、各都道府県の県民共済が取り扱っている共済です。加入は、居住地または勤務地のある都道府県の共済に限られ、県民共済がない地域に転居または転勤した際は、共済の継続ができない場合もあります。県民共済は、申込み後、出資金と初回掛金を支払えば、翌日から保障が開始され、さらに決算後の剰余金は割戻金として還元されます。なお、単位生協によって保障内容などに若干の違いがあります。

4 生協の共済にはどんなものがあるか

> **設問**
> 生協の共済には、どのようなものがあるのでしょうか。しくみと種類について教えてください。

生命共済・火災共済などがあります

　生協関係の共済団体には、日本生協連（日本生活協同組合連合会）、全国生協連（全国生活協同組合連合会）、地域生協（全国共済生活協同組合連合会）、職域生協（全国生活協同組合共済事業協議会）、全国大学生協連（全国大学生活協同組合連合会）などがあります。このうち日本生協連が扱っている共済をCO・OP（コープ）共済といいます。

(1) CO・OP共済「たすけあい」
　日本生協連独自の共済で、病気・ケガによる死亡・重度障害、病気・ケガによる入院費用、病気・ケガによる家族の死亡・重度障害、その他住宅の火災・風水害などによる損害に対して共済金が支払われます。

(2) CO・OP共済「あいぷらす」
　日本生協連が元受の地域生協の組合員とその家族を対象とした定期生命共済です。生命保障を基本に、入院特約とがん特約を組み合わせる共済で、最高限度2,000万円の死亡保障が特徴です。

(3) CO・OP生命共済「新あいあい」
　全労済の個人長期生命共済で構成された保障商品で、基本契約に医療特約と女性疾病医療特約を組み合わせたものです。

(4) CO・OP火災共済
　組合員世帯の住宅と家財の火災契約で、風水害等の自然災害の場合にも見舞金が支払われる火災共済です。

> ●ポイント

　CO・OP共済は日本生協連の取り扱う共済です。この共済には、組合員になれば誰でも加入でき、加入時も所定の告知書に記入するだけで、医師による診査は必要ありません。

　CO・OP共済「たすけあい」は日本生協連が行う共済事業であり、組合員とその家族を対象とする基礎的な助け合いの商品（生命・住宅災害共済・こども共済）です。CO・OP共済「あいぷらす」は、CO・OP共済「たすけあい」を補う商品（定期生命共済）です。CO・OP生命共済「新あいあい」とCO・OP火災共済は、全労済の共済を協同組合間の協同事業として取り扱っています。

　以上のほか、CO・OP共済には「ずっとあい」（終身生命）と「ずっとあい」（終身医療）があります。

第 11 章　リスクとは

1 リスクの概念

> **設　問**
>
> リスクとはどういうことですか。リスクの概念について教えてください。

損失発生の可能性あるいは事故発生の可能性を意味します

1　リスクとは

　英語のリスク (risk) という言葉は通常、日本語では危険と訳されていますが、リスクマネジメントにおいては、リスクとは「発生するかどうか不確実で、発生すると大きな経済的損害をもたらす可能性」、すなわち、損失発生の可能性あるいは事故発生の可能性を意味します。たとえば、火災、盗難、早期死亡、自動車事故などの発生の可能性です。火災リスクといえば、火災によって物的損害、休業損害などが生じる可能性ということです。また、リスクは、事業活動や家庭生活などに伴う「不確実性」を指す場合もあります。

2　ペリル、ハザードとは

　一方、日本語の危険は、英語ではリスクのほか、ペリル (peril) やハザード (hazard) などと訳されています。

　ペリルとは、地震・火災・自動車事故などのような「損失を発生させる偶然の事故それ自体」を意味し、損失発生の直接原因を指す言葉として用いられます。

　また、ハザードとは、火種のそばの可燃物の存在、自動車運転中の道路の凍結、飲酒運転やわき見運転などの「事故発生に影響する潜在的要因」または「事故による喪失拡大の潜在的要因」を意味し、事故を発生させる要因のことをいいます。たとえば、凍結した道路は、衝突という事故のハザードで、強風は、山火事という事故のハザードにあたります。

　このハザードは、通常、以下のとおり、物理的ハザード、道徳的ハザード、精神的ハザードの3つに分類できます。

図表 11-1 ハザードの分類

物理的ハザードの例	建物内の多量のガソリンの存在、ブレーキの故障、地震、火山の噴火、異常乾燥による森林火災、道路の凍結など
道徳的ハザードの例	放火、詐欺、誘拐など
精神的ハザードの例	不注意、無関心、士気の低下、風紀の乱れなど

リスク、ペリル、ハザードの関係について自動車事故を例にとれば、リスクは事故が起こるか起こらないかの不確実性、ペリルは衝突という出来事、ハザードは見通しの悪さなど、事故を起こしやすい状況ということになります。

3 ロス・エクスポージャーとは

リスクマネジメントでよく使用される用語に、上記リスク、ペリル、ハザードの他にロス・エクスポージャー (loss exposure) があります。ロス・エクスポージャーとは、損失が実際に発生するか否かにかかわらず、資産上の損失発生の可能性 (possibility of financial loss) のある状態または状況です。このロス・エクスポージャーは、①損害の客体、②偶然事故、または損害を起こす諸要因、③損害による潜在的な経済的影響の3つの要素を有しています。
ロス・エクスポージャーの代表的なものは財物ロス・エクスポージャーと賠償責任ロス・エクスポージャーです。

4 危険と危機

1984年（昭和59年）のグリコ・森永事件、1989～1990年の湾岸戦争の結果、危険管理という用語以上に危機管理という用語が多く使用され、マスコミ用語から一般用語となってきました。その後、2001年（平成13年）9月のニューヨークの世界貿易センタービル破壊に象徴される大規模テロなどや地球温暖化に伴う多種多様な自然災害、さらには未曾有の甚大な被害をもたらした2011年3月の東日本大震災などについても危機 (crisis) という言葉が頻繁に使用されています。

危機という言葉は、一般に財政危機、外貨危機、食糧危機などと使用されて

第11章　リスクとは

います。危機は異常性・巨大性・突発性を持った危険であり、通常の危険の影響度は社会経済には限定的であるのに対して、危機の影響度は通常の危険の影響度とは比較にならない大きなものであり、危機管理は国家レベルの危険の管理です。たとえば、1985年1月に発生した阪神淡路大震災や2011年3月の東日本大震災のような大地震や広範囲におよぶ風水害などの自然災害、戦争、暴動、テロ、海外派遣幹部社員の誘拐など、時と場所を選ばず発生する異常事態、緊急事態が危機に該当します。

●ポイント

　リスクにはさまざまな定義が与えられていますが、主として損失発生の可能性や不確実性などといった意味で用いられます。たとえば、自動車の運行に起因して他人を負傷させ、損害賠償責任を負うことにより損失が生じる可能性などが該当します。

　また、危険を表す言葉として、リスクの他にペリル、ハザード、ロス・エクスポージャーが存在します。さらに、阪神淡路大震災や東日本大震災のような大地震や広範囲におよぶ風水害などの自然災害、暴動、テロなどなどについても危機という言葉が頻繁に使用されています。

2 リスクの分類

> **設 問**
>
> リスクはどのように分類されていますか。
>
> 純粋リスクと投機的リスク、静態的リスクと動態的リスクなどに分類されています

1 純粋リスクと投機的リスク

　リスクはさまざまな視点から分類されていますが、最も多く使われる分類は、純粋リスク (pure risk) と投機的リスク (speculative risk) の区分です。
　純粋リスクは、それが生じた場合に損失のみを発生させるリスクです。「純粋」には、損失と利得を混在していないという意味が含まれています。純粋リスクの例としては、火災・爆発、地震・風水害、自動車事故、詐欺、盗難、会社役員の背任などのリスクが挙げられます。純粋リスクは個々には発生するかどうかの予測は困難ですが、数多くの対象について観察すると、ある程度の予測は可能です。たとえば、ある家が今後1年間に火災があるかどうかの予測はできませんが、10万戸、100万戸と観察の対象を大きくしていけば、10万戸のなかで何戸火災にあうか、100万戸のなかで何戸火災にあうかの予測はかなり正確に行うことができます。すなわち、一定の集団についてリスクを広範囲に、また、一定の期間、大量に観察すると集団における事故発生率が統計的に測定可能です。多くの純粋リスクは、このように大数の法則が適用され、したがって保険が成り立ちうるリスクです。さらに、純粋リスクの発生によって一経済主体が損害を被るような場合には、通常、社会全体も損害を被ることが多いといえます。
　これに対して、投機的リスクは、損失および利得の両方が発生する可能性のあるリスクです。具体例として、景気変動、為替変動、金利変動、株価変動、新商品の開発、法的規制の変更などのリスクが挙げられます。投機的リスクは、

第 11 章　リスクとは

多くの対象について観察しても、予測は不可能であることから、一般的には大数の法則は適用されず、保険は成り立ちえません。また、一経済主体が損害を被った場合でも、社会全体からみれば利益を生ずることがあります。

図表 11-2　純粋リスクと投機的リスクの特徴

特徴		リスクの分類	
		純粋リスク	投機的リスク
発生する可能性	利得	無	有
	損失	有	有
大数の法則と応用		可	不可
個別損失と全体的（社会的損失）との相関		強い	弱い
リスクの例		火災・爆発、地震・風水害、自動車事故、詐欺、盗難、会社役員の背任、製造物責任（PL）など	景気変動、為替変動、金利変動、株価変動、新商品の開発、法的規制の変更、政策変更、政情不安、政権交代、消費動向変化など

2　静態的リスクと動態的リスク

リスクをその発生の態様からみた分類です。

静態的リスク（static risk）は、変動しない社会や経済においても発生するリスクです。具体例として、地震、風水害などの自然的原因のリスクや火災、破産、傷病、経営破綻などの不注意から生じるリスク、また、放火、詐欺、貸倒れなどの道徳性の欠如から生じるリスクが挙げられます。静態的リスクは、大量に観察すると発生確率を統計的に測定でき、またリスクによって生じる損失額も算出できます。言い換えれば、静態的リスクの多くは純粋リスクであるといえます。

これに対して、動態的リスク (dynamic risk) は、社会や経済が変化、発展す

るときに発生するリスクです。具体例として、景気変動、消費者の嗜好の変化・流行の変化などの消費に関するリスク、新機械の発明、技術革新などから生じるリスク、政治・経済状況の変化によってもたらせるリスクが挙げられます。また、静態的リスクが通常、社会にとって損失となり、その影響が個人あるいは少数の個人に直接影響するのに対して、動態的リスクは一方に経済的損失を発生させるとともに他方には利得をもたらすリスクで、その影響が一般に広範囲におよぶものをいいます。また発生確率を統計的に測定することは不可能です。言い換えれば、動態的リスクの多くは投機的リスクであるといえます。

3　その他のリスク

その他のリスクとして、基本的リスク (fundamental risk)・特殊的リスク (particular risk)、一般的リスク (general risk)・個別的リスク (individual risk)、主観的リスク (subjective risk)・客観的リスク (objective risk)、人的リスク (personal risk)・物的リスク (property risk)・責任リスク (liability risk)、自然的リスク (natural risk)・人為的リスク (human risk) などといった分類もあります。

●ポイント

リスクにはさまざまな分類方法がありますが、その発生の態様から、純粋リスクと投機的リスクとに大別することができます。純粋リスクはそのリスクから損失は生じることがありますが、利得が生じることはないというリスクです。これに対して、投機的リスクはそのリスクから損失が生じることもありますが、利得が生じることもあるというリスクです。

さらに、リスクをその発生の態様からみた分類として静態的リスクと動態的リスクなどがあります。

3 家庭のリスクにはどんなものがあるか

設問

家庭のリスクには、どのようなものがあるのでしょうか。

住宅・家財などの火災・爆発や死亡、病気、ケガ、交通事故、第三者への賠償責任などのリスクがあります

1 日常に潜むリスク

私たちは日々生活の中で、より充実した安心ある生活を望んでいます。一方で、生活の中には、その望みを一瞬にして打ち砕く数多くのリスクが潜んでいます。

たとえば、スポーツや旅行などで思わぬケガをするかもしれません。通勤途中に交通事故にあうかもしれません。また、仕事や買い物の際、自分の運転する車が人を跳ねたり、他の車と衝突事故を起こすかもしれません。さらに、交通事故や凶悪犯罪、地震や台風、集中豪雨などの自然災害、休職や失業による収入の途絶など、数多くのリスクが身の回りに存在しています。

このようなリスクの中には、必ずしも自分や家族が死亡や傷害等の被害を被るだけではなく、場合によっては、他人の身体や財産に損害を与え加害者として損害賠償が必要になるリスクもあります。こういった不測の事態により、家庭生活が脅かされて崩壊していくことは珍しくありません。身近に潜む生活のリスクに対する緩和・回復対策を立てることが、将来のライフプランを築くうえでの礎となります。その対策方法に生命保険や損害保険があります。

2 家庭のリスクの種類

家庭を取り巻くリスクには、以下（図表11-3）のような種類があります。

図表11-3　家庭を取り巻くリスクの種類

対象	本人、家族	住宅・家財ほかの動産	収入、費用	第三者
リスク	日常生活・スポーツ中の傷害事故、交通事故など	火災、爆発、風水雪害、地震、落雷、盗難など	病気・傷害などによる収入減および費用の増大	自動車事故、日常生活での賠償事故

●ポイント

　家庭のリスクには、住宅・家財などの火災・爆発や死亡、病気、ケガ、交通事故、第三者への賠償責任などのリスクがあります。

第 11 章　リスクとは

4　企業のリスクにはどんなものがあるか

設　問

企業のリスクには、どのようなものがあるのでしょうか。

役員・従業員の労災事故や建物、機械・商品などの火災・爆発リスクや第三者への賠償責任などのリスクがあります

1　企業を取り巻くさまざまなリスク

　企業経営には、生産活動や営業活動に伴って、さまざまなリスクが発生します。たとえば、従業員が作業中にケガをして、治療費が必要になるかもしれません。工場が焼失したり、機械が破損したりして、再建築費や修理費が必要になるかもしれません。また、工場で爆発事故が発生し、近隣に損害賠償をしなければならなくなるかもしれません。さらに、製品に欠陥があったとして、損害賠償の請求をされるかもしれません。万一、不測の事態が発生したとき、企業が被る損失の大きさによっては、経営の危機を招くケースもあります。経営規模の大小や業種、営業形態などを問わず、すべての企業は、多種多様なリスクに取り囲まれているのです。

2　企業のリスクの種類

　企業を取り巻くリスクには、以下（図表 11-4）のような種類があります。

図表 11-4　企業を取り巻くリスクの種類

対象	役員、従業員	建物、機械設備、什器備品、商品・製品、その他資産	収益、費用	第三者
リスク	労災事故、交通事故など	火災、爆発、風水雪害、地震、落雷、盗難など	営業利益の減少・喪失(注)、諸経費	自動車事故、施設や営業活動の管理不備などによる賠償事故

− 299 −

（注）たとえば、自社工場が罹災し、生産がストップしたことにより復旧するまでの期間についての営業利益の減少または喪失です。

> ●ポイント

企業のリスクには、役員・従業員にかかわる人的リスクや企業の経営資産である建物、機械設備、什器備品、商品などにかかわる物的リスクのほか、企業の収益・費用のリスクや第三者への賠償責任などのリスクがあります。

1 リスクマネジメントとはなにか

> **設 問**
> リスクマネジメントとはどういうことですか。

事業活動や個人・家庭生活にどのようなリスクがあるかを洗い出し、それぞれのリスクに対して的確な対策を講じることです

1 リスクマネジメントの種類

リスクマネジメント (risk management) には危険対象と管理対象の種類により、家庭危険を管理対象とする家庭リスクマネジメント（ファミリー・リスクマネジメント）、企業危険を管理対象とする企業リスクマネジメント、国公営事業危険を管理対象とする官公庁リスクマネジメントなどがあります。一般にリスクマネジメントといえば、対象危険に多様性と巨大性がみられる企業リスクマネジメントを指す場合が多いのですが、最近は、家庭をめぐる危険も多様化、複雑化し、これに対応するための家庭リスクマネジメントも重要性を増してきました。また、現在はリスクが多様化し、巨大化し、国際化してきていると同時に自然的、社会的環境（人権侵害、企業不祥事、犯罪、心の危機など）の変化により、社会化してきています。すなわち、現在はソーシャル・リスクの時代であることを踏まえて、このソーシャル・リスクを克服するためのソーシャル・リスクマネジメントも必要になってきています。

ソーシャル・リスクマネジメントは、社会化したリスクの合理的処理で、いろいろな経済主体の相互協力によって社会化したリスクを克服しようとするシステムです。

2 リスクマネジメントの手法

リスクマネジメントは、一般的には、①リスクの洗い出し（発見・確認）、②リスクの測定・評価、③リスク処理技術の選択、④リスク処理の実施、⑤リ

スク処理の結果の統制という5段階のプロセスで進められます。なお、5段階のプロセスを4段階にまとめる整理の仕方もあります。

(1) リスクの洗い出し（発見・確認）

個人や家庭生活、事業活動を脅かすリスクにはどのようなものが考えられるのかを、チェックリストなどを用いて洗い出すことから、リスクマネジメントはスタートします。

(2) リスクの測定・評価

洗い出されたいろいろなリスクを測定してリスクの性格や大きさを検討し、日常生活や事業活動への影響度を評価します。

リスクの影響度は、一般的にリスクの発生頻度(frequency)とその強度(severity)、すなわちリスクが発生した場合の損失の規模を予測することによって評価できます。リスクの影響度の評価は、どのようにリスクを処理するかを決める上での目安になります。たとえば、発生頻度は低いが損失規模の大きいリスクは保険を中心としたリスク処理を実施し、発生頻度が低く、損失規模も小さいリスクは基本的にはリスクを保有することになります。

(3) リスク処理技術の選択

リスクの評価が決まると、一定の優先順位（一般的には損失の大きさの順）に従い、リスクをどのように処理するか、リスク処理技術の選択について意思決定を行います。リスクの処理技術は大きく2つに分けられます。リスク・コントロール(risk control)とリスク・ファイナンシング（risk financing）です。

①リスク・コントロール

リスク・コントロールとは、リスクの発生自体を防止する、またはリスクが発生した場合の損失を最小にするもので、リスクの処理において第一にとられるべき手段です。リスク・コントロールには、リスクの回避、損失制御、リスクの結合、分離、リスクの移転（リスク・コントロール型）などに分類されます。企業のケースを以下に説明することにします（家庭のケースは図表12-1参照）。リスクの回避とは、予想されるリスクに一切の関係を持たないことをいいます。たとえば、腐敗しやすい食品の夏季における製造中止などがあげられます。ただし、リスクの回避はリスクの防止が困難な場合の選択肢ではありますが、企

第12章　リスクマネジメントとは

業の利益獲得の機会を失うことにもなり、きわめて消極的なリスク処理の手段ということになります。損失制御には損失防止と損失軽減があります。損失防止は、損失発生頻度の減少または排除を目的とするもので、建物を耐震構造や耐火構造にするなどハード的な側面と、安全管理、安全教育などソフト的な側面とがあります。損失軽減は、損失の強度の減少を目的とするもので、スプリンクラー、消火設備、非常用設備の設置などハード的な側面と、適切なクレーム対応プログラムの作成などソフト的な側面とがあります。

　リスクの結合とは、損失にさらされている危険単位の数を増やすことによって、リスクマネジャーのリスク予知能力を高めるものです。たとえば、企業が合併、子会社化により経営規模を拡大させ、事故発生時の損失規模を縮小したり、他の運送会社と合併する場合などです。

　リスクの分離とは、人や物、企業活動をより小さな単位または集団に分割することによって損失規模の軽減を図るものです。たとえば、生産工場を1か所に集中させず、各地に分散させること、部品の仕入先を複数確保すること、会社の会長と社長を同時に海外出張する場合に、別々の飛行機に乗るようにすることなどです。リスク・コントロール型の移転には2つあります。第1は、損失にさらされている物や活動を他の個人または法人に移転させる方法です。たとえば、事務所に使用している建物を売却したり、製品の輸送を運送業者に委託することによってリスクを移転することができます。第2は、法律や契約から発生する責任を免除または制限する条項によってリスクを移転させる場合です。たとえば、建物の売買にあたり、土台の腐食などの瑕疵があったとしても責任を負わないとする特約によって、売主はそのリスクを買主に移転することができます。また、コンピュータ・リース契約を利用することにより、コンピュータ自体の物的損害に関わるリスクをリース業者に移転することができます。

　以上、リスク・コントロールの種類と具体例をあげましたが、リスク・コントロールは費用対効果を考えながら実施する必要があります。

②リスク・ファイナンシング

　リスク・ファイナンシングとは、リスク・コントロールによっても事故の発

生を完全に防止することはできないため、損失の発生に備え、事前に資金的用意をしておく方法で、リスクの（自社）保有とリスクの移転（転嫁）に大別されます。　企業のケースを以下に説明することにします（家庭のケースは図表12-1参照）。

　まず、リスクの（自社）保有とは、損害が発生した場合、それを補てんするのに必要な資金を、借り入れも含めて企業自身で調達することをいいます。リスクの保有には、経常費処理、引当金の設定、借り入れの利用、自家保険、キャプティブなどによる資金的な裏付け必要となります。また、保有にあたっては、十分なリスク分析を行い、保険市場の構造、リスク保有に対する税法上の取扱い、企業の財務力、過去の損害データ等を検討する必要があります。

　自家保険は、将来発生する可能性のある損失に対し、自社内で保険のしくみを作って対応する方法です。各種の保険技法を用いて、あたかも1つの保険会社を経営するように運営されるものであり、企業のなかで大数の法則が成立するほどリスクが多い企業、具体的には多数の店舗、自動車、船舶または従業員を有する企業が企業内に一定の災害準備金などを積み立て、損失発生に備えるしくみです。たとえば、多くのタクシー会社は、所有する自動車に強制保険のみを付保し、任意保険にあたる部分を自家保険の形で処理しています。なお、自家保険による引当金は、損金とならないため、利益処分による積立金の形をとらざるを得なくなります。

　キャプティブ（captive）は、企業が企業自身の保険契約を引受け対象として、主として海外に設立する保険子会社のことをいいます。キャプティブの長所は、保険会社が提供していない保険の補償を得られること、保険料負担を軽減できること、投資運用益が得られること、節税効果が得られることなどがあげられます。節税効果は、税制上の利点のあるバミューダやバハマ、ガーンジー、ケイマン諸島などの租税回避地（tax haven）にキャプティブ保険会社を設立することによって得られます。全世界におけるキャプティブ保険会社数は4,000社程度あり、バミューダが中心になっています。また、ほとんどのキャプティブは再保険市場で活動します。すなわち、親会社のリスクを引受けた元受保険会社（フロンティング会社）から再保険を引受けることにより、グループ全体

第 12 章　リスクマネジメントとは

としてリスクの保有を行うことになります。キャプティブは、さらに巨大ロスや事故の多発に備えて他の再保険会社に再々保険を行うのが一般的です。

次に、リスクの移転（転嫁）には、保険（共済など）による移転と保険以外の移転（リスク・ファイナンシング型）とがあります。保険はリスク移転の手段として最も広く利用されています。その理由は、保険は一般的に安価であり、費用の合理性の点からみて優れたリスク処理効果を持っているからです。また、保険以外の移転とは、損害賠償金や訴訟費用などの損失が発生した場合の費用負担を契約により相手方に移転させるものです。たとえば、免責条項の付帯、補償条項の挿入などの方法があり、賃貸借契約、建設工事請負契約、財貨・サービス供給契約、保証契約などでこれらの条項を織り込む方法がとられています。

(4) リスク処理の実施

選択されたリスクマネジメントの技術、たとえばリスクの移転技術のうち、保険なら保険を正しく実行することが重要です。また、この段階で、新たな計画や組織づくりが必要になり、指導していくリーダーシップが必要となります。

(5) リスク処理の結果の統制

リスクを発見・確認、測定・評価、処理した後は、リスクマネジメントのプロセスの第 5 段階として、これらの処置が妥当であったかどうかの検証が重要です。すなわち、リスクの発見・確認に漏れはなかったか、リスクの測定といった検証です。これらの質問を検討し、必要な軌道修正をするのが、リスクマネジメントの統制のプロセスです。なお、この検証の結果を踏まえて、次の発見・確認、測定・評価、処理の作業に進んでいく必要があります。

●ポイント

リスクマネジメントとは、事業活動や個人・家庭生活に伴うリスクを管理することです。リスクマネジメントには危険対象と管理対象の種類により、家庭リスクマネジメント（ファミリー・リスクマネジメント）、企業リスクマネジメント、官公庁リスクマネジメントなどのほかソーシャル・リスクマネジメントがあります。また、リスクの処理技術は、リスク・コントロールとリスク・ファイナンシングの 2 つの手法に分けることができます。

2 家庭リスクマネジメントとは

> **設問**
>
> 家庭リスクマネジメント（ファミリー・リスクマネジメント）とはどういうことですか。
>
> 家庭の日常生活に不確実な事故やライフサイクルにおける出来事をもリスクとして捉え、それらのリスクを総合的・多角的に管理するものです

1 家庭リスクマネジメントの重要性

　家庭リスクマネジメント（ファミリー・リスクマネジメント）とは、家庭管理にリスクマネジメントの手法を導入するものであり、火災・爆発、自然災害、交通事故、中毒、傷害・病気などの日常生活における不確実な事故とともに、就職、結婚、出産、子どもの教育、住宅取得、転職、退職、配偶者の死別などのライフサイクルにおける出来事をもリスクとして捉え、それらのリスクを総合的・多角的に管理するものです。

　従来、リスクマネジメントの手法は、主として企業の商品などの損害をカバーするために広く利用されてきましたが、最近は、一般の家庭においてもそのニーズが増えてきています。背景には、高齢化問題、住宅問題、環境問題、教育費の上昇、認知症や寝たきり老人の介護問題など、家庭を取り巻く環境が大きく変わってきたことがあげられますが、こうした家庭環境から発生するリスクについても十分認識することが必要となります。すなわち、これらに対応する家庭のリスクマネジメントも重要性を増してきています。

　なお、企業の固有のリスクに対応するコーポレート・リスクマネジメントに対して個人の抱えるリスクを総合的に管理するものとしてパーソナル・リスクマネジメントという用語も用いられています。

第12章 リスクマネジメントとは

2 家庭リスクマネジメントの特徴

　家庭リスクマネジメントを考える際の特徴は、企業の場合と比べて、ライフデザイン、つまり、各個人や家族の生き方・暮らし方が大きくかかわってくるため、必ずしも経済的合理性だけで解決できないという点です。

　充実した家庭生活は、家族の健康・心の満足・経済的保障が満たされて初めて実現するものですが、これらを阻害する偶然な出来事がリスクです。すなわち、自分や家族が思い描くライフプランをゆがめる要因であれば、経済的な損失を伴うものでなくても、リスクと考えられるのです。

　ただし、そのような要因は各個人・家族によってさまざまであり、個別性が強いリスクともいえます。

3 家庭リスクの処理技術

　家庭リスクマネジメントは、リスクの洗い出し（発見・確認）、リスクの測定・評価、リスク処理技術の選択といった一連のプロセスにより行われることになります。ここでは、家庭リスクの処理技術についての具体例をあげることにします（図表12-1）。

> ●ポイント
>
> 　家庭リスクマネジメントは、火災、交通事故、病気など家庭の日常生活に不確実な事故とともに就職、結婚、住宅取得、退職、配偶者の死別などライフサイクルにおける出来事をもリスクとして捉え、それらのリスクを総合的・多角的に管理するものです。
>
> 　最近は病気やケガなどの日常生活に不確実な事故のほか、高齢化に伴う介護の問題や年金問題、教育費の上昇など家庭を取り巻く環境が変化してきていることもあり、家庭リスクマネジメントの重要性が増してきました。

図表 12-1　家庭リスクの処理技術

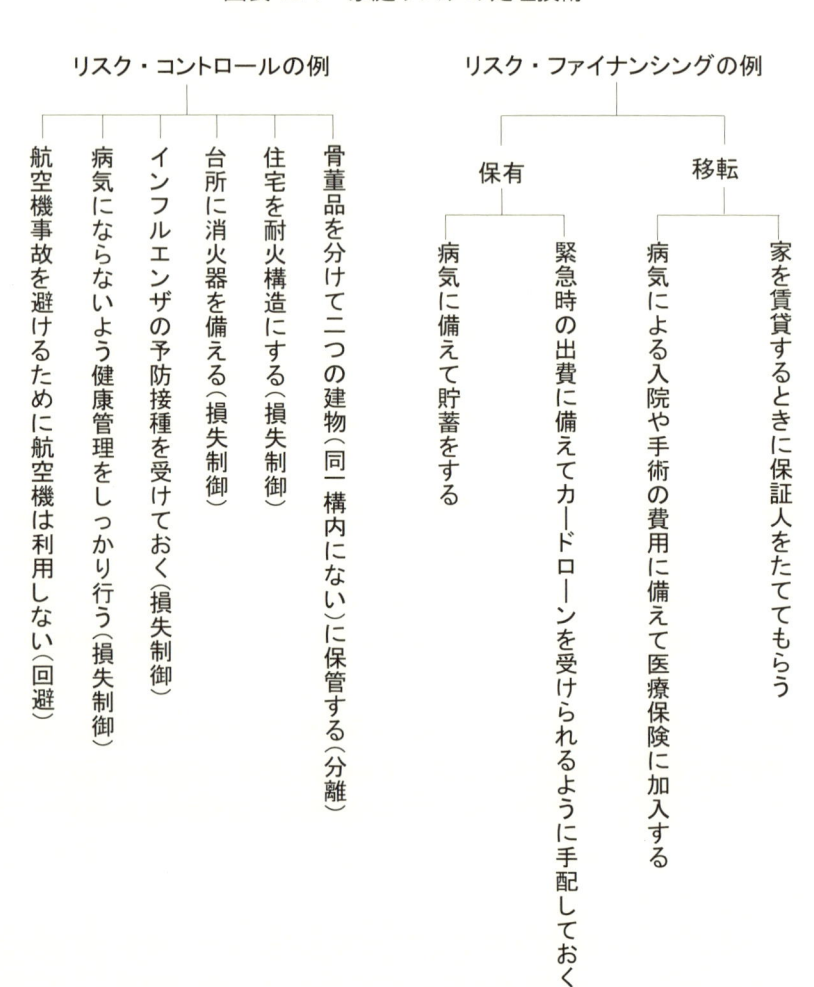

リスク・コントロールの例
- 骨董品を分けて二つの建物（同一構内にない）に保管する（分離）
- 住宅を耐火構造にする（損失制御）
- 台所に消火器を備える（損失制御）
- インフルエンザの予防接種を受けておく（損失制御）
- 病気にならないよう健康管理をしっかり行う（損失制御）
- 航空機事故を避けるために航空機は利用しない（回避）

リスク・ファイナンシングの例

保有
- 病気に備えて貯蓄をする
- 緊急時の出費に備えてカードローンを受けられるように手配しておく

移転
- 病気による入院や手術の費用に備えて医療保険に加入する
- 家を賃貸するときに保証人をたててもらう

出所：赤堀勝彦『リスクマネジメントと保険の基礎』（経済法令研究会，2006年）

# 第12章 リスクマネジメントとは

3 企業リスクマネジメントとは

設問

企業リスクマネジメントとはどういうことですか。

複雑に拡大した企業内外の危険（不利益）を最少の費用で、最も効果的に処理しようとする経営管理上の一手法です

1 企業リスクマネジメントの重要性

　事業活動は実にさまざまなリスクに取り囲まれ、リスクの態様も複雑化しています。企業が安定的に事業を継続・発展させていくためには、企業に損失を発生させるさまざまなリスクに対して適切に対処する必要があります。これらのリスクを最少の費用で最小にするにはどうしたらよいか、つまり、事業活動を取り巻く各種のリスクを、最少の費用で最も効果的に処理しようとする経営管理上の一手法が企業リスクマネジメントです。

　近年、企業リスクマネジメントの重要性が増していますが、その理由として①新しいしくみや新しい技術が数多く出現したことによりリスクの種類が格段に増加し、しかも損害が大型化したこと、②社会がめまぐるしく変化し、将来の予測が困難になり不確実性が増えていること、③国際化して、海外に充満しているリスクに直接かかわる機会が増えたことによりトラブルが多発していること、などがあげられます。リスクマネジメントは、このようにリスクが多種多様化してきた時代に対処する指針を示す役割を持っています。

2 企業リスクマネジメントの特徴

　最近は、さまざまな大規模災害、企業不祥事の続発、新型インフルエンザの流行など、企業経営に大きな影響をもたらすリスクが顕在化した事例が後を絶たない状況にあります。企業を取り巻くリスクが複雑かつ広範囲にわたる中、企業経営におけるリスクマネジメントの重要性はますます高まっていますが、多種多様なリスクに対し効果的なリスクマネジメントを実践することは決して

容易なことではありません。

　企業リスクマネジメントの特徴は、財産損失や賠償責任など企業を取り巻くさまざまなリスクを予見し、そのリスクがもたらす損失を予防するための対策や不幸にして損失が発生した場合の事後処理対策などを効果的・効率的に講じることによって、事業の継続と安定的発展を確保していくところにあります。

　また、家庭のリスクと比較した場合、企業のリスク対処の方法は多岐にわたるということとリスク処理コストの移転が可能であることなどの特徴があります（図表12-2）。

　さらに、企業リスクマネジメントは産業や社会の発展とともに進化するものです。産業と社会が高度化・複雑化し、企業の役割が増すとともに企業のリスクマネジメントに求められるものもまた変化し高度化するのは当然のことといえます。企業リスクマネジメントの主体者は企業あるいは経営者ですが、企業の社会的な影響力が拡大する中で、企業の外部ステークホルダー（株主、顧客、取引先、地域社会などの利害関係者）を主体者とするリスクマネジメントの重要性も認識されてきています。

3　企業リスクの処理技術

　企業リスクの処理技術は前述の家庭リスクマネジメント同様にリスク・コントロールとリスク・ファイナンシングの2つに分けることができます。企業リスクの処理技術のしくみは（図表12-3）のとおりです。

4　企業リスクマネジメントの形態

　企業リスクマネジメントは、①保険管理型、②危機管理型、③経営管理型、④経営戦略型に類別され、①と②を災害管理型リスクマネジメント、③と④を経営政策型リスクマネジメントとして体系化されてきました。しかし、時代の進展、リスクマネジメントから危機管理への移行や経営実態の研究が深まるにつれ、災害管理型危機管理を、企業、家計、行政に共通するものとし、企業危機管理は経営管理型を主体とし、それに業務管理型、経営戦略型を付加して3分類とする考え方が登場してきました。

第 12 章　リスクマネジメントとは

図表 12 - 2　家庭リスクマネジメントと企業リスクマネジメントの比較

項目	家庭 家庭リスクマネジメント	企業 企業リスクマネジメント
対象とするリスク	経済的リスクの種類は限定されるが、経済外的リスクを除外しにくい	経済的リスクが多様になるが、経済的リスクは除外しやすい
組織の目的との関係	組織の目的が多元的でそれぞれの家庭による較差が生じやすい	組織の目的が利潤に絞り込まれているので、それぞれの企業による格差が生じにくい
リスクマネジメントの 5 段階のプロセスの実行	実行しにくい	実行しやすい
リスクマネジメントの体制作り	作りにくい	作りやすい
必要な情報の入手、蓄積	入手、蓄積は難しく専門家の利用が不可欠である	リスクマネジメント部門、リスクマネージャーを置くことによって可能となる
リスク処理技術の選択の幅	限定される	限定されない
リスク処理コストの最終負担	コストの移転は不可能である	製品価格等に転嫁しコストを移転できる
社会保障制度や政策への依存	大きい	比較的小さい

出所：日本ファイナンシャル・プランナーズ協会編『リスクと保険』（日本ファイナンシャル・プランナーズ協会、2005 年）を基に作成（著者一部修正）。

図表 12-3　企業リスクの処理技術

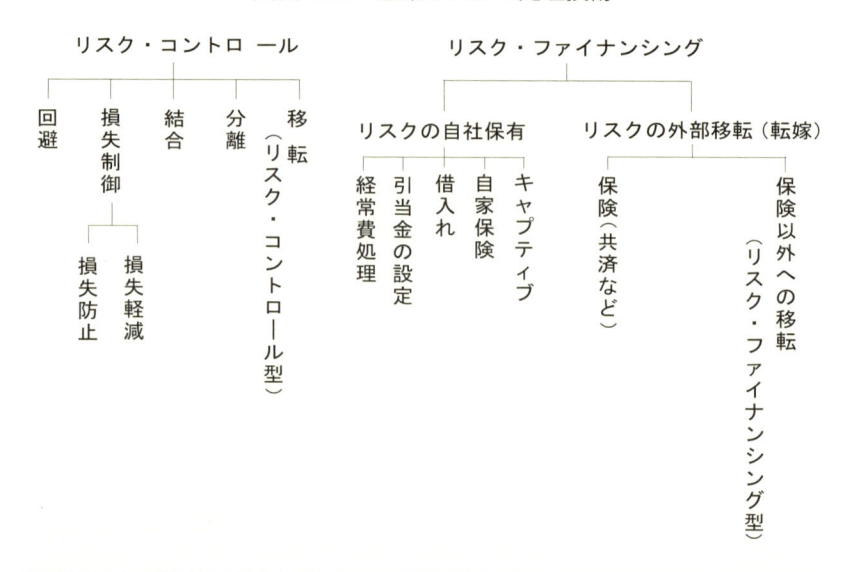

```
リスク・コントロール
├─ 回避
├─ 損失制御
│   ├─ 損失防止
│   └─ 損失軽減
├─ 結合
├─ 分離
└─ 移転（リスク・コントロール型）

リスク・ファイナンシング
├─ リスクの自社保有
│   ├─ 経常費処理
│   ├─ 引当金の設定
│   ├─ 借入れ
│   ├─ 自家保険
│   └─ キャプティブ
└─ リスクの外部移転（転嫁）
    ├─ 保険（共済など）
    └─ 保険以外への移転（リスク・ファイナンシング型）
```

●ポイント

　企業リスクマネジメントは、企業の存続を脅かす企業危険の処理に関する科学的管理です。企業が収益をあげ、存続し、成長していくためには企業防衛上、各種の危険処理手段を効果的に用いる必要があります。つまり、最低の費用で企業危険のもたらす不利益を除去または最小化し、収益減少を防止しようとすることが、企業リスクマネジメントの課題です。

4 ERMとは

> **設問**
>
> ERMとはどのようなことでしょうか。しくみなどについて教えてください。

企業の運営上起こり得るあらゆるリスクに対し、組織全体で管理しようとするリスクマネジメントの手法の一つです。

1 ERMの導入

1990年代に入ると欧米諸国では金融・証券・保険市場の混乱、激変、企業不祥事件の悪質化、企業倒産の多発、経営者責任の追及、不正会計の増加、自然災害の多発と巨大化など企業を取り巻く経営環境が大きく変化してきました。こうした状況下にあって、悪化した経営環境やリスクを改善し、企業の存続を図っていくためには何らかの救世的処置が必要になりました。そこで、企業経営が直面するリスクを全社的に管理する動きが、欧米の先端的な企業を中心に導入され始めました。こうした全社的なリスクへの取組みとして現れた新しいタイプの企業リスクマネジメントであるERM（Enterprise Risk Management）は、従来の伝統的リスクマネジメントに対して現代的リスクマネジメントあるいは全社的リスクマネジメント、統合リスクマネジメントなどと呼ばれ、最近日本にも導入されてきました。

「新しい」というのは、保険管理型リスクマネジメントに始まるアメリカ流の伝統的リスクマネジメントとは異なるという意味です。

2 ERMの特徴

ERMの特徴としては、対象とするリスクが広く、これまでの純粋リスクのみならず、投機的リスクとしての戦略リスクや無形リスクが重大リスクとして認識されていることやリスクを専門家のものとせず、全社的にあらゆる従業員と職務の一部とすること、さらに、内部統制とリスクマネジメントを結合させ監査との関連を重視していることなどがあげられます。

伝統的リスクマネジメントと ERM の相違点については、① ERM 担当責任者は、伝統的リスクマネジメントのようにリスクを個別のリスクだけの専門家になるのでなく、すべてのリスクをあらゆる経営意思決定の一部であるという考え方をとり、その結果、リスクマネジャーはあらゆるリスクを考慮する必要があること、②リスクを専門家のものとせず、全社的にあらゆる従業員と職務の一部とすること、の 2 つの相違点が指摘されます。

従来の伝統的リスクマネジメントと ERM に代表される現代的リスクマネジメントの比較は（図表 12-4）のとおりです。

図表 12-4　伝統的リスクマネジメントと現代的リスクマネジメントの比較

対象リスク	伝統的リスクマネジメント	現代的リスクマネジメント
関係主体	特定の部署	関連会社を含む全社
担当	一部の管理者	全員
実施時期	定期的	継続的
使用用語	各部署や各人が、多くの場合、同一用語を異なった意味で使用	共通の理解
報告	各部署による別々の報告	統合された報告
目的	損失の最小化（リスクがもたらすマイナスの面に注目）	ロスの最小化とチャンスの最大化（より包括的でリスクがもたらすプラス面にも注目）
意思決定の基準	リスクマネジャーの判断	取締役会のリスク政策
目標（目指す姿）	企業の資産保全	リスク感性の向上を通じた企業体質強化、評判の向上

出所：上田和勇『事例で学ぶリスクマネジメント入門―復元力を生み出すリスクマネジメント思考―』（同文舘、2012 年）を基に作成（著者一部修正）。

3　保険会社における ERM の必要性

わが国では、金融庁の「保険会社等向け監督方針」に、2009 年度から保険会社の「リスク管理の高度化の推進」の項目が盛り込まれ、「各保険会社において、経営陣による主導性と強いコミットメントの下で、会社の規模やリスクの特性等に応じた適切な統合的リスク管理態勢が整備されているかを検証する」ことが明記されました。

第 12 章　リスクマネジメントとは

　さらに、2011 年度の監督方針では、「前年度に引き続き ERM ヒアリング等を実施し、各保険会社において、経営陣による主導性と強いコミットメントの下で、自社の自己資本等の状況を踏まえつつ、会社の規模やリスクの特性等に応じた適切なリスク管理態勢が整備されているかを検証する」ことが明記され、ERM という言葉が使われています。

　また、2011 年 2 月に改正された金融庁の「保険検査マニュアル」においても、保険会社が直面するリスクを統合的に管理する態勢を検証するための「統合的リスク管理態勢」の項目が追加されています。この検査マニュアルにおいて、「統合的リスク管理とは、保険会社の直面するリスクに関して、潜在的に重要なリスクを含めて総体的に捉え、保険会社の自己資本等と比較・対照し、さらに、保険引受や保険料率設定などフロー面を含めた事業全体としてリスクをコントロールする、自己管理型のリスク管理を行うことをいう。」と定義されています。

●ポイント

　ERM では、全社を挙げてリスクの把握や評価・管理を行う点に特徴があります。

　保険会社における ERM とは、保険会社がリスクと資本のバランスを取りながら継続的に収益を上げていくための管理手法であり、ERM の導入は、企業価値の安定的な向上が、結果的には保険契約者保護に繋がるという考え方に基づいています。ERM の導入または定着を成功させるためには、経営者の理解と主導に基づき、ERM と事業戦略および日常業務が密接かつ直接に結びついて効果的に実施されることが求められています。

5 ISO31000とは

> **設問**
> ISO31000とはどのようなことでしょうか。

2009年に発行されたリスクマネジメントの国際基準規格のことです

1 ISO31000発行の背景

2009年11月15日に、リスクマネジメントの国際標準規格ISO31000：2009（Risk management-Principles and guidelines）およびISO Guide 73：2009（Risk management-Vocabulary）が発行されました。日本規格協会によれば、「これは、①激変する経営環境に対応するためにリスクマネジメントの重要性が世界中で声高に叫ばれていること、②各分野で個々に開発されたリスクマネジメントに関する用語及び方法による混乱を避けること、に応えたものである。」とされています。

これまで、リスクマネジメント関連の国際標準規格については、食品安全マネジメントシステム（ISO22000：2005）や情報セキュリティリスクマネジメント（ISO/IEC27005：2008）、リスクマネジメント—リスクアセスメント技法（IEC/ISO31010：2009）などが存在していますが、企業等の組織がリスクマネジメントをどのように展開すればよいかについての国際的に統一された規格はこれまで存在していませんでした。ISO31000は、長年に及ぶ議論を経て発行されたリスクマネジメントでは最初の国際標準規格です。これまでのリスクマネジメントの発展過程においては、さまざまな産業分野や各企業、各種の領域・機能・活動ごとに実務対応を中心に向上・改善させてきたという経緯があります。

2 ISO31000の特徴

ISO規格にもいくつかのタイプがありますが、ISO31000は、要求事項に合致するかを第三者機関が審査し、認証取得の対象となる品質マネジメントシス

第 12 章　リスクマネジメントとは

テム規格 ISO9000 や環境マネジメントシステム規格 ISO14000 とは異なり、第三者の認証を必要としないリスクマネジメントの原則および指針を示すガイドライン規格であるという点に特徴があります。

3　ISO31000 におけるリスクの定義

　リスクについては、これまでさまざまな定義付けがされてきていますが、いまだに誰もが広く定説として認めるリスクの定義は存在していません。

　これまで発表された諸定義を踏まえて、2009 年に発行された ISO31000 と ISO Guide 73 では、リスクを新たに「目的に対する不確かさの影響」(effect of uncertainty on objectives)と定義しています。

　こうした定義の変遷は、事故や災害など、マイナスの結果を生ずる純粋リスクのみならず、ビジネス展開や経営戦略上の意思決定に伴ってリスクを負担した結果、プラスの側面に？がるような場合の投機的リスクの双方を対象とする現代的リスクマネジメントに対応しています。

4　ISO31000 におけるリスクマネジメントの定義

　リスクマネジメントには、伝統的リスクマネジメントと ERM に代表される現代的リスクマネジメントという二つの潮流があります。

　こうした中、ISO31000 と ISO Guide 73 では、リスクマネジメントを「リスクについて、組織を指揮統制するための調整された活動」(coordinated actives to direct control an organization with regard to risk)と定義しています。

　なお、ISO31000 においては、「リスクマネジメントの成功は、リスクマネジメントを組織全体のすべての階層に定着させるための基礎及び取決めを提供するマネジメントの枠組みの有効性にかかっている」とされます。また、この枠組みは組織における全体的なマネジメントと独立したものではなく他のマネジメントシステムとの統合を手助けするためのものです。さらに、既存のリスクを対象とするマネジメントシステムがある場合には、そのシステムの妥当性、有効性を評価する際に用いることが望ましいとの考え方が示されています。こうした枠組みの考え方は、特にリスクマネジメントと内部統制[注]との関係を

整理していくうえで重要であることから、マネジメントの枠組みとして有効性を確保していくためには内部統制システムと一体となった検討が不可欠な課題となります。

（注）内部統制とは、一般に企業などの組織内部において、違法行為や不正、ミスやエラーなどが行われることなく、組織が健全かつ有効・効率的に運営されるよう各業務で所定の基準や手続きを定め、それに基づいて管理・監視・保証を行うことをいいます。そのための一連の仕組みを内部統制システムといいます。内部統制は、企業目的を達成するために欠かせないしくみであり、経営者には、内部統制を構築するとともにその有効性と効率性を維持する責任があります。2007年2月15日に企業会計審議会から公表された「財務報告に係る内部統制の評価及び監査の基準によれば、内部統制とは、①業務の有効性・効率性、②財務報告の信頼性、③事業活動に関わる法令等の遵守、④資産の保全の4つの目的を達成するために企業内のすべての者によって遂行されるプロセスとされています。

●ポイント

ISO31000は、すべてのリスクを運用管理するための汎用的なプロセスとそのプロセスを効果的に運用するための枠組みが提供されており、組織としてのリスクマネジメントの運営に必要な要素と各要素の有機的な関係が示されています。

近年、企業を中心にさまざまな組織に、リスクマネジメントが導入されるようになりましたが、今後、ISO31000は、組織にリスクマネジメントを導入する際の規範となるでしょう。

第12章　リスクマネジメントとは

6　代替的リスク移転とは

> **設問**
>
> 代替的リスク移転とはどういうことですか。

> 保険技術と金融技術が融合して生まれた新しい移転のしくみで、保険に対して代替的ということです

1　代替的リスク移転（Alternative Risk Transfer：ART）の活用

最近は、特殊なリスクや特定の業種を対象とした新保険商品の多様化が進んでいます。

特に、金融資本市場を活用したデリバテイブ(derivative)取引などの代替的リスク移転（以下、ARTといいます。）が利用されてきています。

デリバテイブとは、金融派生商品と訳され、ベースとなる商品から派生して作られた金融商品のことをいいます。デリバテイブは元来、株式、債券、外国為替、それに非鉄金属、穀物、石油などの商品取引などが抱える市場リスクを低減させるための手法です。デリバテイブ取引には、少額の資金で取引できるというメリットと、投機的な機能とヘッジ機能という2つの機能・特徴があります。

ARTは、保険技術と金融技術が融合して生まれた新しいリスク移転のしくみで、文字どおりの意味としては「保険」に対して代替的ということです。ARTは保険リスクを金融商品化して、金融資本市場にリスクを移転することによって、巨大リスクが発生した場合の損失処理の資金を金融市場から調達することを可能にしています。保険会社と企業がこの代替的リスクを利用しています。

2　ARTのしくみ

ARTのしくみは事業会社あるいは元受保険会社・再保険会社がそれぞれ特別目的（再保険）会社を設立し、特別目的会社が債券を発行し、投資家が購入した資金は目的会社にプールされます。投資家はリスクが発生しなければ高いリ

ターン（利息）を受け、元本は償還されます。リスクが発生した場合にはリスクの程度によって債券の元本は減少し、または消滅します。リスクが発生するとプールされた資金はリスクの規模に応じて、再保険会社・元受保険会社へ、あるいは企業に支払われ、元本は減少し、あるいは消滅します。投資家は高いリターンを受け取るか、あるいは債券償還時の元本の減少あるいは消滅のリスクを負うことになります。

ARTは、アメリカの再保険市場がタイトになった1994年頃、元受保険会社・再保険会社が、証券化など金融技術を使った手段を利用し始め、注目されました。近年、世界各地で発生する大自然災害リスクに対する保険需要が急速に拡大し、この災害リスクを証券化によって資本市場でヘッジするART手法が活発化しています。また、ARTのなかでも特にわが国で導入が広まってきたのが保険デリバテイブです。保険デリバテイブの代表的な商品である天候デリバテイブは、保険に代わる天候リスクの新たなヘッジ手法としてアメリカで開発され、国内では、1998年12月の金融制度改革による法的整備を経て、損害保険会社だけでなく銀行等の金融機関もこれを取り扱っています。

●ポイント

　企業リスクの移転について一般的には保険が活用されていますが、近年特に盛んになってきた金融資本市場をも巻き込んだ保険以外のリスク移転が保険に対応する手法として認められています。この手法を代替的リスク移転（ART）といいます。

　ARTの一種として、わが国でも保険デリバテイブやリスクの証券化によるリスク・ファイナンシングが行われるようになってきました。なかでも、天候デリバテイブが近年、世界的にも盛んに用いられており、わが国でも導入が広まってきました（天候デリバテイブについては次項を参照）。

第12章　リスクマネジメントとは

7　天候デリバティブとは

> 天候デリバティブのしくみと特色について教えてください。

異常気象や天候不順により企業が被る売上減少などのリスクを低減する金融商品です

1　天候デリバティブのしくみ

天候デリバティブのしくみは、保険会社等が、(イ) 顧客企業からプレミアム（保険料に該当）を収受し、(ロ) あらかじめ約定した指標（平均気温、降雨量、降雪量、風速等）を実際の気象条件が満たした場合（保険事故に該当）に、(ハ) 数値の差異や日数に応じて約定した定額の補償金（保険金に該当）を支払うことになっています（図表 12-5）。

図表 12 - 5　天候デリバティブのしくみ

```
                (イ) プレミアムを支払う
        ┌─────────────────────────────────┐
        │                                 ↓
   ┌────────┐   ┌──────────┐   ┌──────────┐
   │顧客企業│ ← │ 金融機関 │ → │損害保険会社│
   │        │   │(媒介の場合)│   │          │
   └────────┘   └──────────┘   └──────────┘
        ↑                                 │
        └─────────────────────────────────┘
     (ロ) 条件を満たした場合に　(ハ) 補償金を支払う
```

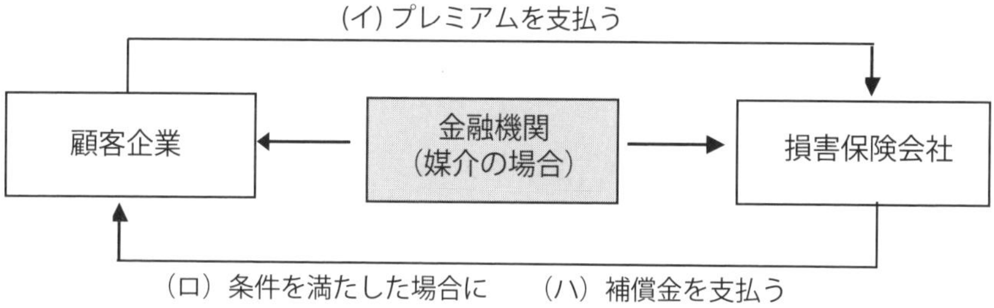

たとえば、ある企業が「冷夏リスク」をヘッジしたいと考え、過去10年間の平均気温を基に観測期間中の毎日の平均気温の平均値が25.5℃を下回ることを支払条件ということで契約したとします。実際その夏の観測値が23.5℃であったとすると、契約時に設定した基準値である25.5℃より実勢値が下回っているので支払いが発生します。この場合、支払金額をあらかじめ1℃を下回るごとに1,000万円支払うと決めておけば、上述の例では、2,000万円［1,000万円 × (25.5℃—23.5℃)］の支払いが発生します（図表12-6)。

保険商品が実損てん補であることから考えると、天候デリバテイブではかなり商品の性格が異なります。

図表12‐6　冷夏リスクヘッジの取引モデル

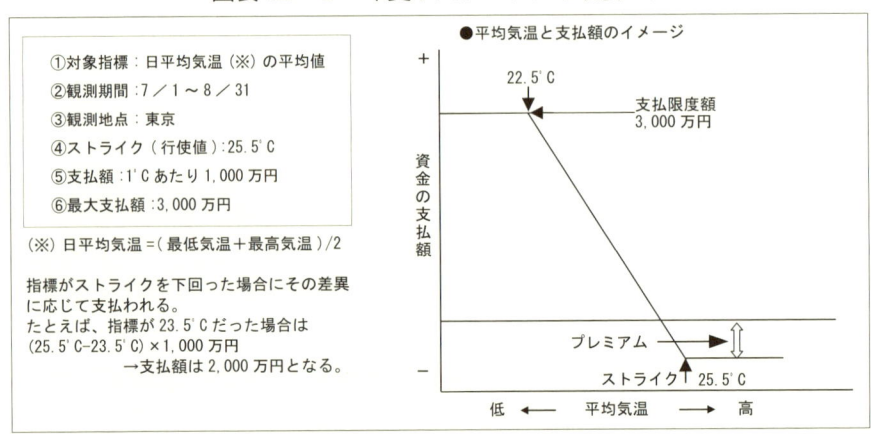

①対象指標：日平均気温（※）の平均値
②観測期間：7／1～8／31
③観測地点：東京
④ストライク（行使値）：25.5℃
⑤支払額：1℃あたり1,000万円
⑥最大支払額：3,000万円

（※）日平均気温＝(最低気温＋最高気温)／2

指標がストライクを下回った場合にその差異に応じて支払われる。
たとえば、指標が23.5℃だった場合は
(25.5℃-23.5℃)×1,000万円
　→支払額は2,000万円となる。

●平均気温と支払額のイメージ

22.5℃
支払限度額 3,000万円
プレミアム
ストライク 25.5℃
低 ← 平均気温 → 高
資金の支払額

2　天候デリバテイブの特徴

　天候デリバテイブは、一定地域の気温、降雨量、降雪量、風速、日照時間等の気象変動により、企業が被る収益の減少や費用の増大を補償するリスクヘッジ商品です。たとえば、冷夏だと利益減になる電力会社、エアコン業者、ビアガーデン、海水浴場など、多雨だと利益減になるゴルフ場、百貨店、屋外レジャー施設など、少雨だと利益減になる野菜農家など、暖冬だと利益減になるガス会社、灯油販売、スキー場などに対して業績を安定させる効果を発揮します。ところで、天候リスクをヘッジする商品には、天候デリバテイブのほかに、異常気象保険があります。この保険も天候デリバテイブと同様に、気温、降雨量、降雪量などの気象変動の影響により、企業が被る収益減少を補償する商品です。ここでは、異常気象保険と比較しながら天候デリバテイブの特徴をみていくことにします。

　まず、異常気象保険は保険商品である以上、保険としての制約を受けます。保険は、損害との関係を重視し、特定した原因による損害に対してのみ補償を行うという相当因果関係が必要とされます。一方，天候デリバテイブは、その

第12章　リスクマネジメントとは

原因には関係せずあらかじめ決められた支払条件を満たすことが起きれば、支払いが発生します。次に、保険ではいくら保険金額を多めに設定していても企業が天候不順により被った実損を超えることができないのに対して、天候デリバティブは実損には関係せず、平均気温や最高（最低）気温が契約時に設定する基準値より離れているか否かにより支払いが決定します。すなわち、実損が伴っている必要がないため、保険金支払いに必須である損害査定も、天候デリバティブの契約には関係しないということです。

●ポイント

天候デリバティブは、あらかじめ一定のプレミアム（オプション料）を支払うことで、平均気温や降雨日数など天候データが決められた水準に達した場合に、そのデータを上回った（あるいは下回った）度合いに応じて補償金が支払われるしくみです。保険と異なり、実際の損害額など確定されていなくても、気象データが条件を満たせば補償金が支払われる点が特徴です。

なお、類似の金融商品として、保険市場では処理しきれない地震リスクを、資本市場から資金調達により補償するために導入された地震デリバティブがあります。

地震デリバティブのしくみは、保険会社が、（イ）契約時、すなわち地震発生前に顧客企業から想定元本（ここでは、地震発生時の最大支払額）に対し、予め設定した料率でオプション料を収受し、（ロ）地震発生時に地震の大きさ、すなわち、マグニチュードに応じて、想定元本に対し、予め設定した割合での変動金額を支払うことになっています。

参 考 文 献

赤堀勝彦『保険と税金の手ほどき』(保険毎日新聞社、1998年)
赤堀勝彦『リスクマネジメントと保険の基礎』(経済法令研究会、2003年)
赤堀勝彦『最近のリスクマネジメントと保険の展開』(ゆるり書房、2005年)
赤堀勝彦『企業の法的リスクマネジメント』(法律文化社、2010年)
赤堀勝彦『実戦リスクマネジメント』(三光、2012年)
赤堀勝彦『FP基礎―ファイナンシャル・プランニング―』[三訂版](保険毎日新聞社、2013年)
インターリスク総研編著『実践リスクマネジメント』[第四版](経済法令研究会、2010年)
内田知男『リスクマネジメントの実務』(中央経済社、2011年)
宇野典明監修『リスクマネジメント』(日本ファイナンシャル・プランナーズ協会、2013年)
可児滋『金融と保険の融合』(金融財政事情研究会、2013年)
亀井利明・亀井克之『ソーシャル・リスクマネジメント論』(同文舘出版、2012年)
亀井利明・亀井克之『リスクマネジメント総論』[増補版](同文舘出版、2009年)
亀井克之『リスクマネジメントの基礎理論と事例』(関西大学出版、2011年)
かんぽ生命保険編『保険ラインナップ』(かんぽ生命保険、2012年)
きんざいファイナンシャル・プランナーズ・センタ―編『FPマニュアル』(きんざい、2012年)
国税庁編「暮らしの税情報」(国税庁、2013年)
嶋寺基『最新保険事情』(金融財政事情研究会、2011年)
杉浦武彦『現代の損害保険』(保険教育システム研究所、2013年)
杉野文俊編著・池内光久・諏訪吉彦著『損害保険とリスクマネジメント』(損害保険事業総合研究所、2010年)
生命保険文化センター編『知っておきたい生命保険と税金の知識』(生命保険文化センター、2013年)
生命保険文化センター編『定年 Go !』(生命保険文化センター、2013年)
生命保険文化センター編『ほけんのキホン』(生命保険文化センター、2013年)
生命保険文化センター編『ライフプラン情報ブック』(生命保険文化センター、2013年)
生命保険文化センター編『医療保障ガイド』(生命保険文化センター、2013年)
生命保険文化センター編『遺族保障ガイド』(生命保険文化センター、2013年)

生命保険文化センター編『介護保障ガイド』(生命保険文化センター、2013年)
全国労働者共済生活協同組合連合会編『全労済ガイド』(全国労働者共済生活協同組合連合会、2013年)
損害保険事業総合研究所編『欧米における銀行の保険窓販等の動向について』(損害保険事業総合研究所、2003年)
玉村勝彦『損害保険の知識』〈第3版〉(日本経済新聞出版社、2011年)
近見正彦・堀田一吉・江澤雅彦編著『保険学』(有斐閣、2011年)
日本共済協会編『日本の共済事業ファクトブック』(日本共済協会、2013年)
日本損害保険協会編『日本の損害保険ファクトブック』(日本損害保険協会、2013年)
日本弁護士連合会弁護士業務改革委員会スポーツ・エンターテインメント法促進PT編集者『スポーツ事故の法務―裁判例からみる安全配慮義務と責任論―』(創耕舎、2013年)
保険教育システム研究所編『2012年改訂版・保険業法のポイント』(日企、2012年)
保険教育システム研究所編『平成23年改訂版・地震保険ガイド』(日企、2011年)
松島恵『損害保険入門』(成文堂、2008年)
有限責任監査法人トーマツ金融インダストリーグループ編『保険会社のERM』(保険毎日新聞社、2012年)
COSO *Enterprise Risk Management-Integrated Framework,* 2004 (八田進二監訳、中央青山監査法人訳『全社的リスクマネジメント フレームワーク編』)(東洋経済新社、2006年)
Crouhy,M., D.Galai and R.Mark, *The Essentials of Risk Management, The McGraw-Hill* Companies, Inc.2006 (三浦良造訳者代表『リスクマネジメントの本質』)(共立出版、2008年)
Harrington,S.E. and G.R.Niehaus, *Risk Management and Insurance,* 2nd ed., The McGraw-Hill Comapanies,Inc.2004 (米山高生・箸方幹逸監訳『保険とリスクマネジメント』)(東洋経済新報社、2005年)

索　引

(A～Z)

ABS 割引 …………………… 268
ART …………………… 319, 320
B グループ保険 …………… 115, 117
captive …………………… 304
CO・OP 火災共済 ………… 289, 290
CO・OP 共済 ……………… 289, 290
CO・OP 生命共済 ………… 289, 290
crisis …………………… 292
D＆O 保険 ………… 200, 246, 247
EIL 保険 ………………… 200
ERM(Enterprise Risk Management)…
　313, 314, 315
hazard …………………… 291
ISO31000 ………… 316, 317, 318
JA …………………… 215
JA 共済 ………… 48, 49, 50, 281, 283
JA 共済連 ………………… 49, 50
JF 共水連 ………………… 49
loss exposure …………… 292
peril …………………… 291
PL …………………… 244
PL 法 …………………… 244
PL 保険 ………………… 200, 244
pure risk ………………… 294
risk …………………… 291
risk control …………… 302
risk financing ………… 302
risk management ……… 301
speculative risk ……… 294

(あ)

あいあい …………………… 289, 290
あいぷらす ………………… 289
アカウント型保険 … 77, 79, 80, 81, 271,
　273
頭金制度 …………………… 132
安全装置割引 ……………… 267
アンブレラ保険 …………… 200
育英学資 …………………… 278
育英年金 …………………… 100, 101
異常気象保険 ……………… 322
一時所得 ……… 83, 252, 253, 255, 257
一時払 ………… 82, 132, 160, 236
一時払終身保険 …………… 68
一時払長期平準定期保険 …… 75
一時払養老保険 …… 82, 83, 146, 147
一病壮健プラン …………… 278
一部一時払制度 …………… 133
一括払 …………………… 132, 147
一般勘定 …………………… 63
一般物件用 ………………… 206
医療共済 …………………… 282
医療特約 …… 34, 80, 81, 92, 105, 130
医療費控除 ……………… 148, 149
医療費用・介護施設費用保険金 …… 232
医療（費用）保険 ………… 52
医療費用保険 …………… 231, 251
医療保険 …… 31, 34, 37, 51, 90, 91, 92,
　93, 94, 123, 231
医療保障 ………… 33, 34, 36, 129

― 326 ―

祝金付こども保険……………………101
請負業者賠償責任保険………………200
受再保険……………………………… 54
運送保険……………………… 201, 249
運転者家族限定特約…………………267
運転者年齢条件特約…………………267
エアバッグ割引………………………267
営業継続費用保険……………………198
営業継続費用保険（特約）…………208
延長（定期）保険……… 173, 175, 184
オール・リスク担保…………………208

(か)

海外旅行傷害保険……… 197, 199, 221, 224, 225, 269, 270
海外旅行保険…………………………225
外貨建て保険……………………24, 44
介護一時金…………………………95, 96
外航貨物海上保険……………………249
介護諸費用保険金……………………232
介護年金…………………………95, 96
介護（費用）保険 ………………… 52
介護費用保険……198, 232, 233, 251, 254
介護保険… 32, 37, 51, 77, 96, 123, 232
介護保障………………………………67, 97
介護保障特約………………………… 95
会社役員賠償責任保険… 200, 246, 247
海上危険……………………………248
海上保険…………………… 248, 249
解除権消滅……………………………166
解約返戻金… 67, 68, 76, 77, 144, 145, 172, 194, 257
価額協定保険（特約）……… 204, 265

価格変動リスク……………………… 24
学資保険…… 40, 274, 276, 277, 278
確定型………………………… 234, 235
確定拠出年金積立傷害保険…………224
確定年金……111, 113, 123, 151, 284, 286
掛捨て型………………………24, 37
掛捨てタイプ………… 69, 90, 91, 96
掛捨て保険………………… 108, 109
火災共済……… 49, 281, 282, 283, 285
火災保険……37, 38, 52, 196, 198, 199, 202, 214, 249, 263
加算給付金………………… 235, 257
家重型………………………………284
家族傷害保険……… 197, 205, 222, 269
家庭リスクマネジメント…301, 306, 307, 311
加入年齢……………………………… 76
貨物海上保険………………… 201, 249
貨物保険………………… 52, 248, 249
ガラス保険…………………………201
身体（からだ）の保険……196, 197, 200, 270
簡易生命保険………………………… 39
環境汚染賠償責任保険（EIL保険）…200
がん共済……………………………282
官公庁リスクマネジメント…………301
がん手術給付金……………………… 94
間接損害………………… 198, 208
がん入院給付金……………………… 94
がん保険…… 51, 52, 91, 93, 94, 123
かんぽ生命…………………………… 40
かんぽ生命の生命保険……39, 40, 41,

	274, 275, 277, 278, 279	クレーム・エージェント	225
機械保険	198, 201	経営者保険	69
危機	292, 293	経済政策的保険	32
危機管理	292, 293	契約応当日	169
企業のリスクマネジメント	199	契約者貸付	67, 68, 178, 223
企業費用・利益総合保険	199, 208	契約者の変更	168
企業包括賠償責任保険（アンブレラ保険）	200	契約者配当金	226, 241, 242, 255, 257, 269
企業リスクマネジメント	301, 309, 310, 311, 312, 313	契約撤回請求権	164
		契約転換制度	179, 180, 189
危険	292	契約年齢	72, 76, 180
危険管理	292	現金受取方法	185, 187
希望利益	248	健康祝金	96
基本給付金	257	健康管理証明書扱い	162
基本年金額	110, 114, 151	健康診断結果通知書扱い	162
基本保険金額	62	健康保険	32, 221, 231
記名被保険者	267	原子力保険	201
キャッシュバック型	197	建設工事保険	201
キャプティブ	304, 305, 312	源泉分離課税	83, 256, 257
急激かつ偶然な外来の事故	221	現代的リスクマネジメント	313, 314
救済保険会社	195, 258	建築年割引	213
共済	32, 47, 48, 49, 50	限定告知型医療保険	91
共済金額	48	県民共済	49, 287
強制保険	197, 215, 218, 266	後遺障害保険金	221
漁船保険	32	公営保険	31, 32
銀行窓販	9, 10, 14, 15, 17	興業中止保険	201
銀行窓販専用火災保険	209, 210, 211	交協連	49
金融商品取引法	18, 261	航空保険	201
金融商品販売法	18, 23, 25, 27	工場物件用	206
金融類似商品	147	控除対象保険料	255, 256
クーリング・オフ	164	更新	70, 90
組立保険	201	更新型	77, 79, 88, 182
クルマの保険	196, 197, 200	厚生年金保険	32

交通災害共済……………………………285
交通災害保障共済………………………282
交通事故傷害保険…………… 197, 223
交通事故証明書………… 271, 272, 273
公的医療保険制度………………………231
公的介護保険……………………………96
高度障害状態………………………94, 108
高度障害保険金………… 108, 148, 149
コープ共済連……………………………49
公保険………………………………31, 32
コーポーレート・リスクマネジメント…306
国営保険…………………………………32
告知扱……………………………………287
告知義務………… 161, 166, 191, 263
告知義務違反……………………165, 166
告知義務者………………………………167
告知書………………… 123, 161, 167
告知書扱い………………………………161
国内旅行傷害保険……………… 224, 269
こくみん共済…………… 285, 286, 287
国民健康保険………………………32, 231
ご契約のしおり…… 94, 124, 161, 162
個人情報保護法………… 18, 28, 29, 30
個人長期生命共済………………285, 286
個人定期生命共済………………285, 286
個人年金共済……………………………284
個人年金保険…… 16, 36, 61, 110, 111, 123, 194
個人年金保険料控除……………110, 137
個人年金保険料税制適格特約………136
個人賠償責任保険………………199, 239
個人包括賠償責任保険…………………201

国家再保険………………………………206
こども共済………………………282, 290
こども総合保険………………… 197, 222
こども保険………… 61, 100, 101, 123
5年ごと利差配当付保険………………185
5倍型終身保険…………………276, 278
雇用保険…………………………………32
ゴルファー保険………… 198, 199, 236
コンピュータ総合保険…………………201
コンプライアンス…………………18, 19
(さ)
災害死亡保険金………………… 102, 147
災害総合保障特約………………………116
災害特約………… 40, 279, 280, 282
災害入院給付金…………………… 90, 91
財形住宅傷害保険………………………242
財形住宅貯蓄保険………………………276
財形貯蓄傷害保険………………………242
財形積立貯蓄保険………………………276
財形年金傷害保険………………………242
財形保険……………………………16, 136
再々保険…………………………………305
出再保険…………………………………54
在宅療養給付金…………………………90
再調達価額……………………… 204, 265
再保険………………… 44, 53, 55, 304
債務返済支援保険… 16, 227, 228, 229, 230
雑所得………………… 107, 147, 150, 257
雑損控除…………………………………252
産業保険…………………………………32
3大疾病保障保険………………………99
3大疾病前払特約………………………282

私営保険	31, 32
時価	21, 204, 205, 209, 213, 264
時価額	204
自家保険	304, 312
事業保険	75
死差益	185
市場リスク	24
地震火災費用	196, 202, 206, 208
地震火災費用保険金	265
地震危険担保特約	206
地震デリバティブ	323
地震保険	21, 38, 196, 202, 206, 212, 265
地震保険金	213
地震保険に関する法律	212
地震保険料控除	250, 251
施設所有（管理）者賠償責任保険	200
自損事故保険	197, 216
下取部分	179, 180
失効	169, 171, 243
実損てん補	31, 37, 231
実損払	209, 221
疾病入院給付金	90, 91
疾病入院特約	148
指定代理請求人制度	98
自動車共済	49, 281, 282, 283
自動車総合補償共済	285
自動車損害賠償責任保険	197, 215
自動車損害賠償保障事業	215, 272
自動車損害賠償保障法	197, 215
自動車保険	37, 38, 52, 197, 199, 201, 216, 218, 219, 249, 252, 263, 266, 267
自動車保険料率算定会	217
自動振替貸付制度	170, 172
自賠責共済	215, 282
自賠責保険	52, 197, 215, 216, 218, 266, 272
自賠法	215
支払調書	257
死亡給付金	60, 111, 281
死亡・高度障害保険金	61, 90, 91
死亡退職金	75, 115
死亡保険	60, 61, 64, 65, 110
死亡保険金	65, 66, 82, 83, 85, 86, 87, 93, 94, 96, 98, 105, 106, 117, 120, 122, 140, 168, 221, 252
死亡保障	33, 36, 65, 67, 68, 77, 82, 83, 84, 87, 102, 104, 109, 114, 129, 274, 287
終身保険	68
死亡保障額	78, 125
私保険	31, 32
社医診査扱い	162
社会政策的保険	32
社会保険	32
車両保険	38, 197, 217
収益減少防止費用	207
就業不能保険金	104
就業不能保障	104
就業不能保障保険	104, 105
就業不能保障保険金	105
終身共済	282, 283
終身生命共済	285, 286
終身タイプ	94
終身年金	110, 123, 151

終身払込み……………………………… 78	衝突損害賠償責任………………………248
終身保険…… 34, 52, 60, 65, 66, 67, 68, 75, 76, 77, 107, 122, 172, 194	消費者契約法……………………………26, 27
	消費生活協同組合法……………………47, 50
終身保障…………………………………… 92	正味払込保険料……………………142, 144
重大疾病保障保険……………………… 99	職域生協…………………………………289
住宅火災保険 196, 199, 202, 204, 205, 206, 210	嘱託医診査扱い…………………………162
	所得控除…………………………………139
住宅建築共済……………………………282	所得税……………………………………110
住宅総合保険… 21, 196, 199, 202, 203, 204, 205, 207, 210	所得税・住民税… 140, 142, 143, 144, 145, 150, 251, 255, 256
重度後遺障害……………………………215	所得補償保険…… 37, 51, 52, 105, 198, 199, 226, 251, 254
収入保障特約付定期付終身保険……107	新型火災共済……………………………287
収入保障年金……………………………107	新型火災保険…………………… 203, 205
収入保障保険……… 106, 107, 108, 122	診査…………… 80, 161, 164, 176
縮小てん補割合…………………………247	人身傷害補償特約………………………197
手術給付金………… 90, 91, 93, 149	人身傷害補償保険………………………197
手術保険金………………………………221	診断給付金………………………………… 93
受託者賠償責任保険……………………200	信用保険…………………………………201
狩猟保険………………… 198, 236, 237	森林保険…………………………………… 32
純粋リスク……………… 294, 295, 296	水産業協同組合法………………………… 50
障害給付金………………………………149	据置定期年金保険………………………276
傷害共済………………… 284, 285, 282	スキー・スケート総合保険… 198, 236, 237
傷害（交通災害）共済………………… 49	スキー保険………………………………237
傷害疾病定額保険契約………………51, 57	スノーボード保険………………………237
傷害保険………………………… 31, 37, 38, 51, 197, 203, 221, 225, 234, 249, 253, 260, 263, 269, 270	スポーツ賠償責任保険… 199, 236, 238
	スポーツ・レジャーの保険… 196, 198, 200
少額短期保険業………… 42, 43, 44, 45	スポーツ・レジャー保険………………236
少額短期保険業者……… 42, 43, 44, 45, 46	住まいの火災保険…………… 264, 265
承継保険会社……193, 194, 195, 258, 259	すまいの総合保険…………… 209, 210
昇降機賠償責任保険……………………200	住まいの保険………… 196, 199, 200
使用者賠償責任保険……………………199	

政策保険……………………………… 32
生産物回収費用保険………………… 245
生産物賠償責任保険…… 200, 201, 244
生死混合保険……… 59, 61, 62, 63, 83
精神的ハザード……………………… 292
生前給付保険………………… 34, 98, 99
生前給付保険金……………………… 99
生前給付保障………………………… 98
製造物責任…………………………… 244
製造物責任法………………………… 244
生存給付金………………… 87, 88, 89
生存給付金付定期保険… 65, 87, 88, 89, 122
生存給付金付定期保険特約付終身保険… 88, 89
生存保険……………………… 60, 61, 62
生存保険金…………………………… 174
生存保障重視型年金………………… 112
生損保の相互乗り入れ……………… 31
静態的リスク………………… 295, 296
青年アクティブライフ総合保険…… 223
せいめい共済………………………… 285
生命共済……… 49, 136, 281, 285, 287
生命保険…… 31, 32, 33, 34, 35, 36, 37, 39, 42, 51, 59, 68, 108, 128, 262
生命保険契約者保護機構… 193, 194, 258, 262
生命保険募集人…………… 9, 10, 14, 22
生命保険面接士扱い………………… 162
生命保険料控除…… 110, 136, 137, 251
生命保険料控除証明書……………… 137
生命保険料の贈与…………… 154, 155
責任開始期…………………………… 162

責任準備金………… 151, 176, 179, 194
全国トラック交通共済協同組合連合会… 49
船員保険……………………………… 32
全期型………………………… 77, 88, 182
全期前納……………………………… 132
全国共済……………………………… 287
全国共済水産業協同組合連合会…… 49
全国共済生活協同組合連合会……… 289
全国共済農業協同組合連合会… 49, 50
全国食糧事業協同組合連合会……… 49
全国生活協同組合共済事業協議会… 289
全国生活協同組合連合会… 49, 287, 289
全国生協連………………… 288, 289
全国大学生活協同組合連合会……… 289
全国大学生協連……………………… 289
全国たばこ販売生活協同組合連合会 49
全国労働者共済生活協同組合連合会… 47, 49, 50, 279
全社的リスクマネジメント………… 313
先進医療給付金……………………… 90
先進医療特約………………………… 34
全損事故……………………… 243, 265
選択緩和型医療保険………………… 91
前納………………………… 132, 147
船舶保険…………… 52, 201, 248, 249
全糧連………………………………… 49
全労済…… 47, 48, 50, 284, 286, 287
増額給付金…………………… 235, 257
早期解約控除………………………… 194
早期是正措置………………… 258, 261
総合医療共済………………………… 285
総合福祉団体定期保険… 115, 116, 117

相互扶助	33, 36, 47
倉庫物件用	206
相殺方法	185, 187
相続税	68, 140, 152, 253, 254
贈与税	140, 253, 255, 256
ソーシャル・リスク	301
ソーシャル・リスクマネジメント	301
即時定期年金保険	276
ソルベンシー・マージン比率	261
損害防止費用	206, 248
損害保険	31, 32, 37, 38, 43, 51, 196, 198, 200, 201, 262, 263
損害保険契約者保護機構	258, 259, 262
損害保険代理店	22, 28
損害保険募集人	9, 10, 22
損害保険料控除	250, 251
損害保険料率算出機構	38
損失軽減	303
損失制御	303
損失防止	303

(た)

第1回保険料充当金領収書	164, 165
退院後療養給付金	94
代替的リスク移転	319
第三分野保険	16, 17, 42, 51
代償分割	157
耐震診断割引	213
耐震等級割引	213
対人賠償保険	38, 197, 216
大数の法則	33, 53, 55, 294, 304
対物賠償保険	38, 197, 216
タイミング規制	11, 12
代理店	219, 225, 267
たすけあい	289, 290
建物更正共済	282, 283
団体信用生命保険	118, 119, 229, 230
団体信用生命保険金	228
団体生命共済	285
団体建物火災共済	282
団体定期生命共済	282, 285, 286
団体定期保険	115, 117
団地保険	196, 203
地域生協	289
地方自治法	50
中小企業信用保険	32
中小企業等協同組合法	50
中途付加制度	181
弔慰金	75, 115
超過保険	57
長期災害入院給付金	90
長期所得補償保険	226
長期総合保険	196, 199, 204, 242, 243
長期損害保険契約	251
長期平準定期保険	70, 75, 76
重複保険	57
直接損害	208
貯蓄型	37
貯蓄機能	34, 36, 37, 65, 69, 236
貯蓄保険	61, 102, 103
通院保険金	221
通貨選択型(通貨指定型)個人年金保険	112

通常配当	185
月払	132, 160, 241
積立介護費用保険	232, 241, 242
積立家族傷害保険	222, 242
積立型	24, 44, 285
積立型基本特約	222, 226, 232
積立型終身共済	282
積立こども総合保険	222, 242
積立ゴルファー保険	237
積立傷害保険	16, 224, 253
積立女性保険	192, 223, 242
積立所得補償保険	226, 242
積立（据置）方法	185, 187
積立生活総合保険	196, 205, 242, 264
積立青年アクティブライフ総合保険	223
積立タイプ	37, 196, 198, 234, 235, 269
積立団地保険	242
積立動産総合保険	242
積立ファミリー交通傷害保険	199, 223, 242
積立夫婦ペア総合保険	222, 242
積立普通傷害保険	222, 242
積立保険	37, 199, 204, 223, 234, 241, 242, 243, 255
積立マンションライフ総合保険	205
積立マンション保険	205, 242
積立利率変動型保障期間自由設計保険	80
積立労働災害総合保険	199, 242
積荷保険	249
つり保険	198, 236, 237

D&O 保険	200, 246, 247
定額型	235
定額型終身保険	40, 274, 276, 277
定額払	221
定額保険	61, 63
定期医療共済	282
定期生命共済	282, 283, 290, 289
定期タイプ	98
定期年金保険	40, 274
定期保険	34, 52, 60, 65, 66, 69, 75, 76, 106, 107, 108, 109, 115, 122
定期保険特約	77, 78, 80, 81, 182
定期保険特約付終身保険	34, 60, 77, 78, 79
定期保険特約付養老保険	61, 84, 85
逓減定期保険	70, 73, 74, 107
ディスクロージャー資料	158
逓増型	110, 235
逓増定期保険	71, 72
逓増率	71
定特転換	179
低発生率保険	42
テニス保険	198, 236, 237
デリバティブ	319
転換価格	179
転換部分	179
天候デリバティブ	320, 321, 322, 323
天災危険担保特約	270
伝統的リスクマネジメント	313, 314
店舗休業保険	198, 207
店舗総合保険	204, 207
投機的リスク	294, 295, 296
等級制度	267

統合的リスク管理……………314, 315
統合リスクマネジメント…………313
動産総合保険……………………201
搭乗者傷害保険……38, 197, 216, 268
動態的リスク……………………295
道徳的ハザード…………………292
盗難保険…………………………201
道民共済…………………………287
特定疾病保障保険………………99
特定養老保険……………………276
特別勘定………………63, 113, 158
特別終身保険………………276, 278
特別条件付契約…………………134
特別配当…………………………185
特別養老保険……40, 274, 276, 277, 278
特約…………………59, 77, 121, 225
特約火災保険……………………264
土木工事保険……………………201
都民共済…………………………287

（な）
内航貨物海上保険………………249
内部統制…………………………313
ながいきくん・おたのしみ型……278
ながいきくん・定額型…………278
ながいきくん・ばらんす型5倍…278
ながいきくん・ばらんす型2倍…278
2倍型終身保険……………276, 278
日本コープ共済生活協同組合連合会 49
日本生活協同組合連合会………289
日本生協連…………………289, 290
入院給付金……90, 93, 148, 149
入院保険金…………………221, 269
入院保障…………………………287

任意自動車保険…………………272
任意保険……197, 215, 216, 217, 218, 267
人間ドック扱い…………………162
ネット保険………………………32
ねんきん共済……………………284
年金共済……………………49, 281, 283
年金受給権…………………150, 151
年金払積立傷害保険……16, 197, 234, 235, 242, 257
年払……………………132, 160, 241
農業協同組合法…………………50
農業災害補償法…………………50
農業保険…………………………32

（は）
パーソナル・リスクマネジメント…306
賠償責任共済………………281, 282
賠償責任保険………………52, 200, 203
配当金………………67, 185, 235
配当金の引出し…………………178
ハザード……………………291, 293
破綻保険会社………193, 194, 258, 259
払済年金保険……………………173
払済保険……………………173, 184
ハンター保険………………198, 236, 237
半年払…………………………132, 241
引受基準緩和型医療保険………91
引受基準緩和型保険……………134
必要保障額……33, 34, 73, 74, 106, 126, 127, 128
被保険者……20, 21, 65, 95, 100, 224, 231, 232
ヒューマンバリュー特約………116

標準下体契約 … 134	法定外補償保険 … 199
費用保険 … 203	ボーナス併用払 … 132
比例転換 … 179	保険価額 … 204, 205, 213, 264, 265
ファミリー交通傷害保険 … 223	保険業法 … 9, 18, 20, 21, 22, 24, 27, 42, 43, 44, 46, 193, 258
ファミリー・リスクマネジメント … 301, 306	保険業法の改正 … 31
風水害等給付金付火災共済 … 285	保険金受取人の変更 … 168
夫婦年金 … 111, 123	保険金買増方法 … 185, 187
夫婦ペア総合保険 … 197, 222	保険金額 … 63, 72, 73, 74, 114, 197, 204, 205, 212, 225, 264, 274
普通火災保険 … 201, 202, 204, 206	保険金額の減額 … 176, 177, 184
普通終身保険 … 276	保険金請求権 … 193, 228, 229
普通傷害保険 … 197, 199, 222, 269	保険金の削減 … 134
普通定期保険 … 274, 276, 277, 278	保険契約者 … 9, 18, 19, 20, 21, 81, 100, 225, 315
普通養老保険 … 40, 274, 276, 277, 278	保険契約者保護機構 … 24, 45
復活 … 171, 191	保険証券 … 123, 160, 190, 204, 222, 223, 224, 225
復旧 … 176	保険ショップ … 124
復興特別所得税 … 82, 83, 146	保険設計書 … 124
物理的ハザードの例 … 292	保険デリバティブ … 320
府民共済 … 287	保険仲立人 … 9, 219
フリープラン … 278	保険法 … 19, 31, 51, 56, 57, 58
ブローカー(保険仲立人) … 219	保険料 … 20, 33, 44, 67, 69, 70, 71, 73, 75, 77, 78, 79, 80, 81, 97, 98, 108, 115, 116, 199, 267
フロンティング会社 … 304	保険料贈与 … 155
弊害防止措置 … 9, 10, 11, 12, 17	保険料領収証 … 30
平均余命表 … 126	保証期間付終身年金 … 111, 113, 151, 281, 284, 286
平準定期保険 … 69	保証期間付有期型 … 234, 235, 257
ペリル … 291, 293	保証期間付有期年金 … 111, 113
変額個人年金保険 … 113, 114	保障機能 … 34, 36, 66
変額保険 … 24, 44, 61, 62, 63, 64, 114	
変額保険(終身型) … 62, 64, 122	
変額保険(有期型) … 62, 64, 122	
片面的強行規定 … 57, 58	
貿易保険 … 32	
報状扱い … 161, 162	

補償機能	37, 241
補償対象保険金の支払	193
補償タイプ	37, 196, 198, 269
補償倍率	256
保証保険	201
保有	54
ホリデー・レジャー総合保険	236, 233

（ま）

マイカー共済	285
窓販	9, 16
満期給付金	86
満期返戻金	204, 205, 222, 226, 237, 241, 242, 243, 251, 255, 256, 257, 269
満期保険金	61, 66, 67, 68, 82, 83, 84, 85, 100, 101, 102, 144, 192
満期戻総合保険	242
未経過保険料	132
みなし遺贈	253
みなし相続財産	140, 253
みなし贈与財産	253
ミニ保険	44
民営保険	32
無事故給付型	197
無事故戻し	226
無事故割引	267
無診査扱い	161
無選択型	90
無認可共済	43
無配当疾病傷害入院特約	40, 279, 280
無配当傷害入院特約	40, 279, 280
無保険車傷害保険	197, 216
免震建築物割引	213
免責期間	105, 230
免責金額	247, 267
免責事由	270
元受	54
元受保険	55
元受保険契約	194
物保険	203

（や）

役員保険	69
有期年金	111, 123
有期払込み	67, 78
有配当保険	171, 185, 186
猶予期間	169, 170, 171
輸出PL保険	245
ユニバーサル保険	80
養老生命共済	282, 283
養老保険	52, 61, 65, 66, 82, 83, 103, 122, 172, 173
ヨット・モーターボート総合保険	198, 236, 237
予定事業費率	194
予定死亡率	166, 194
予定利率	80, 82, 194, 224, 269
予定利率変動型年金共済	281

（ら）

ライフプラン	37, 81, 297, 307
ライフロード	281
利益保険	198
利益保険（特約）	207, 208
利差益	185
利差配当付保険	185
リスク	53, 54, 291, 292, 296, 297,

298, 299, 302, 312, 315, 319
リスク・コントロール… 302, 303, 305, 308, 310, 312
リスク細分型自動車保険 ……197, 199, 219, 220
リスクの移転（転嫁）… 302, 304, 305
リスクの回避…………………… 302
リスクの結合…………………… 302
リスクの（自社）保有……… 304, 305
リスクの分離…………………… 303
リスク・ファイナンシング… 303, 305, 308, 310, 312
リスクマネジメント ……291, 301, 305, 306, 309, 313, 316, 317, 318
利率変動型積立終身保険………… 80
リビング・ニーズ特約………… 34, 120
リビング・ニーズ特約の保険金…… 149
療養給付金……………………… 93
利率変動型自由設計保険………… 79
利率変動型積立終身保険……77, 79, 80, 81
利率保証型積立傷害保険………… 224
臨時費用保険金………………… 232
ロイズ…………………………… 53
老後保障………… 33, 34, 36, 68, 129
労働災害総合保険……………… 199, 201
労働者共済……………………… 284
労働者災害補償保険…………… 32, 240
老齢基礎年金…………………… 34
老齢厚生年金…………………… 34
ロス・エクスポージャー…… 292, 293

（わ）

割増保険料……………………… 134, 225

ワンストップショッピング………… 15

著者紹介

赤堀　勝彦（あかぼり　かつひこ）

<略歴>

1964年3月	早稲田大学商学部卒業
1964年4月	日本火災海上保険（株）入社　ニューヨーク駐在員事務所長、能力開発部主管等を経て
2002年4月	長崎県立大学経済学部、大学院経済学研究科教授（～2007年3月）
2007年4月	長崎県立大学名誉教授
2007年4月	神戸学院大学法学部、大学院法学研究科教授（～2012年3月）
2012年4月～（現在）	神戸学院大学法学部、大学院法学研究科非常勤講師 立命館大学大学院経営管理研究科（MBA）非常勤講師 日本リスクマネジメント学会理事 博士（法学）（神戸学院大学） CFP®認定者、1級FP技能士、認定危機管理士

<主な著書>

『保険用語小辞典』（共編著）（経済法令研究会、1994年）
『損害保険の基礎』（経済法令研究会、1995年）
『生命保険の基礎』（共著）（経済法令研究会、1996年）
『リスクマネジメントと保険の基礎』（経済法令研究会、2003年）
『最近のリスクマネジメントと保険の展開』（ゆるり書房、2005年）（日本リスク・プロフェッショナル学会賞受賞）
『企業リスクマネジメントの理論と実践』（三光、2008年）
『企業の法的リスクマネジメント』（法律文化社、2010年）（日本リスクマネジメント学会賞受賞）
『カウンセリング入門―職場における心のリスクマネジメント―』（三光、2010年）
『インストラクションスキル―眠くさせない講義・講演のすすめ方』（保険毎日新聞社、2011年）
『ライフキャリア・デザイン―自分らしい人生を送るためのリスクマネジメント―』〔改訂版〕（三光、2012年）
『実践　リスクマネジメント』（三光、2012年）（ソーシャル・リスクマネジメント学会名誉学会賞受賞）
『FP基礎―ファイナンシャル・プランニング』〔三訂版〕（保険毎日新聞社、2013年）
他多数

保険のしくみが分かる本

2014. 3. 10　　初版第一刷発行

著　　者	赤堀　勝彦
発 行 者	白滝　一紀

発 行 元　　金融ブックス株式会社

〒 101-0021
東京都千代田区外神田 5-3-11
電話　03（5807）8771（代表）

印刷・製本　　モリモト印刷株式会社

金融ブックスのホームページ
http://www.kinyubooks.co.jp

kinyubooksCO.,LTD©2014
ISBN978-4-904192-48-1　C3033

落丁・乱丁本はお取り替えいたします。